低碳经济视角下
现代农村物流体系构建与调控研究

The construction of

modern rural logistics system

and control strategy

under low carbon economy

姚冠新　张冬梅　著

江苏大学出版社
JIANGSU UNIVERSITY PRESS

镇　江

图书在版编目(CIP)数据

低碳经济视角下现代农村物流体系构建与调控研究 /
姚冠新，张冬梅著. — 镇江 ：江苏大学出版社，2021.6
ISBN 978-7-5684-1587-3

Ⅰ. ①低… Ⅱ. ①姚… ②张… Ⅲ. ①农村－物流管理－研究－中国 Ⅳ. ①F259.22

中国版本图书馆 CIP 数据核字(2021)第 010675 号

低碳经济视角下现代农村物流体系构建与调控研究
Ditan Jingji Shijiao Xia Xiandai Nongcun Wuliu Tixi
Goujian Yu Tiaokong Yanjiu

著　　者/姚冠新　张冬梅
责任编辑/张小琴
出版发行/江苏大学出版社
地　　址/江苏省镇江市梦溪园巷 30 号(邮编：212003)
电　　话/0511-84446464(传真)
网　　址/http：//press.ujs.edu.cn
排　　版/镇江市江东印刷有限责任公司
印　　刷/广东虎彩云印刷有限公司
开　　本/718 mm×1 000 mm　1/16
印　　张/17.75
字　　数/275 千字
版　　次/2021 年 6 月第 1 版
印　　次/2021 年 6 月第 1 次印刷
书　　号/ISBN 978-7-5684-1587-3
定　　价/69.00 元

如有印装质量问题请与本社营销部联系(电话：0511-84440882)

前　言

随着全球各国携手合作应对气候变化进入《巴黎气候变化协定》时代，中国承诺 2030 年实现"碳达峰"，2060 年实现"碳中和"，该目标必然会落实到国民经济各个产业。农村物流作为中国产业体系构建的重要组成部分，连接农业生产与城市消费，推动农村经济高质量发展。但现行落后低效的农村物流体系一直是我国农村地区经济发展的瓶颈，故农村物流要发展，又不能走传统老路，必须考虑到现实的低碳经济发展要求。为此，农村物流发展必须结合中国国情和低碳经济背景下农村与农业发展的实际，以产业发展为抓手，将低碳理念融入农村物流领域，寻找农村物流可持续发展的有效途径。近十年，笔者所在研究团队一直以农村物流为研究对象，先后承担了国家自然科学基金项目、江苏省社会科学基金项目等相关科研课题，目的就是以现代农村物流为切入点，找到农村物流与低碳经济发展的结合点，找到农村物流可持续发展的着力点。

对低碳经济视角下现代农村物流体系的研究为什么如此重要？从农村物流高质量发展角度来看，低碳经济视角下的现代农村物流体系构建可以有效地解决当前农村经济发展中的污染浪费问题，逐步降低物流支出占 GDP 的比重，可杜绝空驶率高、重复运输、交错运输、无效运输等不合理运输现象，合理改善多种运输方式衔接不畅、库存积压过大、仓储利用率低、物流设施重复建设等粗放和低效率的物流运作模式。从解决"三农"问题的视角出发，农村物流体系研究可以缓解农村供需不对称、流通不畅等制约农村经济发展的瓶颈问题。低碳农村物流体系的优化及调控是实现我国建设资源节约、环境友好型社会的有效途径，低碳农村物流与绿色农村生产、绿色农村消费共同构成一个节约资源、保护环境的绿色农村经济循环系统。通过低碳农村物流的桥梁作用，可以实现三者之间的相互渗透和相互作用。只有这样，农村经济低碳发展才有可能实现，农村物流在应对未来挑战和在竞争中才能占得先机。

本书以国家自然科学基金项目"低碳经济视角下的现代农村物流体系构建及调控研究"的成果为基础，针对粗放式、高能耗的农村物流运作模式已经无法满足现代物流的发展需要这一现状，充分考虑了农村物流碳排放问题，主要研究了影响农村物流发展的关键因素和运行机理，农村物流、经济发展与碳排放三者之间的行为逻辑和演化机制，政府与行业的调控策略等内容。全书主要内容包括以下 7 个方面：

（1）具体概念与理论基础，首先界定低碳经济、农村物流系统及低碳经济视角下农村物流系统相关概念，解读低碳经济发展理论、经济外部性理论产业发展理论等基本理论，为全书的研究奠定理论基础。

（2）我国农村物流发展现状及影响因素分析。通过文献梳理与数据调查等方法，从农村物流碳排放、农村物流碳排放与经济增长脱钩趋势等方面详细分析我国农村物流低碳发展现状；基于国家发展战略、农村物流自身发展等指出农村物流发展的必然性，从政策、技术、社会意识等角度出发，验证农村物流低碳发展的可行性；识别和厘清农村物流低碳发展的关键影响因素以及各因素之间的主次关系。

（3）现代低碳农村物流评价指标体系研究。考虑到数据的可得性，将低碳农村物流发展水平评价研究聚焦至占农村物流主要比例的农产品物流低碳发展水平评价。以 DPSIR 模型为分析框架，构建农产品物流低碳发展评价指标体系；运用模糊评判法和数据包络法相结合来获取定性指标的量化数据，运用加权逼近理想解综合评价方法对农产品物流低碳发展进行评价，并以广州市农产品物流的五年低碳发展为数据样本进行实证研究。

（4）低碳经济视角下农村物流体系研究。基于系统视角，阐述了低碳经济视角下农村物流发展的一般规律、目的与设计角度，并界定了其系统成本；剖析了低碳经济视角下农村物流系统五大基本要素与系统构成，详细分析了其主要功能与主要环节；划分了低碳经济视角下农村物流系统的子系统，并厘清子系统之间的相互关系。

（5）低碳经济视角下农村物流系统的动力学模型与仿真。运用系统动力学理论与方法，绘制因果回路图并厘清反馈回路，构建低碳经济视角下农村物流的动力学模型；以江苏省农村物流为例对模型中的参数和变量赋值，检验了动力学模型的有效性与真实性，验证了模型的历史性，为后续模型性能优化奠定基础；基于单项和多项参数优化实现模型修正。

（6）低碳经济视角下农村物流信息系统分析与概念模型设计。针对目前低碳经济视角下农村物流发展现状，提出低碳对农村物流发展的要求，得出农村物流存在功能不完善、集成化程度低和碳排放约束机制缺失等问题；通过对系统功能和系统性能两个方面的深入研究，表明农村物流信息系统设计融入低碳经济的必要性和迫切性，并从系统运营模式、信息技术和低碳观念普及程度三个方面进行了系统的可行性分析；以 SQL Server 2010 为数据库、Visual Basic 为系统开发语言，采用面向对象的系统开发方法，设计低碳农村物流信息系统的概念模型。

（7）低碳经济视角下现代农村物流调控策略研究。基于我国的农村物流的发展现状及优化策略，提出以市场自动调控为主要途径，以政府宏观调控为辅助方法，并从思想观念、政策体系、科学技术和基础设施等多个方面提出系统性的对策建议。

随着全球化、碳达峰进程的加快，以及中国经济向新常态过渡，现代农村物流逐渐由农村经济的末端产业走向先导性产业。在低碳经济发展背景下，农村物流低碳发展成为调整产业结构、带动农村低碳经济增长点、构建低碳产业体系以及支撑保障国民经济健康可持续发展的重要途径。从乡村振兴战略视角来说，农村物流低碳发展带来的经济性和环境友好性加快了产业低碳进程、促进了产业兴旺，农村经济低碳转型在农村物流低碳发展下得到进一步深化。正如《"十四五"规划》中指出，加快推动绿色低碳发展，必须建立健全绿色低碳循环发展的经济体系，依托完善集约高效的物流体系，不断深化农村物流高质量发展，支持试点区域构建低碳农村物流配送网络，完善农村物流低碳配送体系。因此，研究低碳经济视角下的现代农村物流体系及调控研究具有重要的理论意义和实践价值。

本书得以出版，张冬梅、徐静、边晓雨、范雪茹、赵子琪、贺园园、宋晓月等做了很多基础性工作，江苏大学出版社也付出了辛勤的劳动，在此向他们一并表示感谢！另外，本书的出版社还得到国家自然科学基金面上项目：低碳经济视角下的现代农村物流体系构建及调控研究（71473213）的支持，特此感谢。

限于研究水平与条件，本书尚存在不足之处，敬请广大读者批评指正。

姚冠新

2021 年 3 月

目　录

第一章 绪 论

第一节 研究背景与意义

一、研究背景

随着城乡一体化的推进和国家对"三农"问题的日益重视,我国农村物流已经取得了长足发展,但是与国外相比,我国农村物流在降低成本和减少损耗等方面还有很大提升空间。虽然政府一直鼓励和支持农村的物流发展,但是缺少行之有效的措施和手段,农村物流始终处于自由发展状态,粗犷的经营模式带来了物流资源浪费、物流需求分散、产业市场分工不够细化、专业分工精度与深度不够等弊端,如中国农产品物流成本占销售成本的30%~40%,在运输、存储、包装等环节的损耗达到近30%。发达国家的物流成本占比仅为10%,其中,物流发展较为突出的美国和日本,其农产品物流损失均在3%左右。研究表明,我国农村物流还存在严重的空车行驶、迂回运输、重复运输、运力选择不当等问题,不合理运输造成的运力、时间和能源浪费现象严重。相关的农村物流基础理论、农村物流政策研究及物流基础投入仍相当欠缺,各个地区的物流发展水平参差不齐、各自为政现象普遍,缺乏系统科学的理论指导。从中国物流整体发展来看,与城市物流体系相比较,农村物流体系发展较为滞后,与农村经济发展水平不匹配,因此近年来农民增产不增收、农产品难卖难买等尴尬局面频繁出现,并且涉及的农产品越来越多，波及范围越来越广。这充分暴露了目前除市场因素外农村物流存在的问题，即在农村物流的关键环节——农产品物流领域，农产品的生产、加工、运输、储存、销售等链条不匹配，农产品的供需不对称，物流滞后，以及库存调节功能缺位，极大地制约了农村物流的发展。而造成上述问题的根本原因是现有的农村物流体系具有低效性和滞后性。低效滞后的农村物流体系已经成为制约中国农村经济发展的短板之一。

同时，大气变化成为 21 世纪全社会研究中最严峻的问题之一，人们已经意识到大气变化对人类生存与发展的危害，开始探寻低能耗、低污染和可持续的发展模式，相关联合公约和环保法规相继出台。中国在 2009 年的哥本哈根大会上承诺：截至 2020 年，中国的碳强度下降 40%~45%。为进一步应对气候变化与推动可持续发展，中国政府再次在 2015 年的巴黎气候会议上提出新承诺：与 2005 年相比，到 2030 年中国碳强度将下降 60%~65%。习近平总书记于 2020 年 9 月在联合国生物多样性峰会上指出：力争于 2030 年前二氧化碳排放达到峰值，努力争取在 2060 年前实现碳中和。碳总量和碳强度的控制指标的制定，标志着我国已经进入碳排放控制时代。跟随其后的是一系列减排政策与制度的出台与实施，并从部分试点行业逐渐扩散到社会的各行各业中。

农村物流作为推动农村经济发展与城乡一体化的重要影响因素之一，具有十分重要的研究意义，在农村人口占总人口较大比例的中国，研究农村物流问题、构建科学合理的现代农村物流体系迫在眉睫。然而，农村物流既要发展，又不能走传统老路，必须考虑现实的社会环境要求，即日益变暖的全球气候条件和人们对低能耗、低污染、低排放发展模式的迫切需要。农村物流低碳发展正是在这样的背景下形成的，涉及物流环节、功能和价值的产业革命。中国是全球碳排放量最大的发展中国家，农村物流发展模式必须符合中国国情，农村物流低碳发展在低碳经济下十分有必要。将低碳经济发展的理念融入农村物流领域，着眼于农村物流绿色低碳发展，是新常态下现代农村物流体系构建与农村经济可持续发展的必然选择。

二、研究意义

低碳经济视角下的现代农村物流体系研究可以缓解农村供需不对称、流通不畅等制约农村经济发展的瓶颈问题。相较于城市物流，农村物流凸显出货源配送的分散性、农产品的季节性、地区的差异性以及品种的多样性等特征。但农村物流整体的基础设施设备滞后于地区的经济发展，运输成本高，能源消耗大，缺乏专业化的物流中心或物流基地，物流过程中的信息闭塞更是造成农村农产品滞销的最大推手。在倡导低碳经济发展的背景下，高能耗、低效率、粗放式的农村物流模式已经无法满足现行地区经济对于农村物流的发展需求，建设并推进低碳高效、资源节约、环境友好的低碳农村物流已经成为低碳经济下农村物流发展的必然选择。

低碳经济视角下的现代农村物流体系的构建可以有效地解决当前农村经济发展中的污染浪费问题。2018 年中国物流总费用占国内生产总值（GDP）的 14.8%，2019 年中国物流总费用占 GDP 的 14.7%，该比重虽然总体处于下降趋势，但仍远高于美国、日本等发达国家的比重（小于 10%）。低碳农村物流体系的构建可以逐步降低物流支出占 GDP 的比重，在低碳农村物流体系中可以杜绝空驶率高、重复运输、交错运输、无效运输等不合理运输现象，改善各种运输方式衔接不畅、库存积压过大、仓储利用率低、物流设施重复建设等粗放和低效率的物流运作模式。

低碳农村物流体系的优化及其调控是我国建设资源节约、环境友好型社会的现实要求。李克强总理在第十三届全国人大二次会议上作政府工作报告时提出，"中国 2019 年二氧化硫、氮氧化物排放量要下降 3%，重点地区细颗粒物（PM2.5）浓度继续下降，持续推进污染防治，巩固扩大蓝天保卫战成果。"低碳农村物流与绿色农村生产、绿色农村消费共同构成一个节约资源、保护环境的绿色农村经济循环系统，可以通过低碳农村物流的桥梁作用，实现三者之间的相互渗透和相互作用。创建中国特色的低碳农村物流体系，提倡高效节能、绿色环保不仅是必要的，也是迫切的。我国加快发展低碳农村物流，是可持续发展的一个重要环节，是应对未来挑战和在竞争中占得先机的重要机遇。发展低碳物流是摒弃以往先污染后治理、先低端后高端、先粗放后集约的发展模式的现实途径，是我国可持续发展的内在要求，也是我国应对全球气候变化挑战的必由之路。

第二节　国内外研究现状

一、低碳物流国内外研究现状述评

气候环境问题的日益加剧掀起了全球低碳革命的浪潮，而物流业通常消耗大量的能源来支撑物流服务的供给，是典型的高能耗经济产业，为了适应时代发展和保证物流业的可持续发展，物流业走上低碳化发展道路，着力提供绿色低碳物流服务，已成为必然趋势。低碳物流发展意味着物流主体提供服务时，需要在物流运作中充分抑制物流活动的经济活动负外部经济性，通过整合资源和低碳技术使用，实现物流—经济—生态三者之间的协调。随后，多位学者从不同视角提出低碳物流的概念，并围绕低碳物流从多方面展开深入研究，成果颇丰。总的来说，现有的低碳物流研究有以下三个方向：

（一）低碳物流的界定、特征、发展模式等基础性研究

虽然有多位学者从不同视角对低碳物流做出界定，但是学术界对于低碳物流的界定尚未统一。从现有的研究来看，其概念的定义方向可归结为基于低碳环节与物流系统两个角度探讨低碳物流的定义。学者杨涛（2010）[1]将低碳经济的概念延伸至现代物流，基于物流环节来界定低碳物流：物流主体在物流环节管理活动时，利用低碳技术，充分考虑降低碳排放，尽可能减缓物流环节运作对环境的负面影响。学者 Huang（2010）[2]提出，低碳物流是一种物流模式，认为低碳物流是物流环节低能源消耗、低污染、低排放的物流环节活动优化模式，其目标是实现物流环节活动的高效低耗。国内学者朱培培等（2011）[3]基于循环经济背景探讨了低碳物流的定义，将低碳物流概括为一种可持续发展的低碳物流发展模式。学者尚娅等（2010）[4]基于信息技术定义了低碳物流，探

讨了 RFID 等低碳技术对热带地区的农产品物流的影响。王国文（2010）[5]基于系统论的视角，探讨了低碳物流和绿色供应链的具体界定。国外学者基于不同层面，研究低碳物流，将低碳物流划分为低碳社会物流、低碳企业物流与低碳住户物流，其中低碳社会物流以政府为主导研究宏观层面的物流活动（Carvalho M，2011）[6]，低碳企业物流以企业为主导研究中观层面的物流运作（Tian T，2014）[7]，低碳住户物流以个人或住户为主导研究微观层面的物流操作（Brand C，2013）[8]。Xu（2011）[9]指出，低碳物流就是将低碳可持续发展理念融入整个物流系统，充分应用低碳技术和低碳管理思维，从产品的雏形设计、生产制造、销售与消费整个生命周期每个活动均采用低碳运作的低碳供应链体系。国内学者王艳等（2010）[10]指出，低碳物流的本质在于物流资源利用的合理化，通过合理科学的资源整合和优化的资源配置实现物流服务的低成本和高质量。综合上述低碳物流概念的理解，低碳技术应用和物流系统的规划是实现低碳物流的必要手段。因此，低碳物流是指在整个物流系统运作过程中，通过先进的低碳技术和低碳管理思维提升物流运作效率，实现物流对经济的良性推进和可持续发展。

（二）低碳物流运作的理论、策略及发展对策研究

随着低碳物流研究的逐渐深入，低碳物流运作的理论、运作策略与发展对策引起学术界与业界的极大关注。McKinnon A（2009）[11]从中观层面的企业低碳物流出发，提出了企业物流低碳发展的设想，即构建产业物流系统；深化到产业供应链的重构；重建配送系统，对货物模态进行分离；规划设计线路；对资产利用率和能源效率进行评估；在能源使用方面，尽量使用替代能源，特别是生物能源；最终进行产业物流的碳补偿。虽然这个设想从企业物流的根源实现可持续发展，但是过于理想，对中小企业而言实践难度太大，操作性不高。Correia F（2013）[12]认同 McKinnon A 的设想，同时指出"细化管理"才是其设想的实现路径。他认为，企业低碳物流的实施需要从管理职责的明确、自主管理的强化与管理机制的完善三个方面出发，需要在实际操作中构建一套科学、合理、操作性强的管理体系。国内学者任稚苑（2010）[13]指出，我

国低碳物流发展的重心在于低碳交通运输产业和低碳仓储业的建设与完善，其核心在于低碳技术应用。他提出，通过推进低碳技术研发，引导和激励物流企业展开低碳技术研究与低碳管理创新，以实现物流企业自身的企业效益和低碳技术发展水平。王妮妮（2015）[14]在对国外低碳物流建设的分析基础上总结了可借鉴的成功经验，同时从政策、技术和资源利用等方面提出了我国低碳物流存在的问题以及相应对策。张沈青（2016）[15]从中国发展低碳经济的迫切性与面临的挑战入手，提出低碳运输模式、绿色包装系统的完善以及合理的仓储布局等措施以促进社会的可持续发展。

（三）基于定量模型的低碳物流设计和优化研究

国内学者王智忆等（2017）[16]运用蚁群算法建立以碳排放量最低为目标的配送路径优化模型，并与总路程数最短为目标的模型进行比较。肖超等（2017）[17]以 VRP 问题为基本模型，以碳排放成本为目标函数，建立了低碳物流配送路径优化模型。为了避免基本蚁群算法出现停滞及早熟现象，他们提出带混沌扰动的模拟退火蚁群算法来求解低碳物流配送路径优化模型。由于我国交通部门具有能源消费统计数据分散、基础信息不完善等特点，因此现有关于物流环节的碳排放计量方法较少。由于研究视角不同，国外对碳排放的计量方法较多，如气候变化专门委员会 IPCC 提出个人或企业较为常用的碳足迹计量方法，其他一些学者根据自身研究方向提出相应的计量测算方向。另外，还有学者将碳排放计量方法和运营管理结合起来，探讨考虑碳排放下的物流运营策略。Benjaafar 等（2013）[18]基于简单易操作的角度，提出考虑碳排放的运营模型，计量采购、生产和库存管理环节的碳排放，并以减排为目的，制定了具体的运营决策。Kim 等（2009）[19]围绕多式联运网络路径选择展开研究，构建多目标优化模型，探讨运输成本与碳排放之间的关系，发现运输需求和运输能力影响碳排放，而多式联运则能有效降低物流配送系统的碳排放。综观以上研究不难看出，目前在物流领域碳排放的定量研究仍然相对较少，物流系统各环节碳排放量测算亟待系统的测量方法出现。

二、农村物流国内外研究现状述评

美国最早开启了对农村物流的相关研究，并在 20 世纪中期传入中国。历经半个世纪左右的农村物流探索，中国先后经历了农村物流基础性研究、农村物流深入性研究和农村物流拓展性研究三个阶段。其中，农村物流基础性研究集中在 20 世纪中期，学者集中对农村物流的内涵、瓶颈问题与研究意义展开研究；农村物流深入性研究集中在 20 世纪 80 年代末到 21 世纪初，大量研究学者涌入农村物流研究领域，对农村物流的制约因素、发展战略、系统优化和体系建设等展开研究，且成果颇丰；农村物流研究内容随着全球一体化与低碳化不断进行拓展，涵盖农村物流配送、金融体系建设、配送选址等环节。综观国内外的研究成果，按照成果的不同层面，将农村物流研究划分为以下三个部分：

（一）宏观视角下的农村物流现状、问题及政策研究

与我国城乡二元经济结构不同的是，国内外发达国家或地区在农村中农业生产、储运手段、信息传递等方面已经实现了现代化，导致农村物流与工业物流基本不存在太大的差异。因此，学者们在做研究时，并没有将农村物流列为单独的物流产业，使得农村物流迄今在国内外学术界没有形成统一的定义。但在国内一般都认可农村物流包括农产品物流、农业生产资料、农村居民日常消费品物流及农村回收物流。华盛顿州立大学学者 Cassavan K（2003）[20] 认为，农村物流是一个"生产调整 + 消费驱动"的复杂物流系统。De-Liang C（2008）[21] 指出，农村物流要发展，仅仅完善人才培养和更新农村物流概念是不够的，同时需要加大投资农村物流基础设施建设力度和加强物流标准化建设，此外对物流公司运作的重视也是必不可少的。舒忠（2017）[22] 提出，O2O 驱动下的农村农产品物流存在战略规划模糊、经管体系不健全、人才缺失、"最后一公里"等突出问题。胡亚兰等（2018）[23] 基于农业供给侧改革视角提出，尽管当前相关利好政策的颁布和物流技术的提高使我国农村物流业发展迅猛，我国农村物流发展仍然存在基础设施、保障措施、服务模式等方面的问题，进而给出相应的政策建议：完善基础设施、统筹发展规划、创新农村物流模式。随后，有学者针对这些问题提出具体的发展对

策：完善农村物流基础设施设备；扩大农村物流规模；改善农村物流销售渠道；构建农村新型经营体系[24]；提升冷链物流体系[25]；构建城乡一体化物流体系；等等。

（二）中观层面的农村物流体系模式、平台构建和系统优化研究

国外发达国家的流通管理体系已经趋近完善，其基础设施、流通技术、流通组织模式、政策支持体系均比较先进，因此，相应的农村流通的实践应用和理论研究也比较早。国外的相关研究主要集中在两方面：一是对农产品供应链方面的研究，主要集中在农产品质量保障、信息管理、价值链分析和纵向合作等方面（Frewer L 等，2013）[26]。二是对农产品流通的研究，如 Zhang Y 等（2008）[27]基于 NET 和 WAP 等技术展开农产品物流体系的建设及信息的交换研究；Brahim J（2007）[28]以完善农业信息服务为目标，提出了一种面向服务的基础设施，从而实现智能化、及时化共享农业信息。国内的相关研究集中在三个方面：一是农村物流体系的构建研究。王晓平等（2018）[29]提出构建基于第四方物流信息平台的农产品流通体系基本框架，进而降低流通成本，提高流通效率，实现农产品供应链的优化。张晓波（2020）[30]提出，基于互联网环境的物流网络优化是推动农业经济发展的重要途径，通过发展城市物流体系、完善物流信息沟通平台、建立配送联盟等相关措施以完善农村物流配送体系的构建。二是农村物流平台建设及系统优化研究。武玉生等（2009）[31]认为，可以通过农村物流平台的建设、第三方物流市场运作、农村物流网络的构建、农村物流管理制度的完善实现农村物流系统的充分发展。朱一等（2014）[32]基于政府和农产品市场共同主导背景，构建了物流信息系统，并阐释了其优越性。邢斌（2013）[33]基于对农业生产技术、视频监控操作、果蔬追踪技术的研究，设计开发了综合 C/S 和 B/S 两种模式的多源追溯系统，做到以手机终端、短信通知等方式查询果蔬详细信息。王晓平等（2011）[34]基于信息流和物流，将货代方、零售商、批发商、果蔬种植基地等主体综合起来，为果蔬类农产品物流可追溯信息系统的建立提供可能。三是农村物流模式发展研究。赵广华（2018）[35]提出，在共同配送背景下不同运作模式有其各自适用性，通

过采取相关措施，如完善农村物流基础设施和信息共享机制、建立 4PL 共同配送联盟，以保障共同配送运作模式的顺利运行。李佳（2019）[36] 提出，基于大数据和云计算的智慧物流模式在实现降本增效的同时也存在许多问题，通过重构思路、要素和路径以实现高效率、低成本运输，对于促进智慧物流发展有显著效果。

（三）微观视角下的农村物流选址、配送和产品仓储等的聚焦研究

国外对配送、选址问题的研究由来已久，已经形成完整的研究体系和成熟的理论基础。根据因素的选取与假设情况不同，可以把模型分成四类：连续型、离散型、随机型和动态型。其中，比较典型的包括：Francis 和 White（1983）提出的连续模型；鲍姆尔－沃尔夫法和混合整数规划法；近期兴起的 CFLP（Capacitated Facility Location Problem）法和 P－中值问题；Tombak 基于随时间变化的动态选址模型；Canel 的包含多个设施在不同阶段时期选址－分配的问题等。Yasmine（2014）[37]运用多 Agent 建模方法对供应链中的农产品的库存问题进行了详细的分析。此外，无线射频技术在发达国家农村相关产品的追溯方面也十分完善（Costa C，2013）[38]，这表明国外在该领域的研究日趋成熟。国内对农村物流的聚焦研究内容很丰富，大致包括：胡愈等（2007）[39]认为，加强金融支持是解决我国现代农村物流建设瓶颈的客观需要，应在明确我国现代农村物流建设金融支持必要性的基础上，多方位加强金融支持现代农村物流建设的力度。郑斌等（2011）[40]研究了农村物流选址问题，建立了基于现实公路网的农村物流配送中心选址优化模型，通过对聚类中心和边缘点加以处理，改进了 K-means 聚类算法，很好地解决了县域农村物流配送中心选址优化问题。吴勇杰等（2013）[41]研究了农村电子商务环境下的物流模型，模型包括对物流、信息流和资金流的分析。肖黎等（2008）[42]探讨了农村物流运作平台的要素构成，从物流平台的概念着手，论述了农村物流运作平台的含义、要素构成、特点与作用，为农村物流运作平台的构建做铺垫。圣瑶瑶（2015）[43]以德州为例，认为物流流程优化应遵循资源、利益及系统的协调整体发展，针对目前物流组织化程度低、人才短缺、损耗大等问题，提出应大力发展物流信息系

统，推动结构组织创新的意见。田明（2012）[44]针对物流配送模块专门做了优化，在总结了发达国家配送模式之后，对江苏省果蔬类农产品物流配送模式从物流主体、中心选址、中心功能等不同方面了优化了信息系统。袁哲（2014）[45]基于蚁群算法和遗传算法对果蔬类农产品物流信息系统的配送路线部分进行了专门的优化。部分学者从果蔬可追溯的角度研究了果蔬类农产品物流信息系统，如沈敏燕等（2016）[46]与 Inerney 等（2011）[47]基于数据融合的视角采用拉依达准则对果蔬类农产品物流正向和逆向两个流程进行了研究，以达到保证果蔬质量安全、提高物流的透明度的目的；屈晓辉等（2008）[48]从技术层面提出利用 IC 卡记录果蔬全程物流信息的可追溯方案，并以北京为例证明系统是可行的。除了 IC 卡，还可以综合 GS1-128 和 QR 码对果蔬类农产品物流的位置信息、质量信息及环境信息进行追溯[49-51]。还有一部分学者从信息系统对实施追踪方面的优势对果蔬类农产品物流信息系统进行了研究。实时追踪是物流信息系统一直在追求实现的功能，目前市场上已经涌现出一批追踪软件，但仍有很多学者在创新追踪技术，追求进一步的发展。哈睿（2009）[52]基于 GPS 定位技术和 ZigBee 短程通信技术设计了果蔬类农产品物流温湿度信息采集模块、无线传输与车载终端模块，以及对物流信息监控的模块。钟聪儿（2009）[53]在 Abdellah E F 等（2008）[54]、Irina G 等（2008）[55]、Ganesh K 等（2007）[56]研究的基础上，采用 GIS 技术实现物流决策的科学性和实时追踪的准确性，结果证明系统运行高效、操作简便。张京卫（2008）[57]通过对日本的农产品物流现状进行研究，认为其便利的交通设施、完备的服务体制及快速的货物配送方式实现了物流信息系统的稳步发展，日本主体自主化程度高，规模组织有相对统一的标准，在国家政策的大力扶持下发展了农产品拍卖交易模式，大大丰富了农产品物流信息系统服务的对象。严小青（2010）[58]认为，美国农产品物流最大的特点就是以信息化发展为基础，以政府资助的美国 46 个州、加拿大 6 个省甚至周边 7 个国家和地区都布置了巨大的信息网，通过对农产品物流各个环节进行信息追踪有效控制农产品的质量和数量，达到信息共享下的利润最大化。陈超等（2013）[59]研究了城镇一体化下农产品物流信息技术的现状，认为我国农产品物流信息技术的发展落后于城镇，并且伴随着居高不下的物流成本，物流主体发展程度参差不齐，供应链各环节相互孤立，不能进行有效的协调沟通等问题。傅岚（2009）[60]认为，只有解决市场信息无法有效传递给下游商户或企业、农产品出现质量问题难以追本溯源、物流系统发展的不平衡导致区域间形成信息壁垒、物流信息所需的专业人才较匮乏等问题，农产品物流信息技术才算真正发展成熟。李超玲（2019）[61]提出第三方物流信息平台可以集成先进的物流技术，将零散的物流信息进行整合，并提供共用空间，减少资源成本消耗，有利于提高农产品物流的集约化、精细化管理水平，提高客户满意度，实现企业的良性发展，对促进我国农产品物流具有重要的推动作用。周云和尹露（2017）[62]提出，要构建农产品智能化的供应链体系，必须加快完善信息化设施建设，建立智能信息化服务平台。刘鹏（2017）[63]提出，将物联网技术运用到生鲜农产品流通中，以实现真正的生鲜农产品流通绿色化。诸多问题及现状的分析说明，我国农产品物流信息系统还需要克服阻碍，再接再厉。针对具体的物流信息平台的具体设计，学者对系统框架结构的分层不一样，对系统设计的思路也不一样。张峰和肖吉军（2012）[63]将农产品信息平台分为用户层、服务层、数据管理层和业务操作层四个部分，分别对系统用户的信息、系统功能、数据库及物流子系统进行了设计。而朱一等（2014）[64]以系统数据库为设计重点，将农户、政府、物流服务商等的数据信息及业务操作流程联系起来。一部分学者注重以科学的方法设计农产品物流信息系统，如 Li 等（2011）[65]、Xu 等（2011）[66]等重点研究贝叶斯搜索、对比分析、实证研究在信息系统设计中的应用。彭德胜等（2016）[67]以现在的手机微信、微博为平台，研究农产品物流信息系统在手机客户端的应用。王晓思等（2013）[68]则跟随时代的发展与技术的创新，运用先进的物联网、云计算等功能对农产品物流信息系统进行设计研究。

　　从以上研究可以看出，国外尤其是西方发达国家对农村物流的研究较少，且多从供应链角度开展研究，有少部分对农产品冷链物流技术进行研究。我国的农村物流研究和物流实践发展缓慢，农村物流研究不够深入。为了更好地为农村经济发展服务，农村物流研究应该更加贴近农村的实际需求，更有效地指导实践。

三、低碳经济下农村物流相关问题研究

将低碳经济引入现代农村物流的相关研究，是低碳经济的新方向与新应用，也是现代农村物流的进步与突破。广泛阅读现有文献发现，将低碳经济与低碳农村发展相结合是目前的研究热点，但鲜少有文献对现代低碳农村物流展开深入研究。中国现代低碳农村物流是低碳经济与低碳农村交互影响的结果，逐步将此影响渗透到现代农村物流体系中，进而形成中国特色的现代低碳农村物流体系。

（一）低碳物流与农村物流业发展相关问题研究

低碳物流与农村物流的关系研究起源于低碳经济与农村发展的关系研究。低碳社会建设既要实现低碳生产，又要实现低碳生活；不仅要建设低碳城市，更要建设低碳农村。目前来看，农村社会现代化水平较低、地方政府的低碳宣传效果不显著、农村环境方面的资金投入不足、农村环境保护法制法规落实不到位等问题制约着中国低碳农村建设的进程。陈晓春等（2010）[69]指出，低碳生产和低碳生活是破解农村社会低碳发展现实矛盾的根本途径。对此，部分学者展开了相关研究。蒋文恬（2019）[70]认为，低碳旅游消费的缺乏会造成低碳旅游产品数量较少、旅游设施不完善，并且缺乏政府主导的旅游很难得到真正的发展。仇荣山（2018）[71]以低碳经济时代农业经济为目标，分析农业经济发展的现状，深入了解农业发展低碳经济的阻碍，解决农村经济发展问题，推行农业低碳经济发展模式，进而加快我国农业经济的发展速度。陈云进（2015）[72]探讨了以加强农业和农村节能减排工作为推手，推广农用沼气促使农业经济发展方式向低碳转变的思路与实践，由此提出进一步推广农用沼气发展低碳农业的对策措施。蒋菊香（2019）[73]认为，新型城镇化下的新农村建设怎样更好地走低碳经济路径是重要课题。赵和楠（2010）[74]从加快低碳农村建设的进程的角度出发，建议增加财政投入和补贴力度，优化支出结构，安排低碳预算支出项目，完善税收政策等

财税措施的扶持，帮助构建我国低碳社会。此外，为实现我国低碳农村的快速、健康发展，加强区域外部分散的环境监管机构领导与内部所有的经济激励（Silva，2008）[75]、转变农业经济发展方式必不可少（孙志强，2019）[76]。农村物流业对农村经济的发展起重要的支撑作用，将低碳纳入其运作中是研究深化的表现。崔龙燕（2019）[77]指出，除了要改变人们的思想观念、构建绿色生产方式之外，还应以生态文明为视角，以生态文明理念为指导，以尊重自然环境整体价值为核心，对阻碍农村低碳经济发展的因素进行深度分析，借此寻求更加有效的低碳经济发展路径。

在低碳农村的建设中，科技的地位日益突显（Yu 等，2010）[78]，Hubacek 等（2012）[79]运用 IPAT 模型对中国低碳经济发展的路径进行了分析。燃气企业物流现代化的管理和人才培养、先进的物流技术和物流管理是提高物流能力、推动现代物流发展的必要条件，两者缺一不可（焦叶霞等，2011）[80]。当然，政府的引导调控作用更是不可忽视，政府引导物流行业发展低碳服务，形成低碳物流服务体系[81]，同时提供必要的金融支持（Li S 等，2010）[82]，形成行业标准，建立物流行业低碳认证体系（Xie S 等，2010）[83]。一方面，我国应制定和完善低碳物流的法律法规；另一方面，与物流密切相关的商业和交通等部门应制定低碳物流的配套实施方案[84]。国内学者针对该领域的研究大多集中在低碳农村的必要性和路径选择上，而国外学者则主要集中在低碳技术上。在主体研究上，国内主要集中在对政府作用与对策的研究而缺少对最为重要的农民的对策研究；在研究方法上，国内多集中于定性分析而缺乏定量研究。

（二）低碳视角下农村物流控制相关研究

1. 宏观层面的对策研究

低碳视角下农村物流相关研究初期，很多学者分析农村物流的低碳发展现状，总结亟待解决的问题，提出发展低碳经济下农村物流的对策及建议，为进一步深入研究提供理论基础。通过归纳整理相关文献，以物流的流向为分类依据，将相关研究分为农村正向物流的低碳控制研究和农村逆向物流的低碳控制研究两个方面。

（1）农村正向物流的低碳控制研究。全球经济一体化和全球气候变暖的形势给我国的农村物流低碳经济发展带来了前所未有的新挑战。农村物流业能源消耗量大、碳排放多[85]，发展落后的农村物流是物流业中的"碳排放大户"，因此农村物流的低碳发展十分重要且非常迫切。这不仅是我国农村物流发展的内在要求，同时也是我国农村经济可持续发展的必然选择[86]。农产品物流是农村物流的重要组成部分，农产品物流的低碳发展对农村物流的发展起着重要的指导作用。因此，农产品物流的发展是我国农村物流低碳发展的重中之重。农产品物流低碳发展不仅能减少能源消耗、降低运营成本与碳排放，还能增加我国农产品的国际竞争力与提升农民收入[87-89]。但是，我国农产品却面临着物流链过长、冷链物流体系建设缺失、政府投入不足、以公路运输为主[90]、信息化组织化程度较低、政府规划措施不到位、闲置空载情况多、多式联运发展慢[91]、能源开发技术落后、相关人员专业素质缺失等问题，最终导致农产品物流的高能耗、高污染、高排放、高成本、高损失等现状。为缓解农产品物流的高碳排放、高成本的现状，部分学者提出了缩短农产品物流链、强化基础设施建设、完善农产品物流信息平台、发展第三方物流等措施。同时，沈先陈等（2020）[92]借鉴英国、日本和法国发展低碳经济的相关经验，分别从宏观和微观两个视角提出农产品物流低碳经济发展建议，建议宏观上健全法律法规、优化能源结构、完善相关政策措施、注重相关人才培养，微观上分别从生产、仓储、运输、配送、加工、包装、消费及物流园区建设方面实行低碳经济改革。随着统计数据的完善与研究的深入，更多学者将研究视角逐渐聚焦到省市级区域。我国地大物博、疆土辽阔、资源丰富，不同地区的资源禀赋、气候条件、经济发展、农村物流建设差别较大，这间接造成我国各省市的农村物流低碳经济发展步调不一致。基于不同地区的农村物流发展现状，学者们总结现状和问题，并提出了具有针对性的农村物流低碳经济发展建议。孙琪恒等（2014）[93]在分析辽宁省果蔬类农产品低碳物流发展现状及辽宁省物流业碳排放现状的基础上，提出强化低碳物流意识、完善政策体系、调整能源结构、发展多式联运、提升低碳物流技术和物流管理水平，以达到发展辽宁省果蔬类农产品低碳物流的目的。针对湖南省的农业物流低碳发展现状，秦文展（2012）[94]建议健全湖南省农业物流的相关法律法规，加大对本省农业物流的资金投入，并逐渐完善本省农业物流的信息系统，从而实现湖南省农业物流的低碳经济改革。舒良友等（2017）[95]基于河南省农业低碳物流的现状，分析了驱动河南省发展农业低碳物流的内外部因素，指出成本、社会责任和相对优势是河南省农业低碳物流的内部驱动因素，法律、宣传和消费是河南省农业低碳物流的外部驱动因素，并建议河南省应该大力发展农业低碳物流，以缓解农业高碳现状。随着经济的快速发展，人们对生鲜农产品的品质需求越来越高，催生了农村物流中冷链物流的蓬勃发展，而冷链物流的大量需求带来很高的碳排放量。有学者指出，农村冷链物流是物流业的"碳排放大户"[96]。所以，实现农村物流中农产品冷链物流的低碳经济发展，不仅符合全球经济发展趋势，保护环境，实现可持续发展，而且能够提高农产品价值并促进物流产业的发展[97]。由于农产品冷链物流设备具有特殊性，不仅运输、仓储设备碳排放量较高，温控设备也排放大量的二氧化碳，最终导致高能耗、高排放等问题。有学者总结，农产品冷链物流的低碳经济发展障碍主要在于基础设备和技术欠缺，资源配置和物流管理不合理，废弃物利用率较低，物流环节多，标准化程度低，冷链信息缺失和不对称[98]。低碳经济时代下，农产品冷链物流的"产品易腐性、配送时效性、装备特殊性、低效率、高成本及难协调"等特性导致其低碳经济建设难度较大。发展农产品冷链物流应该从农产品的源头入手，实行行业标准化，建立绿色配送中心，发展冷藏多式联运，大力发展第三方物流，加强信息化建设，并建立良性循环的获利机制[99]。

（2）农村逆向物流的低碳经济相关研究。农户的生产、生活均会产生物流的需求，相应地，生产、生活所产生的废弃物也会产生逆向物流需求，即农村逆向物流。农村逆向物流是农村物流低碳经济发展的关键，农村生产、生活产生大量的污染和碳排放，如不进行农村逆向物流低碳经济改革，势必造成高碳排放、高污染、高浪费等问题。基于此，部分学者针对农村生产、生活产生的废弃物,探索农村逆向物流低碳经济发展的可能性[100]。现阶段,影响我国农产品逆向物流低碳经济发展进程的因素有政策、供应链、信息、技术交互等因素[101]。有学者对此提出优化相关政策环境、完善运行系统、建立技术研发平台、强化信息交互功能等对策,以实现我国农产品逆向物流低碳经济建设[102]。也有学者指出,农业废弃物物流的发展不仅是发展农业循环经济的重要手段,也是提高资源利用率的重要措施[103]。

2. 中观层面的模式与体系研究

随着研究进程的不断推进和深入,学者们开始关注相对深层次的中观研究,主要内容包括低碳运作模式与优化、低碳农村物流体系构建等。

(1) 农村物流的低碳运作模式与优化研究。针对农村物流发展区域差异性大的问题,学者提出应以不同的资源禀赋和地域发展特色为依据,构建差异化的农村物流低碳发展模式[104],但该研究未提出具体发展模式。随后学者们针对这一问题提出订单农业物流模式、农产品网络营销物流模式、共同配送物流模式[105]、农超对接下的农产品物流模式[106]等。还有学者以城乡一体化建设为背景,认为低碳经济视角的城乡双向商贸农业物流模式的构建具有重要意义[107]。同时,Wu 和 Haasis (2018)[108]指出,货运村是实现中国农产品物流可持续发展的途径之一,并提出一种综合超级市场、农民合作社和农业货运村的农产品物流计划,以实现中国农业的可持续性建设。以地区经济发展水平较高的江苏省为研究对象,孙统超 (2015)[109]指出,观光农业供应链模式、农产品循环物流模式、订单农业物流模式、基于互联网的电子商务物流模式更适合江苏农村物流。罗长翼和徐菱 (2013)[110]基于四川省的农产品物流发展政策环境、基础设施、组织管理、信息化建设等现状,指出四川省不仅要注重常规物流模式的建设,还要发展以第三方物流为核心的低碳农村物流模式;随着物流技术的发展,学者将物流技术纳入低碳控制研究。康凯等 (2019)[111]、Wang 等 (2017)[112]等学者综合考虑了生鲜冷链物流配送中的固定成本、运输成本、制冷成本、货损成本、惩罚成本和碳排成本，构建了考虑碳排放的生鲜农产品配送路径优化模型，进而缓解生鲜农产品冷链物流的排放压力。从国外不同国家的角度来看，土耳其货运村的建设[113]和农业食品供应链的构建[114]是实现可持续性发展的有效策略，即实现经济、社会和环境的共同发展[115]。德国的农业物流主要以商业公路运输为主[116]。而 Mehmann 等（2016）[117]提出，让第四方物流企业参与到德国的农业物流运输中，进而有效降低经济成本并减少污染和碳排放，实现德国农业物流的可持续发展。

（2）低碳农村物流体系构建研究。为了规划封闭式城乡生态系统，Penazzi 等（2019）[118]构建了土地利用分配模型以减少包括运输在内的碳排放，解决了城乡生态系统的碳中和问题。罗兴武（2012）[119]和黄蕾（2014）[120]均基于此城乡双向贸易流通视角，建立低碳经济视角下的城乡双向商贸流通体系，分别构建以企业和政府为主体的流通体系，从而加快农村物流的低碳经济改革。另外，学者强调，应同时加强低碳经济视角下农产品绿色物流信息系统[121]、农产品冷链物流体系[122]、农村废弃物物流系统[123]和农业食品生态系统[124]的建设，促进整体农村物流系统的低碳经济发展。

3. 微观层面的低碳物流管理与信息技术研究

现阶段关于低碳视角下农村物流的研究更偏向微观层面，主要涉及低碳物流管理和信息技术研究两个方面。在低碳物流管理环节，宋丽雪（2013）[125]构建了考虑道路拥堵的农超直送低碳库存和路径优化模型，并为企业提出了低碳运作的合理化建议。另有学者针对农产品物流网络进行建模，考虑碳排放成本和其他物流成本，以实现运输、运营过程中碳排放总量的最小化[126]。郭红霞等（2012）[127]、Guo 等（2012）[128]对我国的农产品冷链物流流程进行再造，以促进农村物流整体节能减排的实现。随着信息技术的发展，越来越多的学者关注物流信息平台，从单纯的信息平台经济性研究逐渐深入到经济与环境效益兼具性研究。王维（2014）[129]提出，信息畅通是低碳经济产业链运行的关键所在，良好的信息系统可以有效减少碳排放，加速低碳经济产业链的实现。针对上述问题，有学者认为，要保障低碳目标顺利实现，政府可将信息系统作为

"眼睛"，监管和法律制度的关卡必须完善碳排放信息披露[130]或约束机制[131]。叶慧娟（2020）[132]针对现有高能耗、高排放和高污染的农产品物流模式，建议加紧低碳物流的研究，尽快开发低碳运营模式。Grish-chenko 等（2013）[133]指出，集成物流服务是降低物流成本的有效手段，专业化、信息化、网络化、集成化物流是发展低碳物流、提升企业经济社会效益实现双赢的道路之一。孙丹等（2015）[134]、Arlbjorn 等（2002）[135]基于低碳经济发展背景以及对我国物流在交通运输、航运、信息化等方面的分析，总结出低碳竞争能力弱、物流效率低、第三方物流落后等问题，建议我国物流强化低碳竞争实力，建立国际低碳物流经济法，推动低碳标准化的进程。朱晨俊（2019）[136]以成本为导向，引入碳排放约束，构建了混合轴辐式城乡一体化物流网络规划模型，验证了枢纽节点数量、物流量、运输车辆等因素对网络构建总成本与决策存在影响。此外，农村物流中生鲜果蔬物流具有特殊性，对此，部分学者着手于果蔬类农产品物流信息系统的低碳设计，在农产品物流信息系统设计的过程中考虑低碳因素，既解决了食品安全和物流运作效率的问题，又解决了物流中的高碳排放问题。应诗婷和何卫花（2016）[137]基于公路货运领域相关研究，以提供交易方式、撮合货车交易及利用率、建设统一的诚信体系为主要功能，建设低碳物流信息平台，从而推动国家经济生态发展。孙琪霞等（2016）[138]以江西水果的低碳物流为背景，指出物流渠道复杂、中间环节过多是导致水果损失严重、安全事件频发的原因，建议开发低碳物流信息管理系统，保证对物流过程中水果的温湿度充分监控，从而实现热带水果物流低碳发展。

从内容上来看，低碳视角下农村物流控制研究包括农业和农产品物流的低碳发展研究；从研究的发展进程及深度来看，包括宏观的现状、问题和对策研究，中观的模式、系统和体系研究，以及微观的物流管理与信息技术研究；从研究广度来看，包括仓储库存优化、运输配送优化等相关研究。无论从深度还是广度来看，农村物流低碳发展已经取得相对丰富的成果，但还是忽略或缺乏对以下方面的研究。

（1）狭义的农村物流的低碳经济研究较少。广义上讲，农村物流低碳经济研究包括农业和农产品物流的低碳经济研究；狭义上讲，农村物流是区域物流概念，其低碳经济研究少之又少。虽然我国正处于城镇化建设中，但是我国农村区域仍占较大比重，产生的农村物流需求也很大，而我国的农村物流相较于城市物流发展缓慢且伴随着高碳排放、不经济等问题。

（2）农村物流的系统减排研究较少。根据对现有相关研究的梳理归纳，农村物流的运输配送和仓储库存环节的低碳经济相关研究较多，但是，从系统整体视角来探究农村物流系统的低碳发展非常少。实际运作中，运输配送和仓储库存是农村物流系统最重要的两个物流功能，不仅存在着经济效益和低碳效益各自的悖反，而且还存在着经济和减排的悖反现象，加大对运输配送的碳排放控制可能会造成仓储库存环节的碳排放增大，加大对低碳技术的投资可能会造成经济浪费，故综合运输配送和仓储库存两大物流环节，从系统整体角度研究农村物流系统的低碳经济发展更具有实际意义。

（3）微观的层面农村物流具体运作的实践研究比较稀缺。综观已有研究，农产品物流信息系统多以冷鲜肉为对象，且多集中于质量安全研究视角，鲜少从低碳经济视角研究果蔬类农产品物流信息系统。研究方法上，现有果蔬类农产品物流信息系统研究的相关理论概念和分析解决手段比较单一。研究系统性上，现有农产品物流信息系统以构建方法和设计框架为主要研究内容，内容单一且难以实施，缺乏系统性、针对性和创新性。理论基础上，低碳物流发展和农村物流信息系统相对独立，鲜少有二者结合、归纳的研究，相应地，在农村物流领域的应用更是少之又少。总而言之，低碳视角下农村物流信息系统的研究仍需要进一步深化。

综上所述，农村发展一直是国家高度重视的问题，近十多年来的中央一号文件多次强调"三农"相关问题，城乡一体化的发展趋势明显，然而，落后的农村物流发展仍然是城乡一体化发展的主要制约因素，农村物流的高碳排、高能耗、高污染、低效率、供给需求不对称发展更是农村物流亟待解决的重难点问题。根据对现有相关文献的梳理，农村物流相关研究已取得不少成果，奠定了坚实的理论研究基础，但是缺少对农村物流低碳化的深层次、定量化、系统化的探讨。因此，基于全球气候变暖、环境日益恶化、全球能源告急，以及广大人民对自然和谐可持续发展的渴望的现实背景，构建现代低碳农村物流运行体系并进一步实现农村物流系统供需正常、能源强度逐步降低、经济稳定增长，是现今农村物流发展的必然趋势。

第三节　研究目的与方法

一、研究目的

根据已有研究情况，本书主要解决以下问题：

（1）探明农村物流引入低碳概念的必要性和可行性，为在低碳经济背景下构建现代农村物流体系提供理论依据。

（2）确立低碳经济背景下的现代农村物流体系的影响因素，为构建现代低碳农村物流系统动力学模型做铺垫。

（3）明确目前农村物流体系中对低碳农村物流影响敏感的因素，构建现代低碳农村物流系统动力学模型。

（4）揭示当前农村物流运行体系中突显的问题，探寻基于低碳经济的现代农村物流体系的运作规律，优化现代低碳农村物流体系。

（5）完善低碳经济视角下的现代农村物流调控战略理论，提出现代低碳农村物流发展的具体调控路径、方法和手段，探索并丰富基于低碳经济的现代农村物流的研究领域，尽可能取得具有国际可比性的研究成果。

二、研究方法

（1）文献分析法。通过查阅相关文献资料，搜集整理可以为本研究提供支撑的理论、数据和案例，运用分析归纳和逻辑演绎形成科学认识和方法。

（2）问卷调查法。对广州市采用问卷调研和电话访谈收集低碳包装材料使用、保鲜、冷藏仓库发展情况、甩挂运输发展情况等数据。

（3）评价指标研究相关方法。将模糊评判法和数据包络法（DEA）相结合作为定性指标定量化的方法；为使权重更为客观，采用层次分析法（AHP）和熵权法相结合来确定组合权重，针对实际中农产品物流数据样本不完善的特点，选择加权逼近理想解法（TOPSIS）作为农产品物流低碳发展评价方法。

（4）系统动力学方法。基于相关概念和理论基础，绘制低碳经济视角下农村物流系统的因果关系图及基本反馈环，借助系统动力学的应用软件建立低碳经济视角下的农村物流系统模型。

（5）借助 SQL Server 服务器对系统数据库的概念结构（E-R 图）、逻辑结构（数据关系图）及物理结构（详细数据表）进行设计，并利用蚁群算法和 Matlab 软件对系统关键功能进行优化。

第四节　研究思路与内容

一、研究思路

按照"理论研究→现实扫描→模型构建→政策试验→软件保障→对策建议"的基本研究思路，首先，通过文献梳理和相关理论研究，明确低碳经济视角下农村物流相关研究的现状；其次，通过显示扫描提炼出农村物流低碳发展的必要性和可行性；再次，在基本影响因素分析的基础上，以农产品物流为例，建立农村物流低碳发展的评价指标体系，进而建立低碳经济视角下的农村物流系统动力学模型，以具体的管理调控为试验手段进行模型仿真试验；接着，针对现有的农村物流信息技术发展不足问题，提出构建低碳视角的农村物流信息系统；最后，结合模型仿真试验和农村物流信息平台设计的原则提出促进我国农村物流发展的对策建议。研究技术路线如图 1.1 所示。

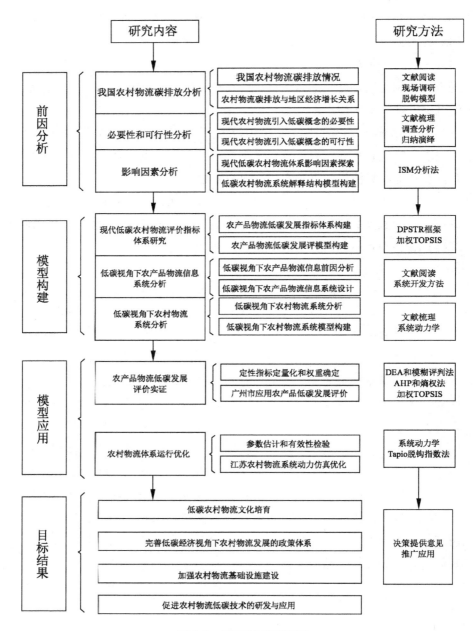

图 1.1 研究技术路线图

二、研究内容

第一章：绪论。介绍研究背景与意义，对国内外研究现状及发展动态进行细致的梳理，明确本研究所使用的指导思想和具体方法。

第二章：相关概念界定与研究理论基础。对研究中涉及的相关概念进行详细的解释说明，并交代研究理论基础。

第三章：我国农村物流低碳发展现状及影响因素分析，做好理论和实践铺垫。

第四章：现代低碳农村物流评价指标体系研究。由于缺乏农村物流统计数据，实际统计工作量巨大，因此本书以其核心构成模板——农产品物流为例展开研究。结合广州市2009—2013年农产品物流低碳发展现状进行实证分析。通过对实证结果的分析来验证体系构建的准确性。

第五章：低碳经济视角下农村物流系统分析。明确低碳经济视角下农村物流系统的基本要素、构成、主要功能及环节，然后从低碳经济视角出发将农村物流系统分为三个子系统并探讨其相互作用关系。

第六章：低碳经济视角下农村物流系统动力学模型构建。通过系统动力学的系统分析，确定框架和边界，然后在相关假设的前提下进行因果关系分析并列出反馈环；建立系统动力学模型，根据变量和因果关系图画出SD流图。

第七章：低碳经济视角下农村物流体系运行优化。以江苏省农村为例对模型中的参数进行赋值和模型检验，在此基础上对低碳经济视角下农村物流系统的动力学模型进行预测、优化分析和政策模拟分析。

第八章：低碳经济视角下农村物流信息系统分析与概念模型设计。针对农村物流信息系统存在功能不完善、集成化程度低、碳排放约束机制缺失等问题，采用面向对象的系统开发方法，在设计系统的概念模型、数据库模型的基础上构建农村物流信息系统。

第九章：低碳经济视角下现代农村物流调控策略。在动力学模型分析的基础上，结合我国农村物流业的发展现状及国情，从思想观念、政策体系、科学技术和基础设施等多个方面提出系统的对策建议。

第二章　相关概念界定与研究理论基础

第一节　相关概念界定

一、低碳经济

"低碳经济"一词首次出现在世人面前，是在 2003 年英国能源白皮书《我们能源的未来：创建低碳经济》中。第一次工业革命以来，对于资源本就不丰富的英国，能源安全和气候变化日渐成为其无法忽视的威胁。按照现行的消费模式，英国的能源供应预计在未来十年内将会主要依靠进口，而气候的剧烈变化更会使得英国受到前所未有的威胁。

近代以来，全球人口呈爆炸式上升，社会经济也呈阶跃式发展，但以碳元素为主的石油、煤炭等常规能源的大量使用造成大气中二氧化碳浓度升高，大气层被破坏，产生了温室效应，而这些能源排放所导致的其他后果也不断地为人们所了解，如废气污染、光化学烟雾、水污染、酸雨等。而这些危害已被确认为是由人类破坏自然环境、不健康的生产生活方式和常规能源的利用造成的。基于此背景，只有摒弃传统增长模式，选择通过低碳经济模式与生活方式，才能走出一条迈向生态文明的新路，并实现社会可持续发展，具体做法就是通过创新技术与创新机制实现能源、经济甚至价值观的变革。"低碳经济"以其低能耗、低污染的特征吸引着全球的目光，致力于抢占先机和产业制高点，欧美发达国家已经开始对产业、能源、技术、贸易等政策进行重大调整，大力发展"低碳技术"，其做法就是推进以高能效、低排放为核心的"低碳革命"。图 2.1 是国际能源署（the International Energy Agency，IEA）最新发布的气候变化减缓的全球专利技术申请，展示了从 1990 年至今各个领域低碳专利技术的发展状况，同时说明低碳经济的争夺战已在全球悄然打响。

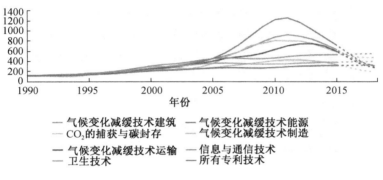

图 2.1　气候变化减缓的全球专利技术申请图

（一）低碳经济的概念

低碳经济是指从思想、管理、科学技术、布局规划、新能源等多个角度出发，在不阻碍经济发展的前提下，通过管理和科学技术的开发与应用来提高碳生产率、降低碳排放量、推广清洁能源的应用、对二氧化碳进行去碳化处理等，使得社会经济发展与生态环境保护形成动态平衡的一种经济发展模式。

（二）低碳经济的目的

低碳经济的目的按照类型可以分为技术层面的目的和理论层面的目的。实施低碳经济的技术层面的目的较为多样，并且具有一定的复杂性，可以是从能源角度，如提高能源生产和使用的效率以更小的代价满足日常社会需求；或是优化和改善能源的使用结构，增加低碳或非碳燃料的生产和利用的比例以取代现今高能耗燃料的地位；或是研究新型能源的应用，推动清洁能源的创新性应用从根本上取代如今高能耗、高排放、高污染的能源应用体系；或是研发有关碳封存和去碳化技术，从源头上扼制和减少大气中 CO_2 的浓度。实施低碳经济的理论层面的目的是将低碳理念和社会经济相融合，使得经济社会发展与生态环境保护形成一种双赢局面。

（三）低碳经济的构成要素

低碳经济一般由如下四部分构成：

1. 低碳经济的核心

现阶段高碳污染主要是由人类的经济活动过程中不合理的利用能源、不必要的浪费、使用高污染的能源等造成的，因此如何合理高效地使用能源是实现低碳经济的关键。

2. 低碳经济的驱动力

在追求低碳经济的今天，低碳技术已经成为核心竞争力。低碳技术不仅涉及多个经济领域，而且包括能源的高效利用、新型能源的开发、碳捕捉和封存等多个环节。当低碳技术开始商业化时，其优势才会逐渐体现，并且形成驱动力推动低碳经济的发展。

3. 低碳经济的载体

与其他经济模式相同，低碳经济的载体也是由相应的产业构成的。这些低碳产业是衡量低碳经济发展是否良好的标杆。此外，低碳产业具有示范作用，可以刺激非低碳产业模仿和学习。

4. 低碳经济的保障

科学的管理是确保低碳经济又好又快发展的重要保障，主要包括合理的法律法规、符合实际情况的体制制度、易于检查和反馈的信息系统等。

（四）中国实现低碳经济的挑战

当前低碳经济已经成为全球各国经济发展和经济转型的方向。面对来自环境、经济和国际形势的压力，中国在实现低碳经济的过程中大致会经历如下挑战：

（1）作为世界第二大经济体，中国的主要经济构成是第二产业，为了维持经济高速发展的势头和保证人民的生活质量，能源的消费不可避免地持续增长，而传统粗放式的能源消费带来的高碳排放已经成为中国实现低碳经济的桎梏。如何在保证人民生活质量的同时，又能完美地解决能耗不断增长所带来的弊端是中国无法逃避的现实问题。

（2）我国是煤炭大国，以煤炭为主的能源消费方式占绝对的统治地位。因此，提高清洁能源的比重和加强对传统高碳能源的废气治理成为中国实现低碳经济的一大挑战。

（3）与第一、第三产业相比，第二产业的能耗是最大的，而中国第二产业的生产技术落后且多为初级产品的加工，说明中国仍走在以污染换发展的道路上。因此，如何加快调整经济结构，降低第二产业的比重并提高第三产业的比重是中国面临的重大课题。

（4）中国是世界第二大经济体，但仍属于发展中国家，在向低碳经济转型的过程中有很多阻碍，其中相应的低碳技术和科研能力是最大的桎梏。虽然《联合国气候变化框架公约》中规定，发达国家有义务向发展中国家提供技术转让，但是大部分发达国家并没有履行公约，因此中国只能通过商业渠道引进技术。

二、农村物流系统

（一）农村物流的内涵

从王新利（2009）提出农村物流是指一切与农业生产相关的物流活动[139]，到谢水清（2006）认为农村物流是为农业生产和农民生活服务的物流[140]，农村物流的内涵也在随着对农村物流的深入研究而持续地补充和更新。最后，农村物流在《中国农村物流发展报告（2013）》[141]中有了更科学的诠释。与农产品物流和农业物流不同，农村物流是指物品以农村作为发货地或接收地的实体流动过程。农村物流属于一种复合型物流，其对象很广泛，包括农用物资、农产品、农民生活必需品乃至对农民生产生活产生的可再生资源的回收利用等。

（二）农村物流的特点

1. 农村物流的区域性

我国幅员辽阔，各地区的土壤、气候、湿度、海拔等因素的差异性导致各地区农产品及农副产品都不尽相同，运输要求和运输条件也因此天差地别。这种区域性成为农村物流实现规模化、标准化的主要制约因素之一。

2. 农村物流的分散性

农村物流运输主体存在分散性，即农林牧渔业初级农产品的生产过程中，必须运送种子、树苗、化肥、饲料等农用物资和生产资料到各个地区，且出货时同样需要把各地区的初级农产品聚集起来，通过分类、包装、运输，送到仓库储藏，最后配送到市场去销售。此外，农民居住分散，村落或屯之间相距较远，交通不便，因此农村物流具有服务对象的地理位置分散和服务范围较广的特点。

3. 农村物流的特殊性

农产品是农村物流除农用物质和生活消费品外最主要的客体，且农产品大多具有生物性，因此农村物流具有特殊性。比如：由于部分农产品具有易腐性，因此要求农村物流具有保鲜能力；农产品的规格、大小、质量的不同要求使农村物流的运输环节具有抗震耐压及加工环节的复杂性；大部分农产品的单位价值偏低，加工环节应提供更高的附加价值。

4. 农村物流的起伏性

由于农产品的生长周期不同，农林牧渔产业中各种初级农产品的出货时间也不同，每年气候环境状况的变化也会在一定程度上影响农产品的出货量，因此农村物流受周围环境影响非常大。除了农产品外，农用物资也同样具有起伏性，如市场的需求会对农民种植、养殖的结构和数量的选择产生延迟影响等。

（三）农村物流的分类

由于农村物流各个阶段的任务具有差异，因此物流过程中有两种物流形式：一是农村需求物流，即农村所需货物的"下行"物流，主要包括农用资料物流及农村消费品物流；二是农村供给物流，即农村产出货物"上行"物流，也就是农产品物流。

1. 农用资料物流

农用资料物流，简称农资物流，是指农业相关经济组织为保证农业生产的顺利开展，将农业生产资料从生产地到消费地移动的经济活动。

其配送方向主要是从城市向农村流动，配送规模从大到小逐渐变化。农资物流是农业生产和农产品加工的前提条件，也是广大农户生产的物资保证。

2. 农村消费品物流

为满足农村居民的日常生活需要，供给和补充农村区域消费所需的消费资料从城市生产者向农村消费者的物资实体流通，是消费品从城市流向农村的"下行"过程，包括消费资料的运输、存储、包装加工、配送等物流活动。农村消费品物流不同于农资物流和农产品物流，对于季节性、时效性要求不高，基本可视为工业品下乡物流。

3. 农产品物流

农产品物流是指为了实现农产品的经济价值，由农村营利性组织将农产品有计划地从生产区域向消费区域进行物理性位移的一种经济活动。它以实现农产品的时间和空间价值为目标，表现为农产品销售过程中货物流、资金流和信息流的统一。一般来说，农产品物流主要从农村区域往城市区域进行流动，也被称为"上行"物流。由于我国是农业大国，农产品产出数量巨大，除小部分自用外，绝大部分需要物流进行销售，导致农产品物流量大，占农村物流的比重较大，成为农村物流的重要组成部分。

（四）农村物流的现状

1. 质量低且专业化和规模化较低

物流业作为一种行业，具有专业化、规模化、分工化等特点，然而农村特殊的地理环境与我国农村服务对象的绝对分散量小使得农村物流成本高昂、效率低下、出错率高、服务质量差。具体原因有两个：首先，农户分布分散，不具备较高的自我服务能力；其次，集体经济不强，表现为社区组织在经济合作中的服务能力比较低，能够实现统一作业服务的种类较少，并且产前信息指导、产后服务（流通、贮藏、运输、包装、分拣、配送等）工作都没有取得良好的效果。

2. 物流基础设施不完善

农村物流基础设施的完善程度和城市相比有很大差距，主要体现在交通布局、运输载具、信息技术、仓储管理等方面。此外，农村物流也是近年来才受到重视，现代农村物流系统尚未成型，各项事务也需要大量人力和财力的投入。

3. 流通渠道过长

我国农村物流的流通渠道长，对于农产品物流，由于从生产端到最终消费端要经历多重批发商且其中加工环节与附加值较少，再加上运输和仓储的损耗过大，导致生产端收益很低，最终消费端的消费价格也很高。对于农用物资和社会消费品，虽然中间环节相对较少，但是农户的分散性也使得流通时间过长、效率低下。

4. 从事物流业的人员较少

虽然我国农村从事物流业的人员每年保持一定的增长率，但是与农村经济发展相比仍无法满足相应的需求。随着农村经济的发展，农村对物流的质量和需求也日益增加，但是目前农村从事物流的人员大部分属于非专业性人才，不具备符合标准的相关知识和能力。

（五）农村物流系统的界定

农村物流系统是一个具有特定功能的、由与农村经济生活息息相关的若干部分结合形成的有机整体。它由若干经济组织组成，旨在为农村生产、生活及其他经济活动提供物流支持和服务。农村物流系统主要研究农村物流的构成要素、运作机制、信息技术应用等内容，了解和分析农村物流系统内部各个要素是什么，它们之间是如何运作和相互影响的，以及外界因素是如何影响它们的。

三、低碳经济视角下的农村物流系统

关于低碳经济视角下农村物流的定义，目前学界还没有统一。本书对低碳经济视角下农村物流的界定为：在满足农村经济发展需求的前提下，结合低碳经济理念的指导并通过先进的技术与高水平的管理，促进农村物流和保护生态环境协调发展。这包括三层含义：一是农村物流各环节碳排放量的下降；二是农村物流中生产、包装、加工等环节符合绿色化和循环经济；三是农村物流整体发展的可持续性。结合农村物流系统与低碳经济视角下农村物流的定义，本书对低碳经济视角下农村物流系统的界定为由低碳农村物流环节及其涉及的农村物流资源、信息、设施、设备及相关行为主体等相互联系、相互制约的要素共同构成的具有特定功能的整体。其目标是降低物流碳排放，减少环境污染，提高资源利用率，实现低碳农村物流最优化。农村物流系统是社会经济系统的一部分，而低碳经济视角下农村物流系统涉及经济与生态环境两大部分，架起了经济效益与生态效益之间的桥梁。农村物流系统既包括农村物流系统的可持续状态，也包括为使农村物流系统变得"绿色"所进行的调整和行动过程。

（一）低碳经济对农村物流的要求

1. 低碳经济视角下农村物流的本质要求

低碳经济视角下农村物流的本质是倡导"低能耗、低排放、高效益、高科技含量"的现代物流发展模式，促进传统的农村物流发展模式向低碳化、现代化的农村物流发展模式转型，促进农村经济可持续发展的良性循环。

2. 实现低碳经济下农村物流的技术要求

只有将各种先进的低碳运输设备、低碳包装、HVAC 系统、荧光灯等技术和设备投入使用，并辅以物流软件、信息平台、业务流程、作业标准等先进的管理，才能真正实现低碳经济。

3. 低碳经济视角下农村物流需要整体和局部统筹考虑

低碳经济的目标是在追求经济发展的同时减少碳排放量并与其形成动态平衡。首先，考虑农村物流的所有环节（包括物流仓储、物流加工、物流运输、物流包装等环节）在运行中是否符合低碳内涵；其次，不局限于农村物流企业的层面，从全局出发，考虑整个农村物流系统在节能减排方面的优越性和对农村经济的影响。

（二）低碳经济视角下农村物流发展中的短板

1. 政府尚未建立起完善的法规体系

我国政府对农村物流发展和建设的重视程度日益上升，各相关部门也颁布了诸多政策法规来引导农村物流的发展，例如《关于 2009 年农村物流服务体系发展资金使用管理的通知》《关于进一步完善和落实鲜活农产品运输绿色通道政策的通知》等。各项政策法规中大多着重于农村物流的规划发展和交通运输环节，而农村物流的仓储、包装、加工等环节，以及与低碳有关的政策出台较少。低碳经济视角下农村物流是具有整体性的，只重视单一物流环节的政策法规无法起到应有的效果，同样也是不完善的。此外，各相关部门的工作重心并不一致，对农村物流的发展要求也不尽相同；缺乏低碳经济理念和先污染后治理的传统思维方式与政府所颁布相应政策和法规有一定的差距。

2. 农村基础设施与物流设备发展落后

在农村物流运输方面，大体上有三大运输方式，即公路运输、水路运输和铁路运输。其中，水路运输和铁路运输的能源强度较低，因此水路运输和铁路运输的低碳环保性十分优越。然而，我国的货物运输结构中公路运输承担了较多的货物运输量，水路运输和铁路运输承担了较少的货物运输量。一部分原因是物流运输的需求具有一定的时效性、经济性和定向性等，这些需求使得灵活、迅速的公路运输在短中距离的货运中具有很高的优先度。此外，我国农村的基础设施不到位和地理环境的差异性无法满足农村货运需求也是造成这种情况的最主要因素，比如我国大部分农村不通铁路或处于内地没有水路、港口等。

目前，中国已经开始逐步制定各类运输载具的能耗标准，但是运输载具市场混乱，政府对供应商没有采取相应的监管措施。近年来在物流园区方面，中国借鉴西方国家先进的经验并成立专门的"低碳物流园区建设委员会"。将"低碳经济"的概念融入园区规划，除了在各物流环节采用合理的管理和低能耗的技术外，对于灯光照明、建筑材料、环境绿化等环节也进行了符合低碳标准的规划设计。目前，我国的低碳物流园区建设仍处于初级阶段，各项工作也都刚刚开展，虽然在一些地方进行了试点建设，但是并没有制定出相应的行业标准。

3. 低碳运营成本及壁垒

我国的农村物流业仍属于传统粗犷式的物流模式。尽管国家出台了一些政策，但是大多数农村物流企业为了保持竞争优势放弃了向低碳化转型。例如，生产的成本增加使得有外贸活动且不达标的高能耗企业为了规避风险、减少成本，不会选择低碳化的道路。在建设低碳物流的过程中存在各种各样的困难，一些企业因为无法解决这些困难而不得不放弃低碳化。此外，碳关税所形成的贸易壁垒虽然对我国对外贸易起到了阻碍作用，但是也在一定程度上促进了我国碳税的实施和低碳化的进程。因此，为了在国际市场的竞争中取得先机，建设低碳化势在必行。

4. 物流人才紧缺和社会低碳化意识较弱

我国引入物流这一概念的时间较短，长期以来对这一领域的重视也不够，因此物流业发展较慢，高端人才十分缺少，相应的教育与专业培训也没有形成标准化。与此同时，社会低碳化意识较弱且低碳经济的收益是长期性的，虽然对于国家来说，这种宏观的收益是显而易见的，但是对于企业来说，这种投资一次性投入颇高、在短期内却没有明显的经济效益，故农村物流企业对这方面的人力和资金的投入缺乏兴趣，农村物流的转型难以为继。对于农民来说，低碳经济理念对其日常生活的影响并不显著，因此他们也没有从根本上转变思想。在这样没有低碳化意识的大环境中，无论什么样的政府措施和企业的低碳文化理念都难以达到应有的效果。

（三）低碳经济视角下农村物流的发展趋势

1. 发展的可持续性

低碳经济视角下农村物流的发展应注重可持续性，即农村物流在发展的过程中对周围环境的影响应被控制在一定的范围内，避免用高昂的环境代价来换取眼前的经济利益。促进农村物流与社会经济、环境资源利用的协调发展是可持续性发展的本质，因此提高农村的经济建设和农民的生活水平能从根本上促进农村物流的发展。

2. 资源分配的合理性

合理的资源分配能确保农村物流的良好发展。资源分配的合理性包括：节约性，即避免各环节中不必要的浪费；高效性，即通过先进的管理理念和高新技术来提高效率；正确性，即将相应的资源分配给正确的需求方。

3. 对低碳经济的支持性

作为影响经济的重要因素之一，物流能够有效推动企业进行结构调整并改变经济发展方向。而低碳经济视角下的农村物流更加注重低碳和质量，旨在提高物流过程中的经济效益和运营效率。因此，低碳经济视角下的农村物流成为农村经济的强有力支撑，并且在很大程度上推动了农村传统的"高能耗、高排放、高污染"产业结构的调整和向新型低碳经济模式的转变。

4. 物流信息的通畅性

物流过程中的关键信息包括物流供需信息、运输实况信息、车载率信息、低碳监控信息等，这些关键信息被要求必须及时被传递，并且内容足够透明，这样才能为低碳经济视角下农村物流的发展提供足够的保障，在制定决策时做到科学及时，并且能够减少信息不对称而产生的"牛鞭效应"，从而大大减少由供应商一方产生并传输的扭曲信息。同时，无纸化订单能够显著提高供应商的反应速度与供货能力。对于加工或流通企业，物流信息系统的运用有助于在决策时比较来自不同供应商的产品质量进而花最低的成本买到最优的产品，办事效率明显提高；物流信息系统还能实现产品质量可追溯，不仅在生产过程中的监督保证了产品的最终质量，而且消费者的合法权益也受到了保护，由此带来了企业与客户之间长期稳定的合作关系。从管理者或政府的角度来看，信息的透明和公开能够降低其管理难度和流通成本，也能及时收到来自物流各个环节的反馈信息，从而避免矛盾的激化等问题，社会效益也会因此显著提高。

第二节　研究基础：相关理论与方法

一、经济发展相关理论

（一）低碳经济发展理论

1. 低碳经济发展理论介绍

2003 年英国政府率先提出低碳经济观念，随后许多发达国家把低碳经济看作高生产率、低能耗、少污染、高效益的代名词。随着低碳经济研究进程的推进，学者们纷纷提出各自对低碳经济的理解。目前，学术界较为认可的低碳经济是作为一种新的经济模式，把市场经济调控为主导，通过低碳法律法规和配套政策的政府干预为辅导手段，加快新能源和清洁能源技术的开发与使用的步伐，实现能源高利用率，以此推动社会向低碳发展模式转型[142]。

（1）低碳经济的影响因素

国外学者从不同的角度对低碳经济的影响因素进行分析，在理论研究和实际应用方面取得较多的成果。

① 产业结构。围绕产业结构分析能源消耗和碳排放问题，可以正确理解和判断产业因素对低碳经济发展的影响，制定切实、可行的低碳产业政策。

② 工业化和城市化。工业化与能源消耗在一定程度上成正比，而城市化发展模式在一定程度上决定能源的消耗水平。

③ 技术进步。先进的技术能够影响能源的消耗和强度，其中先进的技术对能源的高效率具有回报效应，技术进步有利于能源强度的下降。

④ 消费方式和消费行为。居民生活消费成为终端能源消费的重要组成部分，居民消费方式的改变对能源消费有着显著的影响；同时，人们的消费行为会受到环境变化的影响。

（2）低碳经济导致经济发展方式的转型

相关学者运用马克思的资本有机构成理论分析认为，两者构建了有机的统一体。经济发展方式的转型要求产业结构和经济增长方式都发生相应的改变，促进低碳经济的发展。

（3）低碳经济发展路径选择

低碳经济发展路径主要包括结构调整、技术创新、能源替代、低碳消费方式、多角度多层面共同推进五种方式。其中，能源替代包括可再生能源与化石能源的替代、资本和劳动力与能源的替代。

2. 低碳经济发展理论对农村物流低碳发展的指导意义

如果只关心农村物流发展所带来的经济效益而忽略其对环境所带来

的负面效应，必然不利于农村物流的健康、持久发展。如果农村物流的发展因为自身活动对环境的负外部性抑制了相关产业发展，不仅不能完成农村物流发展所希望达到的目标，也不能实现其对区域经济可持续发展的促进作用的功能。因此，在农村物流低碳发展过程中低碳经济思想贯穿整个研究的过程。

（二）经济外部性理论

外部性通常被认为是导致市场失灵而引入政府规制的主要原因，目前关于外部性的定义还没有统一的说法。但是对已有的定义梳理后发现，外部性的定义可概括为以下两种：第一种是基于外部性的产生主体角度进行定义，如 Nordhaus W D（1992）认为，外部性是指由主体的生产或消费导致向其他团体消耗无补偿性的成本或给予额外收益的情形[143]；另一种是基于外部性的接受主体角度来定义，如 Boldrin 和 Rustichini（1994）[144]提出外部性能表示为当某主体的行动所产生的某些效益或成本不在该主体决策考虑范围中产生的这些低效率现象，也就是指没有参加这一决策的团体或个人得到某些被给予的效益或某些被强加的成本。

虽然这两种定义在表述上存在差异，但其本质是相同的，都认为外部性可视作一个经济主体对另一个经济主体形成的外部影响，但这种外部影响不能通过市场价格进行买卖。1920 年，庇古提出经济外部性，运用基于福利经济学的角度系统地探索外部性问题，并在以往学者提出的外部经济的概念上衍生出外部不经济的概念和本质，对外部性问题的研究的视角从企业的内部影响转向企业对外面环境的影响[145]。

经济外部性可分为外部正效应和外部负效应，外部正效应表示为行为主体的某项经济活动使得社会上其他成员获益，行为主体本身并不能因此获得补偿，即行为主体在经济活动中所获得的私人收益小于其带来的社会收益，于是出现了外部正经济。外部负效应则与此相反，行为主体的某项经济活动使得社会上其他主体付出了代价而该行为主体却没有给予相应的补偿，使得行为主体在此活动中所应付出的私人成本小于该活动所必需的社会成本，于是形成外部不经济（外部负效应）。根据国内外学者对于农村物流业的外部性研究，可以将外部性总结为两部分，即供给外部性和使用外部性。

农村物流业通常被认为是外部性较强的产业，其外部性主要表现为物流环节对区域经济、社会发展的促进作用及对环境的影响。在农村物流的经济和社会意义分析中，可以这样描述：通过应用先进的物流技术和进行组织创新，降低农产品物流成本，进而降低农村物流企业的生产成本，增加农户的收入，促进地区经济的均衡发展。

农村物流活动对环境的影响被认为负外部性的表现主要包括：物流网络节点布局不合理，导致货物重复运输、过度运输等现象，人为地增加运输里程，加大能源消耗；选择运输交通工具时，选择不合适的运输方式会增加不必要的能源消耗或使得能源利用率低；物流信息化程度低、物流管理方式落后，导致大量车辆空载行驶，造成资源的极大浪费。

因此，农村物流发展对外部的影响是对于农业低碳发展评价中的重要组成部分，也直接关系到农村物流低碳发展评价的准确性和完整性。

（三）产业发展阶段理论

1. 产业发展阶段理论介绍

发展阶段理论将经济变化划分为 3 个阶段，分别是初级产品生产阶段（或称农业经济阶段）、工业化阶段和发达经济阶段。这一理论由美国经济学家 H. 钱纳里提出。他基于对第二次世界大战以后以工业化为主线的发展中国家的发展经历研究考察，综合运用了投入产出分析方法、一般均衡分析方法和计量经济模型，进行了多种形式的比较，根据国内人均生产总值水平，构造出具有一般意义的"标准结构"，即不发达经济到成熟工业经济整个变化过程分为 3 个阶段 6 个时期，此即发展阶段理论的历史脉络。

2. 产业发展阶段理论对农村物流低碳发展的指导意义

农村物流是农村区域的一个产业，属于产业发展阶段理论的研究范围。农村物流作为农村地区的新兴产业，依赖于政府对产业发展的支持。相应地，产业发展理论的核心理念是：在不同发展阶段，一个产业具备不同的发展规律；在同一发展阶段，不同产业具备不同的发展规律。基于产业发展阶段理论，对农村物流低碳发展进行深入的研究，对目前发展阶段进行详细的了解，并结合农村物流产业发展规律，揭示低碳经济如何引导和发展农村物流，更好地促进整个产业的发展，进而促进整个农村经济的发展。

二、管理信息系统相关理论

（一）管理信息系统基本理论

管理信息系统（Management Information System，MIS）最初研究数据的处理，后期逐渐发展为集管理、信息和系统的边缘性、交叉性、系统性学科。MIS 是一种在人的主导下，通过运用计算机软硬件设施、办公设备和网络布局，进而对信息进行收集、储存、处理、传输、加工和维护的人机系统。

对 MIS 而言，有 5 项资源是十分重要的，即人、能源、资本、信息和物资。在系统规划、分析、设计、实施、维护与评价这 5 个阶段，MIS 能通过发挥数据处理功能、计划功能、预测功能、控制功能、辅助决策等功能，在进行管理控制时获得更多依据，进行决策时准备更充分，企业进行内部沟通时更高效。由于 MIS 功能丰富，因此它在很多方面都能实现有效利用，例如企业资源计划（ERP）、物料需求计划（MRP）、制造资源计划（MRPII）、客户关系管理（CRM）等。

（1）管理理论。管理理论又被称作"管理学理论"，是管理信息系统理论的核心与灵魂，对于信息理论和系统理论发挥着指导功能。管理理论起源于科学管理，即致力于通过提高工人的工作效率来获得更高的利益。其后，人际关系出现，管理理论从对物的关注转移到人身上，即关注如何发挥人的积极性，尽管中间也有系统理论和权变理论对管理的指导，但最终发展为以人为本，建立和谐企业的管理。

（2）信息理论。信息是指原始数据被存储和处理后，影响接收者行为并为其决策提供可参考的具体材料。信息理论的目的是根据数据的特点和事物之间相互联系、相互作用的一般哲学思想，揭示物质与物质之间关系的基本性质。

（3）系统理论。该系统起源于古希腊，最初由一位奥地利裔美国理论生物学家 L. V. 贝塔朗菲提出构想。他提出，中国的完整系统理论科学是由钱学森院士创立的。系统理论强调对系统共性属性的概括，并有一套规范严谨的、针对信息系统、应用数学、管理科学等特定领域的理论体系来解决该领域的问题。

本书遵循管理信息系统的设计思想，通过分析，设计和实现了框架结构，同时满足管理理论、信息理论和系统理论的内容要求。管理理论的应用主要体现在低碳经济视角下农村物流信息系统的设计更加强调人的思想和人发挥的作用。在大量参考文献和实际调研的基础上，充分结合不同物流主体的需求，使系统更加人性化和多元化，是其重要原则之一。信息理论的本质是通过对复杂数据的分析，提取不同物质之间的关键元素和它们之间的联系。将低碳经济与物流信息系统有效结合，拓展其系统功能，是信息系统设计的基本原则。系统理论在本书中得到了很好的应用，集成一体化的物流信息系统强调其系统性和完整性而实现信息共享的目标。此外，跨学科的应用、多样化的研究方法和丰富的研究工具也有所体现，这些都是信息系统设计的核心要点。

（二）物流信息系统开发理论

物流信息系统的开发是一项综合性的、跨学科的工作，对计算机技术和物流专业知识都有较高的要求。根据系统工程理论，系统开发策略可以分为自上而下、自下而上和推拉式策略三种类型。自上而下是一种需要高度逻辑性的策略，是指信息系统开发遵循从宏观到微观、从整体到局部、从长期到短期的思考与设计。相对而言，自下而上是一种较保守的开发策略，通过对数据的处理和分析，工作人员对各个功能模块进行设计，从而实现整个系统的协调运行。自下而上策略可以降低错误发生的频率，但是如果在后期子模块与整个系统发生不兼容的情况，则需要进行较大的修改。在实践中，经常采用推拉式信息系统开发策略，因为它将上述两种方法结合起来，在整体自上而下的总体方案指导下，自下而上逐一分析数据并设计各个功能板块。

随着信息技术的不断发展，物流信息系统逐渐形成生命周期法、原型法、面向对象法和计算机辅助软件工程法四种开发方法，同时这些开发方法也在不断完善与更新。

1. 生命周期法

生命周期法（Life Circle Approach，LCA）[146]以生命周期的思想为指导，将物流信息系统的开发视为生命周期的不同阶段，按照自上而下的开发策略进行以下工作：系统可行性研究、系统分析、系统设计、系统实施、系统运营和维护。本书从低碳经济的角度，运用生命周期法对农村物流信息系统的设计进行了细致的研究。该方法强调面向用户的原则，即开发人员在设计时应充分考虑用户的主观体验，在与用户的密切沟通中发现实际问题，并根据反馈信息对系统进行改进和更新。

（1）可行性研究

在物流信息系统开发的初期，应进行现状调查分析和数据分解，对物流信息系统所需的软硬件，如现有资源、人员、资金等进行可行性分析，为系统的设计与实现提前做好准备，也为后面的研究提供现实依据。本阶段将形成可行性研究报告。

（2）系统分析

系统分析主要是对现有系统的优缺点进行总结和分析，指出现有系统存在的不足及其原因，并阐明自己设计的系统与现有系统的区别和创新之处。此外，还要研究数据来源、处理方法、功能及数据之间的逻辑关系，找出系统实现过程中存在的障碍，并及时修正系统设计的相关参数或因素。本阶段将形成系统分析报告或系统逻辑设计说明书。

（3）系统设计

系统设计是生命周期法的核心。只有系统设计合理可行，才能保证系统的顺利实施。该阶段的主要任务包括：根据系统逻辑性报告思考系统需要实现的功能，以此设计系统框架；理清各模块之间的关系；对数据进行分类处理；设计数据库和代码等。本阶段将形成系统设计报告。

（4）系统实施

系统实施也称为系统实现。在系统物理和逻辑结构设计的基础上，利用计算机技术，专业人员可以根据需要对系统进行编程，配置网络布局和系统设备等软硬件设施，最后建立一个能够实现既定物流运营目标的信息系统。本阶段将生成程序附件和系统使用说明书。

（5）系统运营和维护

经过测试和试运行，系统的综合物流信息可以投入实际运行。系统维护是系统开发和管理人员的终身任务，在使用过程中出现问题时应及时纠正或进行局部调整。如果系统正常工作，那么可以批量生产或广泛应用；如果在系统投入使用后一段时间（通常是很多年）后出现了无法修正的问题，那么表明新一代系统正在诞生。

2. 原型法

原型法（Prototyping）首先确定用户对系统功能、数据结构或操作界面的基本要求，然后通过投入少量人力物力开发出一个简单的原始模型，以便于让用户提前看到模型的概况和运行效果，用户根据原始模型提出不满意的部分，供开发人员参考和修改。经过多次的讨论和改进，开发出一个满足客户需求的物流信息系统。

原型法尽管在一定程度上提高了用户对系统的参与度和使用信心，但也存在许多局限性。例如，它只适用于小规模系统的开发，对于大型复杂的信息系统缺乏一致的标准和严格的开发流程，因此十分被动。普通物流信息系统可以在原有大框架不变的基础上进行推广，而运用原型法开发的信息系统基于客户的个性化定制特点，仅仅适合单个客户。虽然原型法在客户体验和竞争力方面有所提升，但是开发成本高，因此可推广性不强。

3. 面向对象法

对于面向对象（Object Oriented，OO）中包含的对象，从广义上讲，可以是任何人或事物；从狭义上讲，是指能够封装隐含信息、数据结构、功能方法等的事物。各种各样的对象构成客观世界，每个对象都有其自身的内部规律和个性特征。面向对象是指在满足必要需求的前提下，保持本质不变地将所有对象的共性或不变的特性组成最小集合，以应对时刻变化的环境和不同客户的不同需求。

该对象具有忽略次要和突出重点的模型抽象性、可以独立使用而不受干扰的封装性、可以扬长避短的继承性、可以灵活互联操作的多态性等特点。通过对客观世界的调查和对用户需求的分析，对特定对象进行分类和总结，将最小的单元固定在封装的模式中，最后使用程序软件进行实现，即从 OOA 到 OOD 再到 OOP 的过程。

4. 计算机辅助软件工程法

计算机辅助软件工程（Computer Aided Software Engineering，CASE）是指在整个生命周期内辅助软件开发工作的所有计算机软件、技术、工具和方法。

在方法上，CASE 结合了多种设计思想，包括自下而上、结构化和封装性等。它是一个完善的、高度自动化的系统体系，利用计算机技术、软件工程等多学科的专业知识来综合设计物流信息系统，从而有效地减小人为失误的概率，在降低成本和提高系统的自动化程度方面都有显著效果。在需求分析和程序设计过程中，使用图形化工具、E-R 图、Jackson 程序结构图和 N-S 图等工具作为辅助，能使程序运行过程中的逻辑更为清晰。

本书采用面向对象法开发农村物流信息系统，系统的设计过程中遵循封装性、抽象性和继承性的原则。在系统开发初期，程序和大数据存储在一个对象中，只留给用户对象的可视化界面，这样既保证了系统的可操作性，又使系统界面更加美观有序。在系统开发过程中，保持对系统分析、设计和实现的清晰思考，然后对各个步骤依次进行设计，最后对系统进行测试和后期维护，并在期间不断更新系统功能。

三、基本研究方法

（一）解释结构模型理论

解释结构模型（Interpretative Structural Modeling，ISM）法是一种源自结构建模的系统科学方法，广泛应用于分析现代系统过程，是一种自上而下的分析方法。ISM 法通过梳理系统，拆解成各个独立的因素，并利用实践经验、知识与计算机逐层分析因素与因素之间的关系，并把关系映射成有向图，利用布尔逻辑运算，呈现出最简的层次化的有向拓扑图，形成最终的多级递阶的概念结构模型。ISM 法可以将模糊不清晰的系统结构通过层级图转化为一目了然的系统因素因果层次阶梯结构，以层级拓扑图的方式展示结论，具有极强的直观性展示效果。该方法是搭建在自然科学与社会科学之间桥梁的有效研究方法，应用十分广泛，从国际性问题中的能源系统分析到区域性经济发展、企业运作问题甚至到个人范围的问题研究都有涉及。

ISM 法可以将系统内部许多看似无序的、离散的元素之间的相互关系，利用基本图形和矩阵进行描述，以已有的矩阵关系进行运算，推测系统的内在结构，并以图表形式梳理出系统内部元素清晰的相关性，构成相关要素之间的邻接矩阵，建立相应的可达矩阵，通过分解可达矩阵，获取系统结构模型，揭示系统内在结构，以系统结构模型为依据，对内部结构进行分析，最终构建解释结构模型。ISM 法的核心计算在于运用相邻矩阵的逻辑运算，获得可达矩阵，进而分解可达矩阵形成自上而下的层次清晰的多层级阶梯图形。

农村物流低碳发展是现代农村物流可持续发展的必经阶段，低碳农村物流系统是通过低碳技术、低碳农村管理等多种因素相互作用而形成的一种有机整体。在研究推进低碳农村物流发展的因素分析时，ISM 分析方法的引入可以有效厘清促进农村物流低碳发展的重要因素之间的主次关系，探索支配农村物流低碳发展的关键因素和机理，为构建低碳经济下的农村物流体系提供理论依据。

（二）系统动力学理论

系统动力学最早出现于 1956 年，是美国 Forrester 教授为分析生产管理和库存管理等运作管理问题提出的协同仿真方法。系统动力学遵循"凡协同必有结构，系统结构决定系统功能"的科学思想，根据系统内部要素之间互为因果关系的反馈特点，强调从系统内部结构探索导致问题产生的根源，以研究的问题为切入点，通过系统分析，结合要素间的因果关系和运行结构来构建所需要的 SD 流图，并运用先进的系统软件进行仿真模拟，分析各要素对其他相关要素及系统的影响，得出相应的结论和研究优化或解决的方法。

农村物流是一个完整的动态系统，并与环境中的其他系统相互影响，因此运用系统动力学理论来构建低碳经济视角下农村物流系统动力学模型是合理可行的。其仿真步骤如图2.2所示。

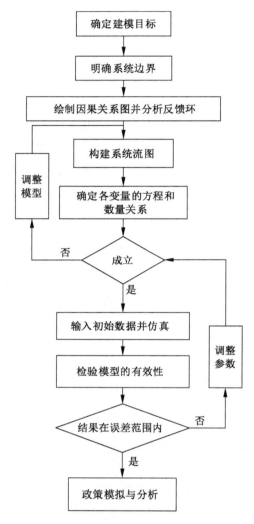

图2.2 系统动力学建模仿真步骤

1. 分析问题，明确系统建模的最终目的

只有根据最终目的划分的边界才适合系统动力学模型的构建。划分系统的边界有两大原则：

（1）运用整体的思维模式，以问题为导向，设定构建模型的目的，以相关行业的实际工作者、课题研究者的知识与经验为依据，提出定性关系分析，并划定系统边界。

（2）尽量以较窄的视角界定系统边界，对于与具体问题关联性不大的变量，可以忽略不予采用。

2．系统的结构分析

系统内部结构分析的目的是厘清系统内部关联性信息，揭示协同内部元素之间的反馈机制。

（1）结合整体与局部视角分析系统整体与子系统的具体结构。

（2）详细划分子系统与层次结构，对相关变量进行定义，确定变量的种类与关键变量。

（3）厘清内部要素变量与变量之间的相互关系，确定回路之间的反馈复合机制，确定系统内部关键变量之间的主要回路与性质，评估主要回路由于时间变化而变化的可能性，绘制因果关系图和系统流图。

3．建立数学模型

首先进行深入和具体的实证分析，有时需将实证分析结合其他统计模型获取运算公式。在方程参数估计时，针对某些不可获得的统计数据的参数，可采用一些常用的参数估计方法，最终获得系统方程，并给状态变量赋予初始值。

4．模型的模拟

完成方程模型后，需要模拟系统方程在设定时间内的运作情况，产生人为操作的运行过程，描述、分析改善协调的运作特点。通过对系统的方程模拟与调控方案设计，不仅可以实现更深入的系统运作机制的剖析，还可更有针对性地提出问题的解决方案，评估模拟仿真与实践运作相符的运作结果。以模拟结构依据对模型进行修正，包括系统方程结构与参数的修改。

5．模型的评估与运用

通过同步不同参数的模拟调控可获取不同的仿真结果，将仿真结果与定性分析方案进行比较，最终选取最优的决策方案。模型的评估与运用这一步骤不限定在最后完成，也可分散到其他步骤中完成。

（三）脱钩理论

脱钩源于物理学领域，指具有相应关系的两个或多个物理量之间的响应关系不存在。一些专家和学者将其应用到不同的领域，本书着重于碳排放脱钩。目前学者对碳排放脱钩的理解是，在一定时期内，某地区的碳排放量和经济增长量之间的响应关系较弱或不存在，即经济的增长并不依赖于能源的消耗。因此，某地区的碳排放量和经济增长量之间有无响应关系，即指碳排放脱钩是否会被用于衡量该地区低碳经济的发展状况。

在众多模型中，Tapio 脱钩模型运用较为广泛。其实质是一种弹性分析，可分析地区碳排放和经济增长时空关系，表达式为

$$\varepsilon = (\Delta C/C)/(\Delta GDP/GDP)$$

式中：ε 为碳排放量与经济增长之间的脱钩弹性指数；ΔC 为一定时期内产业能源碳排放变化量；ΔGDP 为一定时期内国内生产总值的变化量。

在有关碳排放量和经济发展的研究中，碳生产率和脱钩理论经常作为衡量指标和方法对某地区或行业的经济情况和低碳进程进行分析研究。在低碳经济视角下农村物流系统的构建过程中，可以改变系统动力学模型的参数作为优化政策并运用碳生产率和脱钩理论中的 Tapio 脱钩模型对政策前后引起的经济和碳排放量进行对比分析，通过脱钩状态更直观地评价政策实施前后的效果。

（四）庇古税理论

庇古税是霍布斯和庇古在《福利经济学》一书中最先提出的，按照排污者对环境破坏的严重程度进行征税，用税收来改变这种负外部性行为。庇古税属于直接环境税，由于其按照排污者对环境破坏的严重程度进行征税，因此庇古税也属于从量税。

制定和征收庇古税的难点在于选择合理的税率，从数学角度进行思考不难发现，边际成本和边际效益的均衡点就是理论上的最优解。因此在"完美竞争市场"条件下，只要选择这样的"最优税率"进行征税，就能够改善社会总福利。但是"完美竞争市场"在实际情况中是不存在的，现实市场中存在许多难以预测的要素。最优解并不等同于"最优税

率"，即"最优税率"一般是理想化的、有前提条件的。因此在现实市场条件下，一般采用的都是相对较优的税率。

　　碳税作为庇古税理论的现实应用，相对于基于科斯定理提出的碳交易市场更适合中国的国情。碳税和碳交易市场的目的都是减少温室气体以实现低碳经济，但是碳税政策由国家制定并依托于成熟的税收制度，实施成本较低。碳交易市场需要重新构建一个新的市场，而一个新市场所需要投入的资源、精力和时间是十分巨大的，因此在对低碳经济视角下农村物流提出优化方案时，本书考虑碳税政策而未选择碳交易市场。

第三章　我国农村物流低碳发展现状及影响因素分析

　　将低碳理论引入现代农村物流领域关系到整个国民经济的运行效率与运行质量，关系到农业的现代化与农民的根本利益。而发展低碳农村物流，是应对未来挑战和在竞争中占得先机的重要保障，有利于推动我国农村经济结构调整，促进和带动高效的农业社会化服务体系的建设和完善。低碳农村物流体系的建设能够促进城乡之间的交流和互动，对于推进城乡一体化的进程、加快农村经济发展十分必要。

　　本章首先针对我国农村物流及其低碳发展现状进行调查并分析，估算我国农村物流的碳排放，并据此分析我国农村物流碳排放与地区经济增长的脱钩趋势。其次，基于我国农村物流及其低碳发展的现状调查与分析，展开农村物流低碳发展的必要性和可行性分析，并围绕以下两项内容展开：① 现代农村物流引入低碳概念的必要性分析。在借鉴目前相关理论研究及已实施低碳农村物流国家的经验的基础上，从中国目前农村物流的实际情况出发，通过相关分析、对比分析等方法探讨低碳经济视角下农村物流引入低碳概念的必要性。② 现代农村物流引入低碳概念的可行性分析。从政府、企业、农户三个层面，结合国民经济和社会发展"十二五""十三五""十四五"规划，通过资料分析、数据调查、实地走访等形式了解农村物流各个参与主体对实施低碳农村物流体系的意识强弱，了解农村物流发展中的高排放环节，深入探讨现代农村物流引入低碳的利弊，并进一步揭示构建现代低碳农村物流体系是新农村建设和城乡社会发展的必然趋势。最后，依据现代农村物流引入低碳概念的可行性和必要性分析的重要理论依据，展开对现代农村物流低碳发展的影响分析，进一步为后续研究的开展提供重要支撑。

第一节　我国农村物流及其低碳发展现状调查

一、我国农村物流发展现状

（一）质量低且专业化和规模化程度较低

物流业是具有专业化、规模化、分工化等特点的一个行业。然而我国农村地理环境特殊，服务对象绝对分散量小，导致农村物流成本高昂、效率低下、损失率高、服务质量差，进而造成农村物流质量低且专业化和规模化程度较低。据 2020 年相关数据统计，我国农村物流配送成本是城市的 5 倍。以农产品物流为例，一般农产品打包规格为 1～5 公斤，地头采购价格不超过 1 元，而一般快递公司为 3 公斤一档，3 公斤及以内一类、二类、三类地区快递费分别为 5 元、6 元、7 元，3 公斤以上价格翻 1～2 倍，这导致快递费已经超过农产品本身成本，部分贫困地区的农产品物流成本已经占到总成本的 30%～40%，鲜活农产品更是达到总成本的 60%，可见农村物流成本之高。农村物流不仅成本高，而且损失率高，我国每年损耗的水果类农产品多达 1200 万吨、蔬菜类农产品多达 1.3 亿吨，生鲜损耗率的平均值为 25%～30%。不仅如此，截至 2019 年 11 月 5 日，我国乡镇快递的覆盖率达到 96%，与城市相比仍有差距，并且很多地方的快递止步于乡镇、未达到村级，快递下乡难的现状比比皆是。此外，农村物流企业作业方式比较传统和落后，RFID、POS、EDI 等先进物流信息技术还未得到有效和普遍的应用，因此农村物流的专业化程度较低。2019 年 8 月 12 日，交通运输部、国家邮政局、中国邮政集团公司联合印发的《关于深化交通运输与邮政快递融合　推进农村物流高质量发展的意见》要求进一步深化交邮融合，引领农村物流高质量发展，以改进我国农村物流低质量发展现状。如此种种反映出以下两方面问题：一方面，分散的农户自我服务能力比较差；另一方面，集体经济比较薄弱，社区合作经济组织的服务功能不强，统一作业服务的种类有限，产前的信息指导以及产后的流通、贮藏、运输、包装、分拣配送等服务远没有得到很好地开展。

（二）物流基础设施和科研管理水平较低

农村物流基础设施的完善程度与城市相比有很大差距，主要体现在交通布局、运输载具、信息技术、仓储管理等方面。以农村冷链物流建设为例，我国肉类、果蔬和水产品等生鲜农产品的冷链流通率约为30%，而发达国家的生鲜农产品冷链流通率已经达到90%的水平，差距较大。此外，我国冷链物流发展较为滞后，预冷设施、冷库、冷运车辆和相关信息平台均有明显短缺，并且农村物流相对于城市物流发展较为落后，农村冷链物流的建设就更加落后，也表明农村物流基础设施的完善程度较低。由于农村物流基础设施相对不完善，国家发布了多个文件以促进其发展。2018年9月，党中央、国务院印发的《乡村振兴战略规划》中提出要"改善农村交通物流设施条件"。2019年，中央一号文件也提出"完善县乡村物流基础设施网络""加强农产品物流骨干网络和冷链物流体系建设"。2019年，交通运输部办公厅提出"推进乡镇运输服务站建设，加快完善农村物流网络节点体系"的意见。2020年，中央一号文件提出启动农产品仓储保鲜冷链物流设施建设工程。《城乡高效配送专项行动计划》《关于推进电子商务与快递物流协同发展的意见》《乡村振兴战略规划》等文件均提到完善农村物流末端网络，以形成高效集约、协同共享的农村物流体系。这些文件表明，国家对农村物流物流基础设施相关建设的高度重视，反映出我国物流基础设施建设相对落后，并需要继续加紧建设。此外，农村物流近年来才受到重视，现代农村物流系统尚未成型，各项事务都需要大量人力和财力的投入。

（三）流通渠道过长

在农产品物流方面，由于从生产端到最终消费端要经历多重批发商且其中加工环节与附加值较少，再加上运输和仓储的损耗过大，使得生产端收益很低、最终消费端的消费价格很高。近几年"农民卖菜难、百姓买菜难""蔬菜水果滞销""大批水果蔬菜烂在地里""菜贱伤农"

"菜贵伤民"等事件频频发生。例如，2019 年年末的白菜卖出"白菜价"引起人们的广泛热议，山东平度的白菜售价甚至低至 5 分钱一斤，连成本都收不回来；2017 年菜花的地头收购价格跌至每斤 0.1 元，而城市的菜花零售价却达到每斤 2.5 元；2016 年沙县洋花坑村 35 万公斤柑橘无人问津，只因收购价格太低，而人工、包装、采收成本又过高，导致种植采收成本均不能收回。这类事件与我国农村物流的流通渠道过长息息相关，我国的民生问题难以得到改善。

在农用物资和社会消费品方面，虽然中间环节相对较少，但是农户的分散性也使得流通时间过长、效率低下。农村地广人稀，一般一个小村子只有不到 20 户人家，一个大的村子也不超过 200 户，而且偏远农村的快递到达县城后仍距离客户 30~50 公里，运输耗时长且效率低。

（四）从事物流业人员较少

我国农村从事物流业的人员虽然每年保持一定的增长率，但是与农村经济发展相比仍无法满足相应的需求，同时农村对物流的质量和需求也随着农村经济的发展而日益增加。以农村快递为例，2019 年上半年农村、农产品网络零售额高于整体行业增长速度近 5 个百分点，且其快递的业务量也超过 55 亿件，农村快递的增长速度高于城市快递增长速度近 10 个百分点。从农村的快递量和零售额等相关数据可以看出，农村的物流需求迅速提升。即便如此，农村物流的平均耗时在整体上仍比城市物流长，在城市一天能送到客户手中，在农村可能就需要两天以上才能送达，这反映出农村物流质量低于城市物流质量。由于农村物流的特殊性，农村物流的服务质量低于我国整体物流服务水平，更低于城市物流水平。以全国快递业务为例，2019 年上半年我国的快递服务满意度为 77.8 分，同比下降 0.1 分，重点地区 72 小时准时率为 72.5%，同比下降 0.3 个百分点，均略有下降趋势。从以上数据可以看出，农村物流的数量需求和质量需求都有所增加，因此对农村物流从业人员的需求也同时增加。所以，提升农村物流从业人员数量和质量，进而提升农村物流的数量和质量。但是目前农村物流从业人员大部分属于非专业性人才，很少具有符合标准的相关知识和能力，且农村物流的难度大于城市物流，从业人员也较少。

通过以上对农村物流相关现状和问题的分析，发现我国农村物流具有质量低、专业化和规模化程度较低、物流基础设施和科研管理水平较低、流通渠道过长、从事物流业人员较少等现状。这不仅影响了我国农村物流的发展，同时也影响了我国农村物流的二氧化碳的排放。为了了解农村物流发展中的实际碳排放情况，应进一步收集相关数据并处理，从定量角度分析农村物流发展中的碳排放情况。

二、我国农村物流发展中的碳排放情况

（一）数据来源

本书 2000—2018 年碳排放测算相关数据来自"中华人民共和国统计局统计数据"，其中平均低位发热值、碳排放因子等来自《综合能耗计算通则》（GB/T 2589—2008）；农村物流碳排放影响因素中乡村人口、地区经济、能源消耗规模等值来源于《国家统计年鉴》，其中地区经济以农林牧渔业总产值代替，农村物流能源消费总量由交通运输、仓储和邮政业能源消费总量代替。由于部分年份及港澳台地区数据缺失，在分析八大地区经济与碳排放关系时只考虑 2004—2018 年的脱钩弹性指标。

（二）农村物流碳排放计算

农村物流是双向流通的过程，包括日用消费品与农业资料下乡、农副产品进城等，城市与农村之间的各类资源互相输送是由农村物流提供的服务。根据现有相关研究发现，其碳排放的过程主要存在于农村物流的运输和仓储过程中。因此用交通运输、仓储和邮政业能源消费总量代替农村物流碳排放能源消耗量[147]。

农村物流碳排放计算模型可表示为

$$C_{总} = \sum_{i=1}^{4} E_i \eta_i w_i, i = \{天然气, 柴油, 汽油, 煤炭\} \tag{3.1}$$

式中：$C_{总}$ 表示农村物流碳排放总量，万吨；E_i 表示物流在运输、仓储过程中能源的消耗量；η_i 为各能源的标准煤转化系数（kgce/m³）；ω_i（即 $CF_i O_i H_i$）表示能源 i 的碳排放系数（kgCO₂/kg），CF_i 表示能源 i 的碳排放因子（kgCO₂/10³TJ），O_i 为能源 i 的氧化率，H_i 是平均低位发热值（kJ/m³），具体数值见表3.1。

表3.1　能源碳排放系数

	$CF_i/$ （kgCO$_2$/10³TJ）	O_i	H_i（kJ/m³）	ω_i （kgCO$_2$/kg）	η_i（kgce/m³）
天然气	56.1	0.99	37237	2.07	1.2721
柴油	74.1	0.98	42652	3.10	1.4571
汽油	69.3	0.99	43070	2.96	1.4714
煤炭	98.3	0.92	20908	1.89	0.7143

将各因子参数与各能源消费总量代入式（3.1）即可计算出2000—2018年农村物流能源的碳排放量。

通过计算能源消耗与碳排放，可得到以下分析结果：

1. 农村物流运输过程碳排放降低的重要性

从每年的农村物流消耗能源所产生碳排放的相应占比可以看出，从2000年到2018年，柴油消耗所产生的碳排放量每年均排在第一位，汽油消耗所产生的碳排放量排在第二位。2012年柴油消耗产生的碳排放量占总量的73.38%，2018年汽油消耗产生的碳排放量占总量的33.86%，它们分别是历年产生的碳排放量的最高占比，其中柴油占比在2012年后逐渐下降，但是仍维持在60%以上，而汽油占比逐渐上升。运输过程是农村物流碳排放的重点环节，主要消耗柴油和汽油，这进一步表明降低农村物流运输过程碳排放的重要性。

2. 国家促进农村物流方面的节能减排

表3.2为以交通运输、仓储和邮政业能源消费总量代替的农村物流碳排放能源消耗量所产生的碳排放量。2000—2018年，天然气、柴油、汽油的碳排放量逐年增加，而消耗煤炭产生的碳排放量却在逐年减少，到2018年煤炭消耗所产生的碳排放量已经降低到433.4万吨，约为2000年煤炭消耗产生碳排放量的36.38%，进一步地，2018年天然气消耗产生的二氧化碳排放量是2000年的32.46倍，柴油、汽油分别是3.39倍、3.97倍，可见天然气消耗的增速之大。天然气是较煤炭、柴

油、汽油的更加清洁的能源，而煤炭是高碳能源。从以上数据可以看出，国家一直以来都在调整相关政策以实现对清洁能源的消费和对高碳能源的限制，对降低碳排放进行能源结构调整、清洁能源的推广，说明我国在降低农村物流碳排放方面一直在努力。

表 3.2　2000—2018 年农村物流能源碳排放量

万吨

年份	2000 年	2002 年	2004 年	2006 年	2008 年	2010 年	2012 年	2014 年	2016 年	2018 年
煤炭	1191.0	1150.2	1117.8	1039.4	898.3	863.0	829.3	753.3	545.2	433.4
汽油	6654.0	6983.8	10167.4	11290.6	13459.9	13958.6	16345.7	20317.7	24003.0	26428.2
柴油	14878.2	16554.0	22518.4	29574.3	34552.0	38478.4	48454.1	49880.4	49996.4	50441.5
天然气	23.2	43.1	68.9	124.4	188.4	281.0	406.9	564.6	670.9	753.1
总量	22746.4	24731.1	33872.4	42028.8	49098.6	53580.9	66036.0	71516.1	75215.5	78056.1

3. 农村物流碳排放量持续升高、减排效果不大

由图 3.1 可知，农村物流碳排放量从 2000 年的 22746.4 万吨增加到 2018 年的 78056.1 万吨，总体呈上升趋势。进一步地，农村物流总碳排放量的增长率均值为 0.1514，从 2002 年到 2004 年，农村物流总碳排放的增长率最大，达到了 0.3696，从 2004 年到 2010 年、2012 年到 2018 年有较大的增长率下降趋势，至 2018 年增长率约为 0.0378，没有进一步的较大波动。由此可见，我国一直在提倡节能减排，调整能源结构、发展清洁能源以减少运输等各环节的碳排放量，但在农村物流方面的减排效果不甚明显，因此有必要找出驱动农村物流碳排放的因素，从根本上解决问题。

通过对近几年国家农村物流碳排放相关政策与其相关数据的进一步对比分析发现，2004 年碳排放总量高于 2003 年的 5509.3 万吨，且当年农村物流发展增长速度是近几年的最高值，为 0.2205，这一年是发展最为迅速的一年。这反映出我国在"十五"期间的碳排放还处于"高能耗、高排放、高污染"阶段。2008 年碳排放量是 49098.62 万吨，这一年成为具有转折性的一年。到了 2009 年农村物流增长速度基本为零，碳排放总量是 49303.41 万吨，这表明各行各业在为北京奥运会的举办而

对环保做出一定贡献。近年来，碳排放增长率仍有下降趋势，与2001年到2005年期间相比，农村物流碳排放总体的增长速度较为平和，从搜集数据可以看出农村物流碳排放量虽在增长，但其增长速率却在稳步下降，2018年的增长速率仅为0.0378，说明国家政策在节能减排、清洁能源使用方面有所成效但仍需进一步提高。

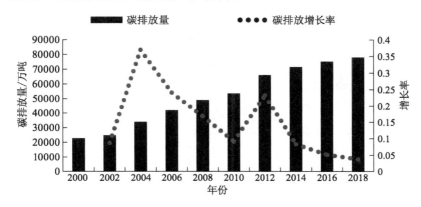

图 3.1　2000—2015 年中国农村物流碳排放量及增长率

三、我国农村物流碳排放与地区经济增长的脱钩趋势分析

农村碳排放最主要的提供者是农村物流，农村物流连接着城市向农村提供农用生产资料、农民生产生活日用品、农村向城市提供生鲜农产品，大宗农产品的双向流通渠道对地区间经济发展的作用不言而喻。同时，农村物流碳排放规模也会受地方经济发展规模的影响。站到更高的角度来看，农村物流碳排放影响中国整体碳排放目标，因此，农村物流碳排放与地区经济增长的脱钩趋势的研究对中国发展的影响意义深远且重大。

（一）中国农村物流碳排放影响因素分析

分析经济增长和农村物流碳排放之间的脱钩关系，需要先确定驱动物流碳排放的首要动因是否为经济增长，识别影响中国农村物流碳排放的诸多因素。目前对碳排放驱动因素的研究主要有日本的 Kaya 恒等式[148]及 STIRPAT 理论[149]。Kaya 形变恒等式操作简单、逻辑清晰，在原有模型的基础上分析与碳排放相关的诸因素，但所含变量较少，更倾向于定性分析。因此本书采用定量方式分析、结果相对更为真实可靠的

STIRPAT 随机模型解决我国农村物流碳排放驱动因素的问题。

Ehrlich P R 在 19 世纪 70 年代提出了分析碳排放驱动因素的关于环境影响（Impact）、人口因素（Population）、人均财产（Affluence）和技术发展（Technology）的原始 IPAT 模型。鉴于原始模型只是简单地认为上述四个因素呈普通的弹性关系，与现实不符，部分学者提出了改进的 STIRPAT 随机模型。结合相关研究内容，改进模型的公式表述如下：

$$C = \alpha P^{\beta_1} G^{\beta_2} E^{\beta_3} D \varepsilon \tag{3.2}$$

为了验证环境库兹涅茨假说 CKC，将 β 分解为一次项、平方项和立方项，以期更全面地刻画碳排放与工业值之间的实证关系。

对公式（3.2）两边取自然对数，有

$$\ln C_i = a + \beta_1 \ln P_i + \beta_2 \ln G_i + \beta_3 (\ln G_i)^2 + \beta_4 (\ln G_i)^3 + \beta_5 \ln E_i + \beta_6 D + \varepsilon \tag{3.3}$$

式中：C 表示农村物流碳排放量；P 表示农村人口规模；G 表示地区经济；E 表示能源规模；D 表示政策虚拟变量；$a = \ln \alpha$ 是常数项；β_i 表示各变量的待估系数，i 代表年份（2000—2018 年）；$\varepsilon = \ln r$ 表示随机误差。

国际气候大会召开以来，我国实施了应对气候变化方面的约束措施，在"十二五"规划中为了加快调整产业结构，提出"节能减排"的重大策略，期间国家累计减排达 2.8 亿吨，且"十二五"和"十三五"规划节能减排综合工作方案均旨在提高能源效率、改善生态环境质量。国家政策对碳排放的抑制起到了不可或缺的作用。本书引入政策虚拟变量 D，其意义为在计量分析中测算出农村物流碳排放受国家政策的影响。我国正式提出"节能减排"政策并落实到行动中是 2001 年至 2005 年间，并在下一个五年计划内进一步加紧落实，因此将 2005 年之后的政策虚拟变量设为 1，其余时间设为 0，预期符号为负。

以国家统计局统计的乡村人口数为农村人口规模，农村物流能源消费总量用邮政业、交通运输和仓储能源消费总量代替，地区经济以农林牧渔业总产值代替，结合农村物流的特殊情况对 Kaya 恒等式和 STIRPAT 理论模型进行改进以进一步符合现在的实际情况。研究发现，能源强度、地区人均 GDP 和农村人口规模是驱动农村物流碳排放的主要因素。

根据式（3.3）中β_2，β_3，β_4的符号可判断地区经济和农村物流碳排放之间的发展关系[150]，若$\beta_2 > 0$，$\beta_3 < 0$，$\beta_4 > 0$，则C与G之间的关系呈正"N"形曲线；若$\beta_2 > 0$，$\beta_3 < 0$，$\beta_4 = 0$，则C与G之间的关系呈倒"U"形曲线；若$\beta_2 < 0$，$\beta_3 > 0$，$\beta_4 < 0$，则C与G之间的关系呈倒"N"形曲线。采用Stata软件对农村物流碳排放及地区经济的关系进行回归分析及Hausman检验，模型运行结果如表3.3所示。

表3.3　模型参数估计结果分析

参数值	$\ln C$			
	模型1	模型2	模型3	模型4
$\ln G$	1.10482* (0.26739)	1.21697* (0.37826)	1.02579* (0.27604)	2.75925* (0.80361)
$(\ln G)^2$	−0.33146* (0.06894)	−0.25272 (0.02949)	−0.26041* (0.02149)	−5.41602* (0.14970)
$(\ln G)^3$	0.03928* (0.00476)	0.02761* (0.03724)	0.02659* (0.04579)	0.03151* (0.02123)
$\ln P$		0.03902* (0.00499)	0.04088** (0.01427)	0.01592* (0.12831)
$\ln E$			0.36122** (0.03865)	0.27524* (0.03366)
D				−0.07424 (0.02078)
曲线形式	正"N"形	正"N"形	正"N"形	正"N"形
R^2	0.99642	0.98231	0.99264	0.98603
AR（1）检验值（P）	−1.71 (0.062)	1.79 (0.059)	1.76 (0.062)	1.72 (0.061)
AR（2）检验值（P）	1.08 (0.214)	1.22 (0.236)	1.15 (0.248)	1.17 (0.213)

因变量的变化对自变量的变化有着决定性的从属性。从表3.3中AR值和R^2的结果可以看出：从相关系数来看，农村物流碳排放量受地区经济因素影响最大，农村物流碳排放量会随着地区每增加单位GDP呈正向增长，且与其他变量相比增幅最为"陡峭"。

观察曲线类型，4个模型的曲线形式都是正"N"形，其一次和三次项均为正，二次项为负，且拐点比较靠近。曲线形式同样能反映农村物流碳排放量随地区经济增长而增长的事实，但具体如何变化将在下文详细说明。

由表 3.3 还可以得出：能源消耗规模对农村物流碳排放影响最大，且能源消耗与人口的参数估计符号一致，均为正，即物流碳排放量会随着单位能源消耗、单位人口的增加而增多。但现实背景是近年来进城打工的人数快速增加、务农人口减少，农村人口规模对碳排放量的影响越来越小，而煤炭等一级能源消耗也在受能源消费结构转化的影响，慢慢由清洁能源取代。政府的政策因素对农村物流碳排放的影响中，估计参数系数符号为负，与预期符号一致，说明政府政策的出台加快了经济与能源结构的转换，同时中国在节能减排工作上取得了一定的成效。

在众多影响因素中，地区经济的回归系数数值最大且为正。农村物流碳排放随着经济因子的增加而增加，且增加量最多，表明地区经济对农村物流碳排放影响最大，本书用耦合－脱钩模型证明物流碳排放与经济发展之间的关系演变。

（二）农村物流碳排放与地区经济增长的脱钩状态分析

中国农村物流碳排放影响因素分析是基于 Kaya 恒等式和 STIRPAT 理论展开的，模型判定了经济因子为最大正回归系数值，说明农村物流碳排放量受地区经济较大影响，但是不能对经济发展和农村物流碳排放关系所处的具体阶段及关系演变过程进行有效判定，因此需要在 Kaya 恒等式和 STIRPAT 理论的基础上，应用 Tapio 耦合－脱钩模型明确其相应脱钩状态及关系演变过程。2000—2018 年，中国农村物流碳排放利用 Tapio 耦合－脱钩模型进行测度，识别经济与排放量的耦合关系和脱钩弹性指数，并进一步判断中国农村物流碳排放与经济增长之间矛盾的具体阶段和协调发展状态，在此基础上对脱钩状态进行分类。

1. Tapio 耦合－脱钩模型

脱钩因子与脱钩指数最早是在经济领域由 OECD 组织在《由经济增长带来环境压力的脱钩指标》中提出的[151]。它是一种割断理论，割断资源消耗或环境污染与经济发展之间的联系。OECD 脱钩指数法和 Tapio 脱钩弹性法构成耦合－脱钩模型。OECD 脱钩指数法中，脱钩状态和脱钩结果与基期的选择都直接相关，不能真实地反映环境压力（Environmented pressure，EP）与驱动（Driving Force，DF）当期的状态。因此，本书采用 Tapio 提出的改进弹性模型[152]。

　　Tapio 脱钩模型更强调总体变化与相对变量的一种弹性模型，摆脱了对基期的依赖，比 OECD 脱钩模型有更为广泛的应用范围。将弹性脱钩关系参照农村物流碳排放驱动因素进行因果链分解发现，可以用农村物流消耗单位能源产生的二氧化碳变化率 $\delta(C, E)$ 与能源强度变化率 $\delta(E, GDP)$ 的乘积表示脱钩指数，即

$$DE(C,GDP) = \frac{\Delta C/C}{\Delta E/E} \cdot \frac{\Delta E/E}{\Delta GDP/GDP} = \frac{\Delta C/C}{\Delta GDP/GDP} \tag{3.4}$$

式中：$DE(C, GDP)$ 表示脱钩指数；$\Delta C/C = \dfrac{C_t - C_{t-1}}{C_t}$ 表示农村物流碳排放变化率；$\Delta E/E = \dfrac{E_t - E_{t-1}}{E_t}$ 表示能源消耗变化率；$\Delta GDP/GDP = \dfrac{GDP_t - GDP_{t-1}}{GDP_t}$ 表示地区经济第 t 年相对上一年的增长率。因此，可用农村物流碳排放变化率 $\%\Delta C$ 与地区经济变化率 $\%\Delta GDP$ 的比值表示地区经济增长脱钩指数与农村物流碳排放量。参照 Tapio 对脱钩指数的分类，可将弹性脱钩分为 8 类，如图 3.2 所示。

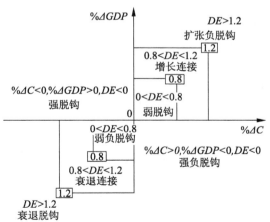

图 3.2　Tapio 弹性脱钩指标分类标准

2. Tapio 脱钩状态划分及判定标准

Tapio 由地区经济增长变化率和农村物流碳排放变化率计算得到脱钩弹性，再由经济增长变化率和农村物流碳排放变化率的正负情况，将弹性值 0，0.8，1.2 作为临界值划分脱钩状态。8 类弹性脱钩状态的含义如表 3.4 所示。

表 3.4　Tapio 脱钩弹性指标及脱钩状态划分

脱钩状态	$\%\Delta C$	$\%\Delta GDP$	脱钩弹性	备注
衰退脱钩	<0	<0	$DE>1.2$	较好
衰退连接	<0	<0	$0.8<DE<1.2$	较差
弱负脱钩	<0	<0	$0<DE<0.8$	很差
强脱钩	<0	>0	$DE<0$	最好
强负脱钩	>0	<0	$DE<0$	最差
弱脱钩	>0	>0	$0<DE<0.8$	好
增长连接	>0	>0	$0.8<DE<1.2$	一般
扩张负脱钩	>0	>0	$DE>1.2$	差

为了更清楚地了解地区经济变化与农村物流碳排放的变化之间的关系，以及农村物流发展的具体阶段和协调发展状态，接下来从最差的强负脱钩状态到最好的强脱钩状态逐个进行阐述。

（1）强负脱钩：地区经济衰退，农村物流碳排放增加，脱钩弹性值 $DE<0$，是最差状态。

（2）弱负脱钩：地区经济衰退，农村物流碳排放均下降，并且地区经济的衰退幅度要高于农村物流碳排放的下降幅度，$0<DE<0.8$，是很差状态。

（3）扩张负脱钩：地区经济增长和农村物流碳排放均增加，并且农村物流碳排放的增加幅度大于地区经济的增加幅度，$DE>1.2$，此时地区经济缓慢增长而农村物流碳排放大幅增加，是差状态。

（4）衰退连接：地区经济衰退，农村物流碳排放下降，$0.8<DE<1.2$，此时地区经济衰退而农村物流碳排放同步下降，是较差状态。

（5）增长连接：地区经济增长，农村物流碳排放上升，$0.8 < DE < 1.2$，此时地区经济增长和农村物流碳排放同步增加，是一般状态。

（6）衰退脱钩：地区经济衰退，农村物流碳排放下降，并且农村物流碳排放的下降幅度大于地区经济衰退幅度，$DE > 1.2$，此时地区经济缓慢衰退而农村物流碳排放大幅下降，是较好状态。

（7）弱脱钩：农村物流碳排放量增加，地区经济增长，但是后者增长速度大于前者增加速度，$0 < DE < 0.8$，此时农村物流碳排放缓慢增加，地区经济增长，处于好的状态。

（8）强脱钩：农村物流碳排放下降，地区经济增长，$DE < 0$，此时为最理想、最好的脱钩状态。

3. 实证结果

2000—2018 年中国农村物流碳排放与经济的脱钩弹性指数可由农村物流碳排放值和地区经济水平分别计算。从地区经济增长率和农村物流碳排放增长率可以看出，2000—2015 年，%ΔC 和 %ΔGDP 都大于零，脱钩弹性指标全部落在第一象限，所以脱钩状态表现为扩张负脱钩、增长连接、弱脱钩三种类型。其中 2012—2013 年是测算期间弱脱钩效果最优的一年，脱钩指标为 0.70；2002—2006 年这四年间地区经济增长没有摆脱农村物流碳排放增加的事实，基本呈现为扩张负脱钩，即农村物流碳排放增加的速度要大于地区经济增长；2007—2014 年间，经济增长的同时物流碳排放量仍然在增加，二者整体上呈现出弱脱钩的关系，但是碳排放量增长的幅度要小于后者；2015—2018 年间，先后经历了两次弱脱钩到增长连接状态，整体上经济增长和农村物流碳排放正逐渐向同时增加过渡。

中国幅员辽阔，不同地区经济发展也各不相同，为了更明确、更有针对性地弄清中国地区经济与农村物流碳排放之间的脱钩关系，将国内区域（不含港澳台地区）按八大经济区划分，即：北部沿海（北京市、天津市、河北省、山东省）、东北地区（辽宁省、吉林省、黑龙江省）、东部沿海（上海市、江苏省、浙江省）、黄河中游（陕西省、河南省、山西省、内蒙古自治区）、南部沿海（福建省、广东省、海南省）、长江中游（安徽省、江西省、湖北省、湖南省）、大西北地区（甘肃省、青海省、宁夏回族自治区）、西南地区（重庆市、四川省、贵州省、云南省、广西壮族自治区、新疆维吾尔自治区、西藏自治区）。由数据的可得性，此处分析的地区经济增长率、农村物流碳排放增长率和脱钩弹性为各经济区2000—2018年的数据，具体结果如表3.5所示。

表3.5 中国2000—2018年农村物流碳排放与地区经济水平脱钩关系

年份	碳排放总量/万吨	地区经济总量/亿元	碳排放增长率/%ΔC	经济增长率/%ΔGDP	脱钩指标	脱钩状态
2000	22746.43	24915.80	–	–	–	
2001	23430.67	26179.65	0.0301	0.0507	0.59	弱脱钩
2002	24731.05	27390.80	0.0555	0.0463	1.20	扩张负脱钩
2003	28363.18	29691.80	0.1469	0.0840	1.75	扩张负脱钩
2004	33872.45	36238.99	0.1942	0.2205	0.88	增长连接
2005	38385.94	39450.89	0.1332	0.0886	1.50	扩张负脱钩
2006	42028.76	40810.83	0.0949	0.0345	2.75	扩张负脱钩
2007	44950.13	48651.77	0.0695	0.1921	0.36	弱脱钩
2008	49098.63	57420.77	0.0923	0.1802	0.51	弱脱钩
2009	49303.41	59311.32	0.0042	0.0329	0.13	弱脱钩
2010	53580.94	67763.13	0.0868	0.1425	0.61	弱脱钩
2011	58773.81	78836.98	0.0969	0.1634	0.59	弱脱钩
2012	66035.97	86342.15	0.1236	0.0952	1.30	扩张负脱钩
2013	69706.08	93173.70	0.0556	0.0791	0.70	弱脱钩
2014	71516.06	97822.51	0.0260	0.0499	0.52	弱脱钩
2015	74823.89	101893.52	0.0463	0.0416	1.11	增长连接
2016	75215.48	106478.73	0.0052	0.0450	0.12	弱脱钩
2017	76877.97	109331.72	0.0221	0.0268	0.82	增长连接
2018	78056.15	113579.53	0.0153	0.0389	0.39	弱脱钩

从地区层面或国家层面来看地区经济与农村物流碳排放之间的关

系，2004—2006 年，八大经济区地区经济的增长速率快于农村物流碳排放增长率，整体脱钩关系呈现扩张负脱钩的状态；2001—2010 年，各经济区经济增长与农村物流碳排放关系与国家整体上基本保持一致，呈弱脱钩状态，这表明农村物流碳排放受节能减排及绿色环保政策的影响得到抑制，而地区经济在不断增长。从国家层面来看，2010—2012 年经济增长与农村物流碳排放呈现增长连接状态。表 3.5 显示碳排放与经济脱钩效果不佳主要由 4 个地区引起，其中长江中游和大西北地区为增长连接关系，东北地区、西南地区呈现扩张负脱钩状态。中国经济网统计数据显示，2012 年中国 GDP 增速破继 1999 年 12 月以来经济增速的最低值，仅为 7.8%，地区经济也随之受到影响，但农村物流发展规模却达到顶峰，其直接结果导致经济增长率与碳排放增加速率不断缩小。另外，在"十二五"规划的大背景下，东北三省实体经济萧条，经济增速缓慢，结构性矛盾突出，属于扩张负脱钩，尤其是 2012 年以城市发展为主的东北三省着力改革以国企为主的经济增长结构，导致社会矛盾激增、大批工人失业等，农村发展相对缓慢，最终结果是经济发展不景气且农村物流碳排放增多，呈现增长连接的状态。

进一步分析2015—2018 年八大经济区域的农村物流和地区经济的脱钩状态发现，仅有 2016 年黄河中游地区为强脱钩状态，即区域内地区经济发展加速而农村物流碳排放却下降；2016 年北部沿海地区为强负脱钩状态，即区域内经济衰退而农村物流碳排放增长；其中 2017 年北部沿海、东部沿海地区和 2016 年西南地区为扩张负脱钩状态，即当地区域经济发展放缓但是农村物流碳排放增加；2016—2018 年其他地区整体上呈弱脱钩状态，形势较好。通过近几年对脱钩状态的分析可以看出，大部分地区的经济和农村物流碳排放发展形势趋向良好甚至非常好的状态，为"十四五"时期的发展奠定了良好的基础。

综上所述，2000—2018 年中国大部地区整体上呈不同程度的弱脱钩状态，其中脱钩程度最强的是中国最早发展起来的北部沿海和东部沿海两个经济区，如北京、上海等地区在技术创新、低碳理念的普及和农村物流行业均是最先兴起并快速发展起来的；脱钩关系次强的是综合实力排名相对靠前，但内部省份"贫富差距"较大的黄河中游及南部沿海，广东省在农村物流碳排放及地区经济发展脱钩贡献中接近东北部沿海地区，内蒙古及海南省脱钩强度远不及广东省农村物流与经济发展的脱钩强度，海南的农村物流发展建立在高碳排放的基础上；脱钩指标表现最弱的是大多数城镇化发展程度较低的大西北地区，由于这些省市自治区环境恶劣、交通不便、福利设施缺乏，因此很多高新技术、优秀人才和先进思想未流入大西北农村地区，再加上新疆、青海等地农村物流能源使用结构单一，均为我国石油、煤炭等一次能源开采的地区，碳排放量明显高于使用清洁能源的城市；缺乏农村经济结构转变的动力及有效的监督机制的东北地区及西南地区，其脱钩状态一般，这给有关部门敲响了要紧跟国家政策的警钟，加快农村经济结构的转型与物流技术的提升，将"创新机制"与"节能减排"落实到农村物流方面。

第二节　农村物流低碳发展的必要性及可行性分析

一、农村物流低碳发展的必要性

（一）将低碳理念引入农村物流是响应国家发展战略目标的客观需要

近年来，全球围绕低碳经济的发展召开了一系列气候大会。从1995年在德国柏林举办的第一届世界气候变化大会，到1997年在日本京都举办的世界气候变化大会（同时通过了著名的《京都协议书》），再到2009年的哥本哈根气候峰会、2015年的巴黎气候大会、2019年的马德里气候大会和2020年联合国气候变化大会，无一不显示着世界对温室气体减排的重视。尤其是2009年的哥本哈根气候峰会上，192个国家对碳排放问题进行了激烈的争锋，尽管最终没有形成具有约束力的议定书，但这次气候大会吹响了全球向"低碳社会"进发的号角。为了缓解全球气候变暖并在碳减排方面展现中国的大国担当，面对严峻的气候异常问题，中国在哥本哈根气候大会上自愿做出减排承诺：到2020年，在2005年的基础上削减碳排放40%~45%。2011年的德班世界气候大会在经历重重磨难后通过了"德班一揽子决议"，决定实施《京都议定书》第二承诺期并启动"绿色气候基金"。2013 年在波兰华沙举行的第 9 次缔约方会议通过了德班平台、资金、损失损害补偿机制一揽子决议，为敦促第二承诺期的实施打下基础。2015 年在法国巴黎举办的巴黎气候大会通过了《巴黎协定》，会上强调把全球平均气温较工业化前水平升高控制在 2 ℃之内，努力把升温控制在 1.5 ℃之内，中国在"国家自主贡献"中提出将于 2030 年左右使二氧化碳排放达到峰值、于 2030 年使碳强度比 2005 年下降 60%~65%，努力争取 2060 年前实现碳中和。显然，节能减排和降低碳排放已经成为我国经济社会发展的一项重大战略目标。

然而农村物流作为我国经济社会发展构成的基础之一，其发展模式依旧十分粗犷，存在运输难、仓储难、包装难、闲置空载情况多、以公路运输为主、多式联运发展慢等问题，尤其是现代化建设中冷链运输和仓储建设的推进，进一步导致农村物流高排放、高污染现象。2018 年 9 月 10 日，第六届中国多式联运合作与发展大会在京召开，会上发布的数据显示，2017 年我国多式联运量仅占全社会货运量的 2.9%，2020 年，全国多式联运增长 20%，但规模依然仅占全社会货运量的 6% 左右，占比偏低。农村冷链物流的进一步建设是实现农村物流低碳发展的关注重点。我国蔬果冷链流通率不足美国的 1/4，人均冷库拥有量是美国的 1/6，冷藏保温车保有量是美国的 1/11。一方面，我国需要建设冷链物流来完善农村流通体系，满足我国对生鲜农产品的冷链需求和生活品质的提升，据相关数据，预计到 2025 年，我国冷链物流市场规模有望突破 5500 亿元，年复合增速超过 20%；另一方面，如此大规模的农村冷链物流的建设和冷链物流的特殊性，也加剧了二氧化碳的排放。因此，引入低碳理念是响应国家发展战略目标的客观需要。

（二）农村物流低碳发展是现代农村可持续发展的必然选择

中华人民共和国成立以来，我国在社会主义建设中取得了显著的成就，经济总量已经达到世界第二位，创造了奇迹，但是这一奇迹是以高投入、高消耗、高排放的高碳经济换取的。直至 2019 年，我国的国内生产总值已经达到986515.2亿元，较2018年（919281.1亿元）增长了6.82%；而据碳排放交易网站数据显示，2019年我国二氧化碳排放量为102.4亿吨，2018年为100亿吨，增长了2.344%。随着人们生活水平的提高、经济的高速发展，资源逐渐告急、环境逐渐恶化，沙尘暴和雾霾问题就是最有力的佐证。土地沙化、湿地锐减、雾霾侵袭等无一不在控诉着这种经济模式所带来的恶果。"十三五"规划期间（2016—2020年），虽然，我国新增湿地面积300多万亩，但是相比于总减少量仍需继续努力，据统计，2005—2015年，我国湿地面积减少了339.63万公顷，我国每年因环境污染、生态破坏而造成的经济损失至少为4000亿元；到2020年全国环境污染治理投资占GDP的比重略微上升至1.45%，"十三五"期间全国环境污染治理投资总额约为5.68万亿，较"十二五"期间投资额增长33%，因此国家需要投入越来越多的资金来治理环境和生态问题。

高碳经济发展所导致的不平衡、不协调、不可持续的问题，引发了人们对于高碳发展和生活方式的重新审视和反思，建设生态文明和可持续发展成为必然选择。现实生活中，人们开始选择低碳出行、低碳生活等低碳行为，企业逐步努力实现自身产业的进一步低碳、高效发展，政府也加紧对低碳城市的建设，将低碳目标和低碳发展渗透到各区域、各产业和各行业。但是，受城乡二元结构的影响，中国长期以来相关的能源政策的实施以及各产业、各行业的低碳发展重点多集中于城市，"十一五"期间我国节能减排的主战场也是在城市。2010年7月19日，国家发改委发布了《关于开展低碳省区和低碳城市试点工作的通知》，自此我国先后有低碳试点的省市总数已经达到42个，并且有逐步增加的趋势。但是，农村地区的低碳发展，尤其是农村物流的低碳发展尚未受到广泛关注。截至2019年，我国仍然有55162万乡村人口，全国农村集体资产共5695个乡镇、60.2万个村、238.5万个组，共计299.2万个单位。农村低碳发展、农村物流的低碳发展情况将直接影响到我国整体低碳发展情况，因此农村是保障低碳发展的重要区域，也是我国实行低碳发展的关键。

中国农村地区面积广阔、人口基数庞大、可再生能源资源丰富，但能源消费以煤炭和生物质为主且能源利用效率低下，因此有着巨大的节能减排潜力。从物流产业方面来看，工业品物流在我国国民经济发展中占据主导地位，与消费市场紧密连接的家电、日用化工、医药、汽车、连锁零售和电子商务等行业物流需求旺盛。而居于产业链上游、资本密集型的农产品与农资、钢材、煤炭、矿石等大宗物资物流发展相对滞后。这种城市相对发达而农村相对落后的物流结构表明，我国农村物流发展仍然十分落后，物流速度慢、成本高、渠道不畅、模式陈旧已经成为制约现代农村可持续发展的瓶颈。因此，农村物流低碳发展也是现代农村可持续发展的必然选择。

（三）农村物流低碳化是低碳经济发展的现实要求

农村物流低碳发展是低碳经济背景下社会对农村地区物流提出的新要求，其根本目的是实现农村地区物流资源的可持续利用、物流生态环境的良好发展，提高环境与资源的利用效率，降低废弃物排放量。"低碳经济"最早见诸 2003 年的英国能源白皮书《我们能源的未来：创建低碳经济》，是一种在可持续发展理念指导下，通过各种创新和开发手段，尽可能减少高碳能源的消耗并减少温室气体排放，以实现经济发展与环境保护相协调的一种经济发展模式。低碳经济发展向各行各业发起挑战，要求各产业、各行业能够兼顾经济建设和低碳发展，在这样的背景下，农村物流的低碳经济发展是必然趋势。

随着资源的日益紧缺和生态环境恶化问题的加剧，以及环境方面的法规越来越严格，国际社会对资源浪费和环境污染的惩罚也越来越严苛，间接地促进了农村物流向低排放、低污染、低能耗方向前进，促使包括农业生产资料物流、农产品物流、农村消费品物流等在内的农村物流不得不发展低碳经济并实施可持续发展模式，而低碳发展正是实现这种要求的重要战略。人类对各种自然资源的需求越来越大，地球生态超载日也越来越提前。人类在过度消耗自己的生存资源，包括水、土壤和空气，连石油、煤炭和天然气这些人类日常所需能源也被透支，而这些能源也是农村物流的重点消耗能源。与资源紧缺一样，生态环境恶化也在威胁着人类的生命，如果不阻止全球气候变暖的趋势，极端的天气将频繁发生，例如海啸、海平面上升、高温干旱、洪水涝灾、风暴等。

为了节能减排、缓解生态环境恶化，相关政策法规的制定具有重要的现实意义。我国已经发布并实施相关政策法规和通知文件，以促进农村物流的低碳发展。例如，我国在国家自主贡献中做出碳强度和碳峰值的承诺，作为国家节能减排政策的最高战略部署；2020年，"十四五"规划期间的节能减排战略也被放在了重要位置，确保碳减排承诺的实现。农村物流的低碳发展既节能减排、缓解生态恶化、响应国家节能减排政策，又是低碳经济发展的现实要求。农村物流降低碳排放既是衡量农村地区经济社会及物流技术发展水平的现实依据，又有助于实现农村经济发展的结构调整，改变传统的高资源能源消耗的落后模式，能从根本上解决农村物流资源浪费和废弃物污染环境问题，减少对耕地面积的占用和环境治理工作的资金投入，使得农产品、农资和农村消费品物流业经济效益更加明显，解决我国农村物流发展与生态环境保护的矛盾，符合低碳经济的可持续发展理念。

二、农村物流低碳发展的可行性

农村物流低碳发展的可行性主要通过对农村物流发展进程中相关内容和配套条件进行分析，例如国家物流、低碳、农村发展等相关政策，农村物流相关低碳技术，以及大众对农村物流低碳发展的意识三方面，以判断农村物流低碳发展在如此现实背景、社会基础和技术水平下是否能够有效展开且是否具有可持续性和延续性，对物流业的发展、农产品国际竞争力的提升、国家碳减排目标的实现具有重要的现实意义和理论意义。因此，本书根据可行性分析框架，主要从政策可行性、技术可行性和社会意识可行性三个方面进行分析。

（一）政策可行性

根据上文分析不难发现，发展低碳经济、减少碳排放是国际社会的普遍期望，也是我国的一项长期发展规划，而隶属于"三农"中农村问题的农村物流业也是政府有关部门连续十多年一直关注的重点领域。农村要发展，农民的生活要改善，民生问题要解决，农村物流作为连接生产和消费的第三产业服务业既是纽带又是护盾。为了缓解农村物流的高能耗、高排放、高污染现状，促进各种问题和困难的解决，我国政府在政策上做足了工作，已经连续两次在世界气候变化大会（哥本哈根气候峰会和巴黎气候变化大会）上做出郑重的节能减排承诺，其中包括碳排放、碳排放强度、能源消耗、能源强度等目标。不仅如此，中国自1949 年以来就十分重视环境和气候问题，时至今日，已经做出了大国应有的担当，积极参与节能减排和保护环境和生态。2019 年，《"十三五"以来中国企业节能减排状况调查报告》显示，在节能减排的组织与制度建设方面，近九成企业力度更大、更加成熟和规范，在节能减排技术、设备投资额方面，85% 的企业继续增加，并且大于"十二五"时期。

除了整体的节能减排政策，我国还积极发展物流业和农村物流业，并发布相关政策以促进其发展。例如，2019 年 3 月 2 日发布的《关于推动物流高质量发展促进形成强大国内市场的意见》中，重点提到了"完善城乡消费物流体系""发挥物流对农业的支撑带动作用"等有关农村物流进一步发展的意见。2018 年，交通运输部印发《关于全面深入推进绿色交通发展的意见》并开始实施，以逐步减少重载柴油货车在大宗散货长距离运输中的比重，这也进一步为以柴油货车进行运输的部分农村物流的低碳发展提供了政策支持。国家要求加紧在各行各业的低碳建设，就不能缺少对农村物流的低碳发展。因此，发展农村物流是我国经济社会文化发展的当务之急。依据国家大政方针政策，降低碳排放坚决不能以损害农村农业发展为代价。而本书所倡导的农村物流的低碳发展就是要在不损害经济发展的前提下，通过技术升级、基础设施投入的增加和组织管理的规范化来达到农村物流碳排放的降低和污染浪费的有效遏制，是对传统农村物流的升级改造，也是适应我国经济社会发展现状的产物，最后也符合国家农村物流发展相关政策，满足农村物流低碳发展的要求。因此，发展低碳农村物流具有政策可行性。

（二）技术可行性

随着电子商务的发展，我国的物流业也得到了快速发展。尤其是近十年，物流技术水平突飞猛进，物联网技术、无线射频技术、现代电子货架技术、装卸搬运技术等都进步明显，其中尤以冷链物流技术突出。将一些公开资料整理统计如下：2018 年我国冷库总量达到 5238 万吨（1.3 亿立方米），新增 488 万吨，同比增长 10.3%。2019 年，我国冷藏车保有量约 21.47 万辆，新增 3.47 万辆，增速跌至 20% 以下，增速放缓。这虽然依然远远落后于世界发达国家的冷链发展水平，但表明我国已经掌握了冷链关键技术并应用于实践。未来 10 年，我国生鲜冷链物流发展潜力巨大，发展的重点是降低冷链成本，提高单位农村（农产品）物流附加值，最终降低农村单位 GDP 增长的碳排放水平。在节能减排方面，我国也推出了一系列措施，如新能源车辆的投入使用，多式联运及甩挂运输方式的推广等。同时，我国"快递下乡"工程有序推进，农村物流网点建设逐步完善，快递网点覆盖率逐步提升，至今已达到 96% 的覆盖率，网点布局并不止步于乡镇，而是向村一级进行深入建设。截至 2019 年 6 月，全国电子运单使用率已达 96%，电商快件不再二次包装率将近 50%，循环中转袋使用率达 44%，45 毫米"瘦身胶带"也得到全面推广，包装方面的技术逐渐被应用。近年来，多地政府出台文件鼓励快递企业采用新能源车辆，推行绿色低碳运输。2020 年，北京市出台《2020 年北京市新能源轻型货车运营激励方案》，指出快递行业新能源车辆推广应获政策支持。2019 年，南昌市出台《关于推进电子商务与快递物流协同发展的实施意见》，推动绿色包装、绿色运输与配送进程。冷链物流建设的推进、乡镇网点布局的深入、包装技术的应用、新能源汽车的普及等逐渐推动了农村物流低碳的发展。2020 年 11 月，国务院办公厅印发的《新能源汽车产业发展规划（2021—2035 年）》提出，到 2005 年，新能源汽车新车销售量达到汽车新车销售总量的 20% 左右；2018 年多地交通运输部联合印发《深入推进长江经济带多式联运发展三年行动计划》，着力发挥水运优势和多式联运的组合效率，为长江经济带发展提供绿色高效的交通运输保障。这些都将是我国未来农村物流低碳发展的有力支撑。

（三）社会意识可行性

我国以往的粗放型经济增长方式虽然使经济得到发展，人们的生活水平也有显著提高，但是仍导致了温室气体排放、全球气候变暖、自然资源浪费、环境污染等问题的发生，从而对地球上的生物产生了恶劣的、不可逆的影响。从 1970 年到 2003 年，地球上的陆地物种减少了31%，淡水物种减少了28%，海洋物种减少了27%，这正是人类对生态资源的过度消耗、对生态环境的严重破坏造成的，这也无疑是人类最大的遗憾。在 20 世纪的 100 年中，全球地面空气温度上升了 0.4 ~ 0.8 ℃。根据联合国政府间气候变化专门委员会（IPCC）的不同情景模拟，预计在未来的 100 年中，全球平均温度将上升 1.4 ~ 5.8 ℃。这意味着地球上的所有生物，包括人类在内，都将面临更大的气候变暖的威胁，例如海啸、瘟疫、极寒、极热等大规模、大范围的气候灾难和疾病灾难。因此，节省能源消耗并降低碳排放不仅是政府方针，更是每一个人从心里发出的殷切呼唤。

在全球各国都在紧锣密鼓地进行碳减排的当下，人们的低碳环保意识逐渐增强，不仅政府在不断地增强人们的环保低碳意识，人类也出于生存的考虑，逐渐展开了低碳环保行动，践行低碳生活，构建低碳环保家园。我国政府连续两届在世界气候变化大会上做出了郑重的碳减排、降低能源消耗、降低能源强度和碳强度的承诺，各个省市也在积极参与低碳城市建设，展开碳交易试点。在各区域、各产业和行业进行低碳建设的当下，低碳发展的社会意识逐渐清晰，并指导政府、企业和人们进行着相应的碳减排行动。因此，将低碳经济理念引入农村物流发展中具有社会意识上的可行性，对包括农民、农资经销商、农产品收购商和农村废弃物回收商在内的每一个社会活动参与者灌输低碳发展思想具有时间可行性，实现农村物流的低碳发展具有较好的社会可行性。

第三节　基于解释结构模型的现代农村物流低碳发展的影响分析

气候环境问题掀起了低碳化革命的浪潮。作为传统高能耗的经济产业，物流现有的粗放式、低效的运作模式已经跟不上碳排放时代的发展步伐。基于碳控制下的农村物流体系已经成为农村物流产业可持续发展的必然选择，农村物流必须走低碳化发展道路，这是对国家低碳产业体系构建的响应，也是农村物流高质量发展的未来方向。

与城市物流比较，农村物流具有分散性、季节性、差异性、多样性等特点，物流基础设施落后，运输成本高、能耗大，缺乏专业的农产品物流中心，信息流动不畅等更是在很大程度上造成农产品的"难卖"问题，传统的粗放式、单向、高能耗、高排放的物流运作模式已经无法满足现代物流的发展需要。IPCC 数据显示：作为农村物流源头的农业生产活动所产生的温室气体已经成为继工业之后第二大温室气体来源[153]。因此，将低碳经济理念引入现代农村物流领域关系到整个国民经济的运行效率与运行质量，涉及农业的现代化与农民的根本利益。发展低碳农村物流，是应对未来挑战和在竞争中占得先机的重要保障，有利于推动我国农村经济结构调整，促进和带动高效的农业社会化服务体系的建设和完善。此外，低碳农村物流体系的发展还能够促进城乡之间的交流和互动，对于推进城乡一体化的进程、加快农村经济发展十分必要。总之，以低能耗、低排放、低污染为目标的现代低碳农村物流体系，将整个农村物流系统作为一个整体，期望在实现农村物流快速发展的同时进一步实现节能减排和经济增长目标。而影响现代农村物流系统低碳发展的因素众多，各影响因素的作用不同，这些因素之间既有区别又有联系。探明现代低碳农村物流体系的影响因素，探索各影响因素之间的相互关系，对构建现代低碳农村物流系统模型、优化现代低碳农村物流运行体系具有重要的理论和实践价值。

一、解释结构模型

（一）解释结构模型概述

解释结构模型（Interpretative Structural Modelling，ISM）于 1973 年被提出，作为一种系统分析的工具，其特点是将复杂系统分解为若干个子系统要素，并找出各要素之间的相互关系（包括因果关系、大小关系、上下游关系等），形成结构图形和结构矩阵[154]。通过相应的矩阵演算与变换，将模糊化、复杂化的系统明朗化、简单化，同时构造一个多级递阶的结构模型，便于系统的分析，具有很强的解释功能[155]。

（二）解释结构模型要素

1. 有向连接图

有向连接图为邻接矩阵和可达矩阵的建立提供基础，由节点和有向边构成其集合，节点代表系统中的元素，有向边代表元素之间的影响关系，借由节点和有向边来反映系统中元素之间存在的相互关系。

例如，图3.3中节点1、节点2、节点3分别代表系统中元素1、元素2、元素3。元素1和2、元素2和3由有向边连接，代表系统中元素1和2、元素2和3存在相互关系。

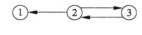

图3.3　有向连接图

2. 邻接矩阵

基于有向图形成有向图邻接矩阵。邻接矩阵表示顶点之间具有相邻关系，即两个顶点存在连接状态。当两个顶点之间存在连接状态，说明两个顶点之间存在直接影响关系，反之，则不存在直接影响关系。

例如，$\boldsymbol{A} = (a_{ij})_{3 \times 3} = \begin{pmatrix} 0 & 0 & 0 \\ 1 & 0 & 1 \\ 0 & 1 & 0 \end{pmatrix}$ 为有向连接图的邻接矩阵，此邻接

矩阵中 $a_{21} = 1$ 且 $a_{12} = 0$、$a_{31} = 0$ 且 $a_{13} = 0$、$a_{23} = 1$ 且 $a_{32} = 1$，代表元素2对元素1有直接影响关系、元素1和元素3不存在直接影响关系、元素2和元素3之间存在相互影响关系。

邻接矩阵可以为可达矩阵的建立奠定基础。

3. 可达矩阵

在可达矩阵中，不仅存在着两个顶点的直接影响关系，还存在着两个顶点的间接影响关系，即通过直接影响关系的传递而形成的一种影响关系。用矩阵的形式来描述有向连接图中节点之间的可达程度，即两节点之间经过一定长度通路后可达。

例如，根据邻接矩阵得到上述有向连接图的可达矩阵 $M = (m_{ij})_{3 \times 3} =$

$$\begin{pmatrix} 1 & 0 & 0 \\ 1 & 1 & 1 \\ 1 & 1 & 1 \end{pmatrix}, m_{12} = 0 \text{ 且 } m_{13} = 0 、 m_{21} = 1 \text{ 且 } m_{23} = 1 、 m_{31} = 1 \text{ 且 } m_{32} = 1，代$$

表节点 1 不可达节点 2 和 3、节点 2 可达节点 1 和 3、节点 3 可达节点 1 和 2，即元素 1 对元素 2 和 3 不存在影响关系、元素 2 对元素 1 和 3 产生直接影响关系、元素 3 对元素 2 产生直接影响关系而对元素 1 产生间接影响关系。

（三）解释结构模型构建步骤

一般来说，ISM 的具体建模过程主要包括 8 个步骤，结合本书具体应用环境，将解释结构模型的具体应用划分为以下 7 个步骤：

1. 明确分析目标

了解基于解释结构模型的分析目标，即构建现代低碳农村物流系统模型，为解释结构模型的应用指明目标方向。

2. 识别影响因素

基于分析目标识别现代农村物流低碳发展的影响因素，以形成整个现代农村物流低碳发展系统的元素。

3. 建立邻接矩阵

依据所识别出的系统元素，确立各元素之间的连接状态和有向关系，形成邻接矩阵。

4. 建立可达矩阵

根据邻接矩阵，确定各元素之间是否可以通过一定长度的通路实现可达状态，进一步建立可达矩阵。

5. 层级划分

通过对可达矩阵的求解进行区域划分和级间划分，以得到农村物流低碳发展影响因素的层级分解表，绘制层级结构图。

6. 模型优化

通过对以上层级结构的调整、层次合并与优化，以形成优化后的农村物流低碳发展解释结构模型。

7. 模型应用

分析以上解释结构模型以建立基于响应框架（DPSIR）的农村物流低碳发展分析框架，实现对农村物流低碳发展解释结构模型的进一步应用。

低碳农村物流系统是现代农村物流低碳发展的高级阶段，也是一个受众多因素影响而形成的复杂系统。引入解释结构模型系统分析的方法研究低碳农村物流系统模型，可以理清农村物流低碳发展各影响因素之间的主次关系，并找出其中的深层动因，从而进一步理解低碳农村物流系统的形成机制，为低碳农村物流系统的构建提供决策参考。

二、现代农村物流系统低碳发展影响因素分析

中国学者尹希果提出关注"低碳经济"的一个重要方面就是对碳排放量的控制，而碳排放量受哪些因素的影响一直是学者们研究的一个热点。例如，Kaya 公式揭示了影响碳排放量的几个主要因素，包括人口、GDP、能源消耗、国际贸易等，其中两国的商品贸易主要是为碳排放创造一种转移机制。其他学者的研究也表明，人口对碳排放的影响除人口规模外还包括人口结构，人口老龄化对碳排放的影响效果基本上与技术变革的效果相当。碳排放是能源消耗的直接产物，不同产业的能源强度不同，作为第三产业的农村物流业的能源消耗虽然低于第二产业，但其造成的污染浪费依旧不可忽视。此外，考虑到能源种类不同，碳强度差异也较大，因此农村物流所消耗的能源种类，如煤炭、石油、天然气、太阳能等，对农村物流的低碳发展的影响也十分显著[156]。学者牛三勇通过实证研究表明，从长期来看，经济增长与碳排放并不存在因果关系，因此，碳减排政策的重点还是应该集中于能源消耗，包括技术改革、产业结构升级、清洁能源的增加和可再生能源的利用等方面[157]。此外，张冬梅（2016）对农产品物流低碳发展进行了评价研究，根据农产品物流低碳发展的特点，认为影响农产品物流低碳发展的驱动力指标可分为经济环境和信息技术两个方面，压力指标可概括为能源消耗和碳排放两个方面，状态指标有农产品物流发展现状和农产品物流碳排放现状，影响指标既有对生态环境的也有对经济社会的，而响应指标包括政策号召、人才支撑和资金扶持[158]等。钟新周[159]通过对已有文献的研究梳理认为，影响物流业低碳发展的主要因素有低碳物流理念、低碳物流政策环境、低碳物流的理论研究和人才培养、物流信息系统和标准化体系建设情况，以及企业之间的合作和交流等。综上，笔者在咨询了5位相关领域研究专家和2位政府农委从事相关工作的管理人员后，最终梳理出12个影响农村物流低碳发展（F_0）的因素，分别用 F_1 ~ F_{12} 表示，如表3.6所示。

表3.6　农村物流低碳发展（F_0）主要影响因素

符号	影响因素	指标含义
F_1	农村人口	指农村人口的总体特征，包括人口规模和人口结构两方面
F_2	农村 GDP	指农村地区在一定时期内生产的所有最终产品和劳务的市场价值
F_3	农村物流能源强度	反映单位农村物流产值的能源消耗量
F_4	农村物流碳强度	指农村物流中单位能源用量的碳排放量
F_5	农村物流低碳装备技术应用	指农村物流设施设备和技术（如包装运输等）的低碳化应用水平
F_6	农村物流信息化水平	指农村物流企业信息系统和信息技术的建设使用情况
F_7	物流人才支持	指社会为物流发展提供的人才情况，反映农村物流低碳潜力
F_8	低碳物流政策环境	指政府对物流业低碳发展的政策导向性
F_9	低碳农村物流观念普及度	农村物流低碳发展的关键是相关参与主体低碳意识的不断增强
F_{10}	农村物流低碳发展研究热度	反映学界和相关研究人员对农村物流低碳发展的重视程度
F_{11}	农村基础设施建设	指为发展农村生产和保证农民生活而提供的公共服务设施的使用
F_{12}	农村物流低碳发展资金投入	指为支持或奖励农村物流低碳发展投入的资金情况

三、低碳农村物流系统解释结构模型构建

（一）邻接矩阵的建立

农村物流低碳发展的影响因素较多，邻接矩阵主要描述各因素两两之间的相关关系。按照解释结构模型的要求，对于有 n 个因素的系统 S（F_1，F_2，$\cdots$，F_n），定义邻接矩阵

$$A = (a_{ij}) = \begin{cases} 1 \\ 0 \end{cases}$$

其中"1"表示 F_i 对 F_j 有直接影响；"0"表示没有直接影响。其影响关系又可以表示为以下几种：① $F_i \times F_j$，即 F_i 和 F_j 互有关系并形成回路；② $F_i \cdot F_j$，即 F_i 和 F_j 之间没有直接影响关系；③ $F_i {}^{\wedge} F_j$，即 F_i 与 F_j 有关，而 F_j 与 F_i 无关；④ $F_i {}^{\vee} F_j$，即 F_i 与 F_j 无关，而 F_j 与 F_i 有关。据此，为了保证结果的可靠性，在征询了 5 位同行意见之后，建立了如表 3.7 所示的低碳农村物流发展影响因素邻接矩阵。

表 3.7 低碳农村物流发展影响因素邻接矩阵

F_i	F_1	F_2	F_3	F_4	F_5	F_6	F_7	F_8	F_9	F_{10}	F_{11}	F_{12}	F_0
F_1	0	1	1	0	0	0	0	0	0	0	0	0	0
F_2	0	0	0	0	0	0	0	0	0	0	0	1	0
F_3	0	0	0	1	0	0	0	0	0	0	0	0	0
F_4	0	0	0	0	0	0	0	1	1	1	0	0	0
F_5	0	0	1	1	0	0	0	0	0	0	0	0	1
F_6	0	0	1	1	0	0	0	0	0	0	0	0	1
F_7	0	0	0	0	1	1	0	0	0	1	0	1	1
F_8	0	0	0	0	0	0	1	0	1	0	0	0	0
F_9	0	0	0	0	1	0	0	0	0	0	0	0	0
F_{10}	0	0	0	0	0	0	1	0	0	0	0	0	0
F_{11}	0	0	1	1	0	1	0	0	0	0	0	0	1
F_{12}	0	0	0	0	1	0	0	0	0	1	0	0	0
F_0	0	0	0	0	0	0	0	0	0	0	0	0	0

（二）可达矩阵的建立

在得到的农村物流低碳发展影响因素邻接矩阵的基础上，由邻接矩阵 A 加上单位矩阵 I 可以得到初始可达矩阵 $B = (A + I)$。对矩阵 B 进行幂运算，直至式 $B_i = B_{i+1}$ 成立，通过计算可以得到 i 的值，则可达矩阵 $M = B_i$。借助 Matlab 软件，通过计算得到可达矩阵 M 如下：

$$M = \begin{pmatrix} 1 & 1 & 1 & 1 & 1 & 1 & 1 & 1 & 1 & 1 & 1 & 1 & 1 \\ 0 & 1 & 1 & 1 & 1 & 1 & 1 & 1 & 1 & 1 & 1 & 1 & 1 \\ 0 & 0 & 1 & 1 & 1 & 1 & 1 & 1 & 1 & 1 & 0 & 0 & 1 \\ 0 & 0 & 1 & 1 & 1 & 1 & 1 & 1 & 1 & 1 & 0 & 0 & 1 \\ 0 & 0 & 1 & 1 & 1 & 1 & 1 & 1 & 1 & 1 & 0 & 0 & 1 \\ 0 & 0 & 1 & 1 & 1 & 1 & 1 & 1 & 1 & 1 & 0 & 0 & 1 \\ 0 & 0 & 1 & 1 & 1 & 1 & 1 & 1 & 1 & 1 & 0 & 0 & 1 \\ 0 & 0 & 1 & 1 & 1 & 1 & 1 & 1 & 1 & 1 & 0 & 0 & 1 \\ 0 & 0 & 1 & 1 & 1 & 1 & 1 & 1 & 1 & 1 & 0 & 0 & 1 \\ 0 & 0 & 1 & 1 & 1 & 1 & 1 & 1 & 1 & 1 & 0 & 0 & 1 \\ 0 & 0 & 1 & 1 & 1 & 1 & 1 & 1 & 1 & 1 & 1 & 0 & 1 \\ 0 & 0 & 1 & 1 & 1 & 1 & 1 & 1 & 1 & 1 & 1 & 1 & 1 \\ 0 & 0 & 0 & 0 & 0 & 0 & 0 & 0 & 0 & 0 & 0 & 0 & 1 \end{pmatrix}$$

（三）层级划分

集中与要素 F_i 相关的所有要素，并将所有要素集定义为一个可达集合，该可达集合隶属于 F_i，用 $R(F_i) = \{F_i \in F \mid m_{ij} = 1\}$ 表示。将可以到达 F_i 的全部元素定义为先行集合，表示为 $A(F_i)$。以初始可达矩阵分别获得农村物流低碳发展各因素的可达集合、先行集合，以及两者的共同集合，具体如表 3.8 所示。

通过对可达矩阵求解进行区域划分和级间划分，当 $R(F_i) \cap A(F_i) = R(F_i)$ 时，取得最上位等级因素，并将它从可达矩阵 M 中划去。依此类推，直到所有元素均按等级划分。例如，从可达矩阵 M 中可以看到 $R(13) \cap A(13) = R(13)$，因此第 1 层要素 $L_1 = \{F_0\}$。然后将 F_0 从可达矩阵 M 中划去，得到第二级划分得到的可达集与先行集，且第 2 层要素

表 3.8 农村物流低碳发展各影响因素之间的关系

序号	影响因素	可达集 $R(F_i)$	先行集 $A(F_i)$	$R(F_i) \cap A(F_i)$
1	F_1	$F_1, F_2, F_3, F_{12}, F_4, F_5,$ $F_6, F_{11}, F_0, F_8, F_9,$ F_{10}, F_7	F_1	F_1
2	F_2	$F_2, F_{12}, F_5, F_6, F_{11}, F_3,$ $F_4, F_0, F_8, F_9, F_{10}, F_7$	F_1, F_2	F_2
3	F_3	$F_3, F_4, F_8, F_9, F_{10}, F_7,$ F_5, F_6, F_0	$F_1, F_5, F_6, F_{11}, F_7, F_9,$ $F_{12}, F_4, F_8, F_3, F_2$	$F_3, F_4, F_5, F_6,$ F_7, F_8, F_9
4	F_4	$F_4, F_8, F_9, F_{10}, F_7, F_5,$ F_6, F_0, F_3	$F_3, F_4, F_5, F_6, F_{11}, F_1,$ $F_7, F_9, F_{12}, F_8, F_2$	$F_3, F_4, F_5, F_6,$ F_7, F_8, F_9
5	F_5	$F_3, F_4, F_5, F_0, F_8, F_9,$ F_{10}, F_7, F_6	$F_5, F_7, F_9, F_{12}, F_8, F_4,$ $F_1, F_2, F_6, F_{11}, F_3$	$F_3, F_4, F_5, F_6,$ F_7, F_8, F_9
6	F_6	$F_3, F_4, F_6, F_0, F_8, F_9,$ F_{10}, F_7, F_5	$F_6, F_7, F_{11}, F_{12}, F_8, F_4,$ F_1, F_2, F_3, F_5	$F_3, F_4, F_5, F_6,$ F_7, F_8, F_9
7	F_7	$F_5, F_6, F_7, F_{10}, F_0, F_3,$ F_4, F_8, F_9	$F_7, F_8, F_3, F_4, F_5, F_6,$ $F_{11}, F_1, F_9, F_{12}, F_2$	$F_3, F_4, F_5, F_6,$ F_7, F_8, F_9
8	F_8	$F_7, F_8, F_9, F_5, F_6, F_{10},$ F_0, F_3, F_4	$F_4, F_8, F_3, F_5, F_6, F_{11},$ $F_1, F_7, F_9, F_{12}, F_2$	$F_3, F_4, F_5, F_6,$ F_7, F_8, F_9
9	F_9	$F_5, F_9, F_3, F_4, F_0, F_8,$ F_{10}, F_7, F_6	$F_4, F_8, F_9, F_3, F_5, F_6,$ $F_{11}, F_1, F_7, F_{12}, F_2$	$F_3, F_4, F_5, F_6,$ F_7, F_8, F_9
10	F_{10}	$F_{10}, F_7, F_8, F_9, F_5, F_6,$ F_0, F_3, F_4	$F_4, F_7, F_{10}, F_3, F_5, F_6,$ $F_{11}, F_1, F_9, F_{12}, F_8, F_2$	$F_3, F_4, F_5, F_6,$ F_7, F_8, F_9, F_{10}
11	F_{11}	$F_3, F_4, F_6, F_{11}, F_0, F_8,$ F_9, F_{10}, F_7, F_5	F_{11}, F_{12}, F_1, F_2	F_{11}
12	F_{12}	$F_5, F_6, F_{11}, F_{12}, F_3, F_4,$ $F_0, F_8, F_9, F_{10}, F_7$	F_2, F_{12}, F_1	F_{12}
13	F_0	F_0	$F_5, F_6, F_7, F_{11}, F_0, F_9,$ $F_{12}, F_8, F_4, F_1, F_2, F_3$	F_0

$L_2 = \{F_3, F_4, F_5, F_6, F_7, F_8, F_9, F_{10}\}$。再将第 2 层要素从可达集中划去,得到第三级划分的可达集和先行集。依此类推,最终得到农村物流低碳发展影响因素的层级分解表(表3.9)。

表 3.9　农村物流低碳发展各影响因素层级分解表

层级	层级内要素
L_1	F_0
L_2	F_5,F_6,F_3,F_4,F_8,F_9,F_{10},F_7
L_3	F_{11}
L_4	F_{12}
L_5	F_2
L_6	F_1

根据表 3.8 计算出来的层级分解表可以绘制出农村物流低碳发展模型的层级结构图(图 3.4),从图中可以看出主要影响因素集中于第 2 层,第 3~6 层分别只有一个影响因素。

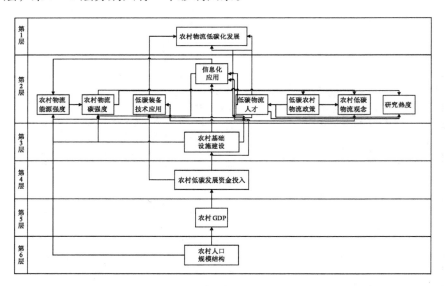

图 3.4　农村物流低碳发展解释结构模型

四、农村物流低碳发展系统解释结构模型的优化与应用

（一）模型优化

虽然在上文的分析中已经通过 ISM 方法得到了农村物流系统低碳发展各因素之间的递进关系，但考虑到系统层次较多，影响因素之间的关系复杂，在进行横向比较时依然不是特别容易理解。下面通过调整、层次合并与优化，从下到上将各个层次依次命名为系统状态层、响应层、核心表现层和目标层以形成优化后的农村物流低碳发展解释结构模型，具体如图 3.5 所示。

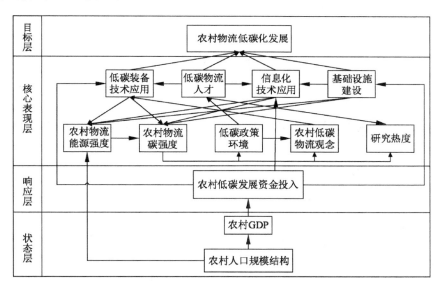

图 3.5 优化后的农村物流低碳发展解释结构模型

对优化后的模型，有如下几点解释：

（1）从表 3.6 中不难看出，农村人口因素和 GDP 状况是表征农村地区发展状态的核心指标，代表了农村地区当前经济实力和未来发展潜力，同时也是影响地方政府进行低碳发展资金投入的决定力量。这也在一定程度上解释了为什么发达国家在经济实力达到一定程度时会投入更多的资金进行环境治理、寻求绿色循环发展之路，而发展中国家往往在欠发达阶段更看重经济目标。

（2）农村物流低碳发展专项资金的投入是对农村物流低碳发展目标的直接响应。目前，该项资金主要来源于 GDP，且资金的投入对农村物流基础设施建设、装备技术的投入使用和农村物流信息化应用都有积极的影响。

（3）农村物流低碳发展的核心表现层因素较多，其中农村物流能源强度既是农村物流低碳发展水平的表征因素，又是国家制定农村物流低碳发展相关政策措施、农村低碳物流观念发展普及和整个学界社会对农村物流低碳发展重视度的压力因素。而国家相关政策的出台和社会关注程度又对低碳物流人才起着直接唤醒作用，并进一步通过低碳物流人才的支持产生更多更好的农村物流低碳发展相关技术。可见，核心表现层各因素之间相互影响，相互促进，关系紧密。

（二）模型应用：一个基于 DPSIR 模型的分析拓展

根据上述对优化后的农村物流系统低碳发展解释结构模型的分析可知，农村物流能源强度和农村物流碳强度可以作为农村物流低碳发展的压力因素；农村人口规模结构和农村 GDP 水平可以作为农村物流低碳发展的状态因素；农村物流低碳发展资金投入、低碳政策环境、低碳农村物流观念普及度和社会各界对农村物流低碳发展的研究热度可以作为响应因素；农村物流低碳装备技术应用、农村物流信息化水平、物流人才支持及农村基础设施建设水平可以作为驱动力因素；农村物流低碳发展在一定的状态情况下既是上述因素作用的目标也是影响结果，因此其既是农村物流低碳发展的当前状态因素也是最终影响因素。此外，低碳农村物流系统作为社会经济系统的一部分，其发展现状和水平无疑会对社会环境产生一系列的影响，因此在以上分析的基础上最终可建立基于DPSIR 的农村物流低碳发展分析框架，如图 3.6 所示。该分析框架可以为后续农村物流低碳发展评价提供一定的理论借鉴。

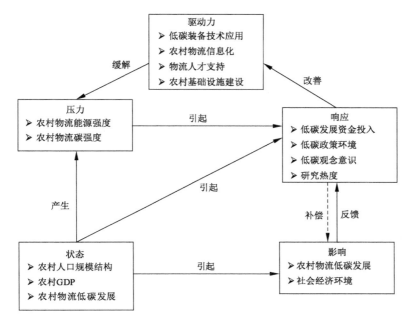

图 3.6 基于 DPSIR 模型的农村物流低碳发展分析框架

随着社会经济和农村电子商务的快速发展，农村物流发生的规模越来越大，频率也越来越高。在资源环境问题日益突出的今天，农村物流系统的低碳发展既是现代物流发展的现实需要，也是农村物流发展演进的必然趋势。通过上述研究可以得出以下结论：

（1）农村物流系统是一个复杂的经济管理系统，其低碳发展受诸多因素影响，且各因素之间相互促进，在农村物流的低碳发展过程中扮演着不同的角色。本章通过建立解释结构模型构造了农村物流低碳发展系统模型，在模型优化的基础上，将低碳农村系统划分为包括系统状态层、响应层、核心能力层和目标层在内的 4 个层级，各层级之间呈现递进关系。

（2）在所构建解释结构模型的基础上提出了基于 DPSIR 的农村物流低碳发展分析框架，为后续理论研究提供了借鉴。考虑到目前实证研究多基于文献分析、专家咨询等方法提出理论模型的特点，解释结构模型所构建的农村物流低碳发展系统框架显然更可靠。

总之，在国家和社会对节能减排日益重视的今天，农村物流作为社会经济发展的重要组成部分，自然也承担着绿色、低碳发展的责任。本章的研究结论可以为农村物流低碳发展系统模型构建提供现实的参考。本章只选取了 12 个关键指标因素，在后续实证研究中，还可以增加更多具体指标因素，进一步细化分析。

第四章 现代低碳农村物流评价指标体系研究

由于我国农村物流相关统计资料缺失且地方统计口径不一致,很多与我国农村物流碳排放指标相关的数据资料很难获取,笔者虽然查阅了《中国农村年鉴》《中国物流年鉴》《中国农村能源年鉴》等资料,但是许多具体指标数据依旧未能如愿获取。为了解决该问题,只能通过电话访谈的方式进行分散式数据调查,逐一拨打南京市发展和改革委员会(能源处)、南京市统计局、南通市农产品经销会、扬州市农产品经销会、浙江省农产品物流协会、广州市交通局、广东省物流行业协会和广州白云区物流协会,以及一些大型物流企业(如广州市健朗物流公司、广州市惠鲜蔬果有限责任公司)的访问电话,尽管做出多方努力,但是仍无法获得低碳农村物流发展相关指标的详细数据,也就不能对全国或某一地区的低碳物流现状进行实证评价。因此,本书以占农村物流较大比例的农产品物流的低碳发展水平评价代替低碳农村物流发展水平评价,且考虑到单一评价方法的不足,经过比较在 DPSIR 模型的理论指导下选择采用模糊理论和 DEA 方法对定性指标进行定量化,再采用熵理论与层次分析法相结合的方法来确定指标的权重,最终构建低碳农产品物流发展的 TOPSIS 综合评价模型,将定性指标与定量指标相结合,有效弥补了单一评价方法的不足。本章选取数据完整性较好的广州市作为实证评价对象。

第一节 DPSIR 模型简介

概念模型来源于对抽象概念的理论化，1993 年由国际经济合作和发展组织（OECD）提出并被欧洲环境组织（EEA）所采用。DPSIR 模型从系统分析的视角分析人类活动与环境系统的互动，是一种广泛应用于环境系统分析的评价体系的概念模型[160]。建立科学合理的评价指标体系是农产品物流低碳发展评价的关键。农产品物流低碳发展评价涉及社会、经济和环境三个方面，所以选取一个或几个指标难以全面评价农产品物流低碳状况，针对农产品物流低碳发展评价的特征和目标，如何综合有效地反映农产品物流低碳发展的基本要素、系统内外部关系等问题，DPSIR 模型能为分析复杂问题提供一个良好的概念框架。

一、DPSIR 模型框架

该模型框架包括驱动力模块、压力模块、状态模块、影响模块和响应模块，如图 4.1 所示。它回答了"怎样发生的、发生了什么、为什么会发生、造成的后果、人类如何做"5 个基本问题。DPSIR 模型的主要思想：由于社会、经济或体制结构等的改变，引起人类活动方式、生产方式的变革，而目前的活动方式或生产方式不合理对变革产生压力，使得该变革不能顺利进行，因此两种方式相互抵制形成现状，对物流外部环境形成积极或消极影响，人们为促进积极或消除消极影响采取相关的管理措施或政策。措施响应会作为下一个循环中的驱动力，在一定程度上降低对变革的压力，进而改变上一循环中的状态，对变革产生积极影响，而积极影响会激励人们完善管理措施。

驱动力描述的是造成行为主体发生变革的原因。压力是指阻碍主体变革的影响因素。状态是描述区域环境动态变化和系统处于驱动力、压力两者作用下所呈现出来的现状。影响是在前 3 个因子共同作用下产生的必然结果。响应是指机构或组织在全面掌握现存的问题、其产生的原因和影响的基础上，采取某些措施来减少或解决存在的问题。

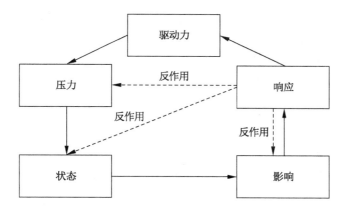

图 4.1 DPSIR 模型基本框架

二、DPSIR 模型适用性

目前，DPSIR 模型运用在生态评价、农业评估、金融评价、环境分析等领域，取得了很好的实践效果。例如，刘灵凤[161]把 DPSIR 概念模型应用于物流产业安全评价并构建评价指标体系；葛广起[162]运用 DPSIR 模型建立指标体系来估量城市交通的低碳发展指数。可以看出，由于该模型方法本身的适用性，使得该模型不再局限于某些领域。

DPSIR 模型可以很好地分析农产品物流低碳发展起因、制约因素、所呈现出的状态、对外部环境的影响和人们采取的措施五大环节之间相互影响、相互制约的关系。与其他概念模型相比，DPSIR 模型具有以下优势：

（1）农产品物流系统是一个"自然—社会—经济"复合系统，对其进行低碳发展评价要充分考虑经济属性和自然属性两方面的内容。DPSIR 模型具有很强的综合性，综合考虑农产品物流活动的经济效益和环境效益，能够结合与环境的协调作为农产品物流低碳发展目标来分析目前的发展状况。

（2）DPSIR 模型体现农产品物流低碳发展的因果关系。与概念模型相比较，DPSIR 模型逻辑关系更强，可以展现出农产品物流低碳发展五大因子之间的关系，再有针对性地选取相关指标，使得各级指标与上一层的逻辑关系非常严密，指标更具针对性。

（3）DPSIR 模型蕴藏着较强的管理思想，不仅能评价农产品物流低碳发展的状态，而且能评价政府和行业为促进农产品物流的低碳发展所采取的改善措施的有效性。对农产品物流低碳发展评价的最终目的就是进行管理和调控，DPSIR 模型通过对管理者所实施的措施的成效评价，激励管理者进一步改进响应对策，并再一次对所改进的对策或措施进行评估。这种循环的评价和管理方式可以增强农产品物流活动与自然环境的协调性，是农产品物流低碳发展的重要措施和保障。

第二节　农产品物流低碳发展评价指标体系构建

一、评价指标选取原则

为客观、全面、科学地衡量农产品物流低碳发展情况，在研究和确定农产品物流低碳发展评价指标体系时，需要考虑农产品物流的实际情况和数据可获得性，根据农产品物流低碳发展的特征和目标，在指标选取时要遵循以下原则。

（一）科学性

农产品物流低碳发展评价指标体系必须建立在科学的基础上，应该能够反映出农产品物流低碳发展的实际情况和发展目标。为了使农产品物流低碳发展评价结果具有科学性、合理性、有效性，所选择的指标意义必须明确，能够体现出农产品物流低碳发展的特点，做到宏观与微观相结合，指标测定的方法必须合理，指标数据统计的方法必须科学。

（二）针对性

相关评价指标必须是针对造成农产品物流低碳方面的社会、经济、环境三个方面来设定的，并与我国低碳发展规划相适应。否则，即使方法正确也无济于事。

（三）动态性

农产品物流低碳发展既是一个目标，又是一个发展过程。需要评价指标在一段时间内能够保证其稳定性，这就要求指标体系能够反映一定时空尺度的农产品物流低碳发展状况，以期更好地评价农产品物流系统低碳发展的现状和未来。

（四）系统性

农产品物流低碳发展是一个多元素、多目标的复杂问题，在对农产品物流低碳发展进行评价时需要构建全面反映农产品物流低碳发展特征的指标体系。不可孤立地研究农产品物流低碳发展的各项指标，而是通过所建立的评价指标体系系统性地反映现象中存在的内在本质。

（五）可操作性

建立指标体系时所选取的指标概念要明确，指标的定量化数据要易于获得和更新，选择指标要充分考虑我国目前的技术发展水平和生产水平。另外，在选择指标时要考虑该指标数据是否便于测量、是否可取得充足的数据、是否能够反映农产品物流系统的关键特征和农产品物流低碳发展趋势。

二、初始指标体系的构建

（一）农产品物流低碳发展在 DPSIR 模型中的因果关系

农产品物流低碳发展体现了人们对农产品物流低碳运作过程中合理利用资源和低碳环境的追求。因果关系如图 4.2 所示，具体表现为：在资源日益短缺和全球环境问题急剧恶化的今天，快速发展的社会经济和日益成熟的信息技术推动着农产品物流传统模式的变革，对农产品物流低碳发展形成强有力的驱动力（D）；另外，由于目前农产品物流的高排放、高能耗、低资源利用率、规划不合理等不可持续发展现象制约了农产品物流低碳发展模式的变革，给农产品物流低碳发展带来压力（P）；在驱动力和压力的相互作用下，农产品物流低碳发展呈现出现有的状态（S）；显然这种状态会对农产品物流外部环境产生积极或消极的影响（I），其中农产品物流的外部环境包括农产品物流息息相关的社会环境、经济环境和自然环境；与农产品物流有密切联系的人们，为获得良好的自然环境、可持续发展社会经济环境，以及使得农产品物流健康发展采取有效的管理措施和政策建议，即响应（R）。

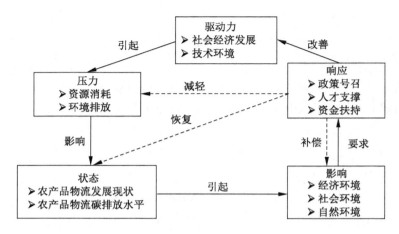

图 4.2　基于 DPSIR 模型的农产品物流低碳发展分析框架

（二）驱动力因素

驱动力是造成农产品物流环境变化的潜在因素，影响着农产品物流低碳化的进程，是农产品低碳物流系统发生演化的动力。一个地区拥有良好的低碳发展环境为物流低碳发展奠定了基础，其中经济环境影响较为显著。经济发展程度越高，就越依赖物流，物流的需求与供给出现失衡必然对环境产生不良影响。另外，由于地区生活水平的提高，人们的消费观越来越理性，对于低碳需求也日趋增加。此外，中国信息技术的发展为物流低碳发展提供了必要条件。

根据已有学者的研究，农产品物流低碳发展的驱动力主要包括社会经济驱动力和信息技术驱动力[163]。学者李玉民等（2015）[164]、王蕾（2014）[165]、路征等（2015）[166]提出地区生产总值、社会消费品零售总额、第一产业占生产总值比率、物流业的固定投资作为农产品物流低碳发展的社会经济驱动力指标；科学技术财政支出、信息网络管理水平、信息计算机服务固定投资可作为农产品物流低碳发展的技术环境驱动力指标。考虑到电子商务的快速发展极大地促进了农产品物流低碳发展，笔者将农产品物流信息化程度加入农产品物流低碳发展的信息技术驱动力指标。具体解释如下：

D_1：第一产业占生产总值的比率。它从经济角度说明农业发展水平及所在地区经济的贡献率。该指标是一个定量指标，数据主要来源于相关统计年鉴。

D_2：地区生产总值。农产品物流业推动了区域社会经济水平的快速发展，同时农村低碳经济发展也会影响农产品物流业的发展。据国外从事环境污染和经济增长关系研究的学者发现，越是经济发达的地区越倾向于低碳消费。地区生产总值可代表一个地区的经济发展程度和区域经济形势的动向。

D_3：社会消费品零售总额。该指标用来表征区域消费需求，是反映区域经济景气程度的另一个重要指标，用来衡量区域居民的消费水平。地区居民消费水平越高，消费理念越趋于理性，对低碳产品的消费需求越大。该指标也是一个定量指标，数据来源于地方统计年鉴。

D_4：物流业固定投资额。物流业固定资产投资额是以货币形式表现的物流建设投资力度，是反映物流业固定投资规模、速度等的综合性指标，是推动农产品物流业低碳发展的重要外在因素。该指标为定量指标，数据来源于官方网站和统计机构。

D_5：信息与计算机服务固定投资。它以货币形式表现对信息与计算机服务的建设力度，反映地区技术规模的综合指标。该指标为定量指标，数据来源于相关统计年鉴。

D_6：科学技术财政支出。它以货币形式表现出一个地区对科学技术的重视程度。该指标是一个定量指标，具体数据从相关统计年鉴中获得。

D_7：信息化管理水平。信息化管理水平可衡量信息资源配置及优化能力的高低。该指标是一个定性指标。

D_8：农产品物流信息化程度。农产品物流的信息服务提供信息资源、开拓新的发展空间、提升物流的整体效率，是推动农产品物流低碳发展的关键因素。该指标是一个定量指标，由于农产品物流主要是农村流入城市，因此本章将用农村邮政业务收入和农村互联网用户数来衡量农产品物流信息化程度。

（三）压力因素

压力是指人类活动对其紧邻的资源环境的影响，主要表现为资源能源消耗强度和物流环境中的废物排放。快速城市化过程必然会给"自然—经济—社会"系统造成巨大的压力。由于农产品具有分布广、物流量大的特点，在流通过程需要消耗大量的资源；盲目加大建设农产品物流业的力度，会占用较大面积的农业建设用地。

袁晓丽和王长琼（2014）[167]认为，农产品物流低碳发展存在资源消耗和环境排放两个方面的压力。其指标包括农产品物流业占地面积、农产品物流业能耗、农产品物流业碳排放量、农产品物流业单位碳排放量。具体指标解释如下：

P_1：农产品物流业占地面积。为了加快解决"三农"问题，政府加大对农产品物流业的建设力度，农产品物流业建设力度的加大势必会加大对土地资源的需求，从而加重农产品物流系统的土地资源压力。该指标是一个定量指标，基于数据可得性，主要用大型物流园占地面积与公路交通用地面积之和来表示，其大型物流园占地面积数据主要来源于土地建设局网站和统计机构。公路交通占地面积 Se 可用公式表示为

$$Se = \sum Ne_i \cdot L_i \tag{4.1}$$

式中：Ne_i 表示每公里 i 等级公路的占地面积；L_i 表示 i 等级公路的长度。

P_2：农产品物流业能耗。该指标反映农产品物流能源的投入量，衡量农产品物流低碳发展的重要指标，与农产品物流碳排放量密切相关。物流业的能源消耗越多，产生的碳排放量也越多。农产品物流能耗为定量指标，在官方网站和统计机构可以收集所需数据。

P_3：农产品物流业碳排放量。农产品物流业在物流运作中排放温室气体，这些排放物改变了大气的质量和状况。农产品物流业二氧化碳排放量直观地反映出物流业的低碳程度，碳排放量越大，低碳减排的压力就越大。该指标是定量指标，具体数据的计算采用《IPCC 国家温室气体清单指南》中所提出的计算公式：

二氧化碳排放量 = 农产品物流化石燃料的消耗量×二氧化碳的排放系数

$$\tag{4.2}$$

P_4：农产品物流业单位二氧化碳排放量。该指标是反映农产品物流业总体中各单位在一定时间所达到的二氧化碳排放水平。它是一个定量指标，具体计算公式为

单位碳排放量＝农产品物流业碳排放量÷农产品物流货运量

$$(4.3)$$

（四）状态因素

状态代表目前农产品低碳物流所处的现实状况，是驱动力和压力共同作用的结果。农产品物流低碳发展的现状是研究低碳发展的起因与抑制因素的基础，同时也是分析影响和响应的着力点。

本书在构建农产品物流低碳发展现状时，将农产品物流低碳发展现状评价指标划分为农产品物流发展情况和农产品物流的低碳化程度两个主要方面。陈乐群（2012）[168]、周梦华（2012）[169]等提出，通过高等级公路里程、铁路密度、农产品物流中心数量、农产品物流载货汽车拥有量、保鲜与冷藏仓库发展情况、规模以上物流企业数量、农产品物流业从业人数、农产品物流货物周转量、农产品产量、农产品物流总额、农产品物流货运量等指标来测量农产品物流的发展情况；用农产品物流碳排放强度指标来衡量农产品物流的环境效益。农产品物流低碳发展的特征是物流过程的低碳化和更高的系统协调性，可作为碳汇的衡量指标。所以本书将挂车占载货汽车的比例、低碳材料使用水平、多式联运程度、甩挂运输发展情况和公路里程绿化率加入该指标体系。

S_1：铁路密度。铁路是主要的交通设施，铁路密度是反映铁路发展规模的指标，铁路运输方式是比较认可的低碳运输方式，是衡量物流设备低碳化的一项重要定量指标。其计算公式为

铁路密度＝区域内所有铁路的总长度÷区域总面积　　(4.4)

S_2：高等级公路里程。国外研究显示，在物流的运输环节中，汽车尾气的排放与路面质量密切相关，公路等级越高，路面质量越高，汽车排放尾气也相对越少。该指标是一个定量指标。

S_3：农产品物流中心数量。农产品物流一般是针对物流路程较长的农产品设计的，此类农产品物流中心一般采用比较先进的物流技术，其

中包括农产品专用的运输设备、仓储设施技术、流通加工技术、农产品物流信息设备等。该指标是一个定量指标。

S_4：挂车占载货汽车的比例。挂车是业界比较认可的低碳运输工具，挂车占载货车的比例是衡量运输环节中低碳物流工具及装备的投入力度。该指标是一个定量指标，计算公式为

$$S_4 = 挂车数量 \div 民用载货汽车数量 \qquad (4.5)$$

S_5：农产品物流载货汽车总拥有量。该指标反映农产品公路运输的总物流供给能力，可衡量农产品物流基础设施设备的水平。它是一个定量指标。

S_6：保鲜、冷藏仓库发展情况。保鲜、冷藏仓库发展情况是衡量农产品物流冷链物流发展水平，主要与农产品物流发展阶段密切相关。该指标是一个定性指标。

S_7：低碳包装材料使用水平。包装环节的低碳化是农产品物流低碳发展的重点内容，包装的低碳化一方面可以节约资源，实现资源的循环利用；另一方面可以保护生态环境，减少废弃物的产生。因此，低碳包装材料使用水平用来表征物流工具低碳化。该指标是一个定性指标。

S_8：农产品物流货运周转量。它实际上反映了农产品物流的运输能力。通常，我们将一段时间内农产品货运量与里程之间的乘积称为农产品物流货物周转量。它是另一个衡量物流供给能力的指标，是一个定量数据。

S_9：规模以上物流企业数量。第三方物流企业是指物流企业为其他企业提供全部或部分物流服务的外部物流供应商。第三方物流企业一般不拥有商品，只为客户提供运输、仓储、配送等物流服务。第三方物流企业通常具有较为专业的物流人才、物流知识，丰富的物流运作经验，以及更为专业的设备、资金和关系网络等优势，专业的设备和运作管理经验尽可能实现交通量较少、交通流合理、运输对环境的负面影响小的目标。规模以上的物流企业数量从企业数量上衡量农产品物流企业的规模。该指标是定量指标。

S_{10}：农产品物流业从业人员数。从业人员数从人才方面反映了物流

发展的潜力，是衡量农产品物流规模的另一个重要指标。该指标也是一个定量指标，由于暂无农产品物流业从业人数的确切数据，故用农村交通运输、仓储邮政业在岗职工人数估计农产品物流从业人员数。

S_{11}：农产品总产量。它是反映物流需求的一个重要指标，是一个定量指标。

S_{12}：农产品物流总额。它是反映农产品物流需求水平的另一个重要指标，也是衡量农产品物流发展水平的综合性指标。该指标也是一个定量指标。

S_{13}：农产品物流货运量。它是反映农产品物流能力的一个重要指标，是一个定量指标。

S_{14}：农产品物流业的碳排放强度。它表示在一定时期内农产品物流碳排放量与农产品物流总额的比值，反映了农产品物流发展依赖于化石能源的程度，具体到农产品物流，反映的是农产品物流发展对化石能源的依赖程度。该指标是一个定量指标，计算公式为

$$碳排放强度 = 农产品物流碳排放量 \div 农产品物流总额 \qquad (4.6)$$

S_{15}：甩挂运输发展情况。甩挂运输有利于加快牵引车周转速度，实现较高的运输率、较低的空载率，降低无效的运输率、化石能源的消耗和废气的排放。甩挂运输发展情况是衡量农产品物流低碳程度的重要指标。该指标是一个定性指标。

S_{16}：多式联运发展水平。就目前运输低碳发展而言，优化运输结构是操作性较强的一种低碳运输方法。多式联运指通过对农产品物流中三种主要运输方式进行科学的组合，能够实现较高的资源利用率和较低的能源消耗率。该指标综合性强，并且多式联运发展水平的数据大部分难以收集，因此采取定性描述。

S_{17}：公路里程绿化率。农产品物流运输环节中会排放大量的废气，公路的绿化带能够作为碳汇来吸收一定比例的碳排放量，作为农产品物流的碳汇来衡量农产品物流的低碳水平。公路里程绿化率是定量指标，可从相关统计年鉴、交通厅官方网站及其他相关网站获取数据。

（五）影响因素

影响是指农产品物流低碳发展对社会经济发展和生态环境造成的影响。经济社会发展会对影响农产品物流向低碳方向发展，同时农产品物流的低碳发展会反过来影响社会经济发展，给区域社会、经济发展和环境施加影响。

就目前对农产品物流低碳发展的研究发现，农产品物流发展的影响主要集中在社会和经济两个方面。王晓姝和费威（2010）[170]通过农产品物流总额对地区的贡献率、农产品物流竞争力、物流业从业人数占就业总人数的增长率。农产品物流低碳发展具有环境友好性特征的，必然会对自然环境产生影响，故这里将对地区自然环境的影响加入农产品物流低碳发展的影响因素。具体指标解释如下：

I_1：农产品物流对区域经济的贡献率。农产品物流低碳发展可增强农产品竞争力和促进农业流通效率，降低社会经济成本，推动区域经济健康快速发展。该指标是一个定量指标，计算公式为

$$I_1 = 农产品物流总额 \div 区域生产总值 \tag{4.7}$$

I_2：农产品物流竞争力。它反映的是农产品物流在市场竞争中形成的争夺资源的能力或资源配置能力。该指标是一个定性指标。

I_3：农产品物流业就业人数占区域就业人数的增长率。它表示的是农产品物流低碳发展与社会发展的协调程度。该指标是一个定量指标，计算公式为

$$I_3 = （本年的 \ G \div 上年的 \ G） - 1 \tag{4.8}$$

式中：G 表示农产品物流业人数与总就业人数的比率。

I_4：对地区自然环境的影响。它是指农产品物流低碳发展对当地的土地资源、自然环境等产生的影响，该指标是定性指标。

（六）响应因素

响应过程反映的是人类在促进农产品物流低碳化进程中所采取的措施和制定的政策。响应程度的大小可以反映出管理者为促进农产品物流业健康发展的投入程度，以及管理保护政策的制定和实施力度。

梳理文献后发现，促进农产品物流低碳发展的措施主要包括

三种：政策支持、资金扶持和人才支撑。罗长翼等（2013）[171]、任玉焕（2013）[172]选取物流低碳意识普及度、低碳物流政策完善程度作为政策响应指标，选取农产品低碳技术人才支撑力度作为人才响应指标，选取低碳物流金融的扶持力度作为资金响应指标。具体指标解释如下：

R_1：物流企业低碳意识普及度。农产品物流低碳发展的关键是物流行业和企业的低碳意识的不断增强。该指标是一个定性指标。

R_2：低碳物流政策完善程度。低碳相关物流政策法规的完善有助于农产品物流低碳政策的贯彻执行。社会总是朝着法治化方向发展，完善和健全低碳政策法规，能提高抵制农产品物流发展的外来压力，对促进农产品物流低碳发展具有重要的意义。该指标是一个定性指标。

R_3：农产品低碳物流技术人才支撑力度。低碳物流人才是物流低碳发展的重要的支撑因素，可以反映出政府对农产品物流低碳发展的重视程度。该指标是一个定量指标，在政府等官方网站和统计机构可获得相应的数据。

R_4：低碳物流的财政扶持力度。该指标主要包括政府对物流的资金支持及低碳补贴方式。该指标是一个定量指标，在政府和财政部门等官方网站、统计机构可以收集到相关数据。

在上述五大因子分析的基础上，笔者阅读了大量相关文献，选取与本书相关性较大的指标，确定如表4.1所示的初步评价指标体系。

表4.1 农产品物流低碳发展初始指标体系

目标	一级指标	二级指标	三级指标
农产品物流低碳发展	驱动力	社会经济发展	第一产业占生产总值的比例 D_1 地区生产总值 D_2 社会消费品零售总额 D_3 物流业固定投资 D_4
		信息技术环境	信息与计算机服务固定投资 D_5 科学技术财政支出 D_6 信息化管理水平 D_7 农产品物流信息化程度 D_8

目标	一级指标	二级指标	三级指标
农产品物流低碳发展	压力	资源消耗	农产品物流业占地面积 P_1 农产品物流业能耗 P_2
		环境排放	农产品物流业碳排放量 P_3 农产品物流单位二氧化碳排放量 P_4
	状态	农产品物流发展现状	铁路密度 S_1 高等级公路总里程 S_2 农产品物流中心数量 S_3 挂车占载货汽车的比例 S_4 农产品物流载货汽车总拥有量 S_5 保鲜、冷藏仓库发展情况 S_6 低碳包装材料使用水平 S_7 农产品物流货运周转量 S_8 规模以上物流企业数量 S_9 农产品物流业从业人员数 S_{10} 农产品总产量 S_{11} 农产品物流总额 S_{12} 农产品物流货运量 S_{13}
		农产品物流碳排放水平	农产品物流业的碳排放强度 S_{14} 甩挂运输发展情况 S_{15} 多式联运发展水平 S_{16} 公路里程绿化率 S_{17}
	影响	经济	农产品物流对区域经济的贡献率 I_1 农产品物流竞争力 I_2
		社会	农产品物流业就业人数占区域就业人数的增长率 I_3
		环境	对地区自然环境的影响 I_4
	响应	政策	物流企业低碳意识普及度 R_1 低碳物流政策完善程度 R_2
		人才	农产品低碳物流技术人才支撑力度 R_3
		资金	低碳物流的财政扶持力度 R_4

三、最终指标体系的形成

本书指标体系的构建遵从 DPSIR 框架，需要在此框架下进行筛选。由于包含初步指标体系中的指标具有很大的主观性，因此对指标的筛选就显得很有必要，通过 5 次小组讨论、在专家筛选法的基础上形成最终指标体系。

（一）指标筛选

1. 小组讨论

小组讨论就是把一组熟悉所需讨论问题的相关人选集中起来对该问题进行讨论分析的一种方法。由于对所讨论的内容都比较熟悉，所以相关人员对问题提出的建议具有较强的针对性。反复进行小组讨论使得指标的筛选更具精准性。

2. 专家筛选

为了更深入了解专家对初次修正指标体系的看法，可对评价指标进行隶属度分析。专家筛选法是指把已形成的初步指标体系设计成问卷调查表，请专家就他们自己的理论素养和丰富的农产品物流低碳发展领域实践经验选择指标。虽然专家的判断带有一定的主观性，但是他们自身具备丰富的实践经验、扎实的专业知识和深厚的理论素养，而且向多位专家发放问卷，综合多数专家的看法，可以化主观为客观，删除一些冗余的指标。

隶属度这一概念属于模糊数学的概念范畴。模糊数学认为，社会生活中经常碰到无法用基本数学理论来解释的模糊现象，此时经典集合论在这类情形下无法发挥作用，需要利用模糊数学进行描述与研究。农产品物流低碳发展属于一种模糊的概念，因此，本章中的农产品物流低碳发展评价指标体系整体可作为一个模糊集合，其中每个指标作为模糊集合的元素，然后进行隶属度研究。

在对第 i 个指标 X_i 进行评价时，假设总共有 M 位专家，那么专家选择的总次数为 N_i（$N \leqslant M$），N_i 表示 M 位专家中有 N 位专家认同 X_i 是农产品物流低碳发展的重要评价指标，该评价指标的隶属度为 $R_{ij} = N_i / M$。最后，根据隶属度来评判指标是否为应删指标，根据指标的隶属度原则，R_i 的临界取值点一般为 0.3，如 $R_i > 0.3$ 表示该指标在很大程度上是属于农产品物流低碳发展评价指标体系的，应予以保留，反之则需要删除。

笔者研究发现，农产品物流载货汽车总拥有量与其他指标重叠，而信息与计算机服务固定投资、科学技术财政支出在农产品物流低碳发展评价中针对性不强，这三个指标应予以删除。修正初步指标体系后，向所选取的 24 位专家发放咨询表，其中有 15 位专家是在高校从事多年农产品物流研究的教授，另外 9 位是具有 4 年以上从事农产品物流工作经验的高学历管理人员。本次调查共收回问卷调查表 20 份，构成 20 份有效征询表。根据问卷调查结果进行统计分析，确定 34 个指标的隶属度，其中有 4 个隶属度小于 0.3 的指标，包括第一产业占生产总值比率、信息化管理水平、农产品物流竞争力和农产品物流货运量。最终形成由30 个指标构成的农产品物流指标体系。

（二）最终的农产品物流低碳发展评价指标体系

综上所述，经过两次修正后农产品物流低碳发展评价指标体系比较科学合理，农产品物流低碳发展评价指标体系的确立为后续评价方法的选择提供了理论基础。最终构建的农产品物流低碳发展评价指标体系如表 4.2 所示。

表 4.2　最终的农产品物流低碳发展评价指标体系

目标	准则层	因素层	指标层
农产品物流低碳发展评价指标体系	驱动力	社会经济发展	地区生产总值 社会消费品零售总额 物流业固定投资
		信息技术环境	农产品物流信息化程度
	压力	资源消耗	农产品物流业占地面积 农产品物流业能耗
		环境排放	农产品物流业碳排放量 农产品单位物流业碳排放量

目标	准则层	因素层	指标层
农产品物流低碳发展评价指标体系	状态	农产品物流发展现状	高等级公路里程 铁路密度 农产品物流中心数量 挂车占载货汽车的比例 保鲜、冷藏仓库发展情况 低碳包装材料使用水平 农产品物流货运周转量 规模以上物流企业数量 农产品物流业从业人员数 农产品总产量 农产品物流总额
		农产品物流碳排放水平	农产品物流业碳排放强度 甩挂运输发展情况 多式联运发展水平 公路里程绿化率
	影响	经济	农产品物流对区域经济的贡献率
		社会	农产品物流业就业人数占区域就业人数的增长率
		环境	对地区自然环境的影响
	响应	政策	物流企业低碳意识普及度 低碳物流政策完善程度
		人才	农产品低碳物流技术人才支撑力度
		资金	低碳物流的财政扶持力度

第三节　模糊评判法和 DEA 相结合的定性指标定量化

　　根据上述评价指标体系，按照数据可得性、代表性、真实性和有效性等原则，以广州市为例对其农产品物流低碳发展水平进行具体评价。

　　在对定性指标定量化时，通过对农产品物流企业、农产品批发市场发放调查问卷来收集定性指标的原始数据，由于模糊评判法能较好地处理模糊性和不确定问题，而数据包络法（DEA）具有弥补模糊评判法自身主观性较强的特征。因此，本节在已有研究基础上，把基于 DEA 和模糊评判法相结合的方法将定性指标定量化。该定量化方法流程如图 4.3 所示。

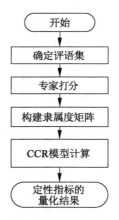

图 4.3　DEA 和模糊评判法相结合的定性指标定量化算法流程图

首先确定各个定性指标的评语集，将定性指标集合成调查表；通过给熟悉农产品物流低碳的专家和从业者发放调查问卷来收集定性指标的原始数据，让各位专家根据调查问卷要求给各个指标打分；根据回收的调查问卷数据构建隶属度矩阵。其次，根据 DEA 输入输出原则：输入变量应该选择尽量小的，输出变量要选择尽量大的。这与农产品物流低碳发展中的相对表现一致。最后，构建各个决策单元的 CCR 模型，运用 Matlab 软件计算出各自的相对表现。

一、基于模糊评判法的定性指标数据获取

本节构建的农产品物流低碳发展评价指标中，低碳包装材料的使用情况、多式联运发展水平等都是定性指标，可通过模糊评判法来获取这些指标的隶属度。具体步骤如下：

（一）制定评价等级集

$C = \{c_1, c_2, \cdots, c_k\}$ 是评价等级集，k 是等级数，一般划分为 5 个等级，如（很差、差、中、好、很好）。

（二）专家评语

专家评语是指邀请一定数量的专家根据农产品物流低碳发展实际情

况进行打分，评价每个指标的表现等级。这些专家相当了解对所需评价的农产品物流低碳发展情况和当地经济发展，熟悉社会环境和国家对农产品物流的相关政策。

（三）构建指标评价隶属度矩阵

在得到每个指标评价得分的基础上，可以得到对于第 i 年农产品物流低碳发展现状 A_i（$i=1$，2，$\cdots$，n；有 n 年的农产品物流低碳发展现状评价）。该指标体系中的评价指标 B_j（$j=1$，2，$\cdots$，l；有 l 个定性评价指标），在已制定的评价等级集 C_h（$h=1$，2，$\cdots$，k；有 k 个评价等级）上的频率分布就是隶属度 r_{ijh}。

根据模糊数学的理论，隶属度 r_{ijh} 应同时满足两个条件：

① $0 \leqslant r_{ijh} \leqslant 1$；

② $\sum_{h=1}^{k} r_{ijh} = 1 (i = 1,2,\cdots,n; j = 1,2,\cdots,l)$。

针对评价指标 B_j，n 年农产品物流低碳发展现状定性指标评价构成指标隶属度矩阵 $\boldsymbol{R}_j$（$j=1$，2，$\cdots$，l；有 l 个评价指标）：

$$\boldsymbol{R}_j = \begin{pmatrix} r_{1j1} & \cdots & r_{1jk} \\ \vdots & & \vdots \\ r_{nj1} & \cdots & r_{njk} \end{pmatrix} \tag{4.9}$$

二、基于 DEA 模型的定性指标定量化

美国运筹学家查恩斯、库伯等在 20 世纪 70 年代末提出数据包络法（DEA）。DEA 是利用多个投入指标与多个输出指标之间的比重来衡量同一类型的评价对象的效益与有效性的一种评价分析方法。

（一）DEA 适用性

DEA 模型通过多指标投入与产出之间的比例来衡量各个评价对象的相对表现。DEA 自提出以来，广泛应用于各个行业的运行效率、规模效益等方面的评价，结合定性指标评价的特点运用于评价过程中。DEA 具有其他评价方法所没有的优越性，具体表现在两个方面：

（1）本书采用模糊评判法把定性指标进行定量化，但是由于模糊评判法存在主观性，如何将由模糊评判得到的数据进行客观全面的处理是难点，也是重要的环节。DEA 方法具有避免主观因素和减少误差的特点，可以解决农产品物流低碳发展评价中模糊评判法不能解决的问题。

（2）本书结合模糊评判法，以广州市进行农产品物流低碳发展评价的各年份作为决策单元，评价针对各年各指标的相对表现。DEA 是以相对表现进行评价的评价方法，从定性指标的各年比较中得到各自的比较结果，用作后续综合评价的基础数据。

（二）DEA 变量的确定

农产品物流低碳发展评价中，有时不能明确区分成本型变量指标和效益型变量指标，因此要对指标做一定的变化。通过以下定理可以确定输入输出指标。

定理　假设有 n 个决策单元 DMU_j，有输入向量 $\boldsymbol{x}_j = （x_{1j}, x_{2j}, \cdots, x_{sj}）$，$s \geqslant 0$，输出向量 $\boldsymbol{y}_j = （y_{1j}, y_{2j}, \cdots, y_{tj}）$，$t \geqslant 0$，$j \in J = \{1, 2, \cdots, n\}$。设 DMU_{j0} 包括 $（x_0, y_0）$，则 $（x_0, y_0）$ 是 DMU_{j0} 在 DEA（CCR）中有效的充要条件，这是一个多目标规划问题（VP）：

$$V = \min （\boldsymbol{x}_1, \cdots, \boldsymbol{x}_s, -\boldsymbol{y}_1, \cdots, \boldsymbol{y}_t）$$
$$\text{s. t.}\ （x, y） \in T\ 的\ \text{Pareto}\ 有效解$$

其中，$T = \left\{（x,y） \left| \sum_{j \in J} \lambda_j x_j \leqslant x, \sum_{j \in J} \lambda_j y_j \geqslant y, \lambda_j \geqslant 0, j \in J \right.\right\}$。

根据 DEA 模型的输入输出选择准则，输入变量尽可能选择小的指标，输出变量尽可能选择大的指标。由于在评价农产品物流低碳发展现状时，指标的整体效率用好的与差的评价等级比例来表现。因此，根据定理的表达，选择很差、差及中的评价等级作为输入，选择好、很好的评价等级作为输出。

（三）基于 DEA 的定量化步骤

在运用 DEA 模型对定性指标定量化时，各个指标选取样本城市每一年的农产品物流低碳发展现状作为 DEA 模型的决策单元 DMU，包括评价指标 B_j（$j = 1, 2, \cdots, l$；有 l 个定性指标），每一年的样本城市的农产品物流低碳发展情况 A_i（$i = 1, 2, \cdots, n$；有 n 年样本城市的农产品物流低碳发展情况）。对于每个决策单元 DMU_i，输入变量 $\boldsymbol{x}_i = （x_{i1},$

x_{i2}，$\cdots$，x_{ip}），有 p 个输入变量，输出变量 $\boldsymbol{y}_i =$ （y_{i1}，y_{i2}，$\cdots$，y_{iq}），有 q 个输出变量。$p + q = k$，k 为评价等级的个数。同时输入权向量 $\boldsymbol{v} =$ （v_1，v_2，$\cdots$，v_p）^{T}，输出权向量为 $\boldsymbol{u} =$ （u_1，u_2，$\cdots$，u_q）^{T}。如对于评价指标 b_{j0}、决策单元 DMU_{i0}，其相对效率指数为

$$h_{i0,j0} = \frac{\sum\limits_{t=1}^{q} u_t\, y_{i0,t}}{\sum\limits_{s=1}^{p} v_s\, x_{i0,s}} \qquad (4.10)$$

根据式（4.10），该相对效率指数的意义是指对样本城市的农产品物流低碳发展描述 i_0，其评价指标 j_0 的综合评价结果可用好、很好的隶属度与中、差、很差的隶属度比率来表示，该综合评价结果就是样本城市的农产品物流低碳发展在评价指标 j_0 上的表现。第 i_0 个决策单元的 CCR 模型为

$$\max h_{i0,j0} = \frac{\sum\limits_{t=1}^{q} u_t y_{i0,t}}{\sum\limits_{s=1}^{p} v_s x_{i0,s}}$$

$$\mathrm{s.t.} \begin{cases} h_{ij0} = \dfrac{\sum\limits_{t=1}^{q} u_t y_{it}}{\sum\limits_{s=1}^{p} v_s x_{is}} \leqslant 1 \quad (i = 1,2,\cdots,n) \\[4mm] v_s \geqslant 0 \quad (s = 1,2,\cdots,p) \\[2mm] u_t \geqslant 0 \quad (t = 1,2,\cdots,q) \end{cases} \qquad (4.11)$$

该模型表明，针对评价指标 b_{j0}，在样本城市的农产品物流低碳发展描述为评价等级好、很好与评价等级中、差、很差之间的比率不大于 1 的情况下，该年的农产品物流低碳发展情况在评价指标 j_0 上的相对实际情况描述。通过 Charnes Cooper 变换，式（4.11）可以转变成下列模型：

$$\max h_{i0,j0} = \sum_{t=1}^{q} u'_t y_{i0,t}$$

$$\text{s. t.} \begin{cases} \sum_{s=1}^{p} v'_s x_{is} - \sum_{t=1}^{q} u'_t y_{it} \geqslant 0 & (i = 1, 2, \cdots, n) \\ \sum_{s=1}^{p} v'_s x_{i0,s} = 1 & \\ v'_s \geqslant 0 & (s = 1, 2, \cdots, p) \\ u'_t \geqslant 0 & (t = 1, 2, \cdots, q) \end{cases} \quad (4.12)$$

第四节　评价模型构建

一、评价方法的选择

对农产品物流发展水平评价的相关文献进行梳理后发现，目前所运用的评价方法可以分成两大类：定性评价和定量评价。前者包括层次分析法和模糊综合评价法等，后者主要包括主成分分析法、因子分析法和TOPSIS 法等。各种评价方法的比较如表4.3 所示。

表 4.3　各种评价方法的比较

方法	简介	优缺点
层次分析法	美国的萨蒂教授在 20 世纪 70 年代初提出层次分析法（AHP）。该方法是一种通过分解决策相关元素，构建目标、准则、方案等构成的决策矩阵，并在此基础上进行分析的决策方法。AHP 可应用于多层结构系统分析，通过各个层次中两两元素比较来确定各自的判断矩阵，计算判断矩阵的最大特征值所对应的特征向量，并将最大特征值看作各个指标的权重值，再按照权重值的大小进行排序。	层次分析评价方法的优点是只需较少的数据就可以进行方案判定，在多层评价指标权重的确定上具有很大的优势。其缺点是由于定量数据较少，缺乏说服力；当指标较多时，需要统计的数据数量多，权重不容易确定。
模糊综合评价法	模糊综合评价法是将模糊数学理念融入评价过程的一种方法。该方法以隶属度为度量获取定性指标的量化数据。其基本原理：首先制定被评价对象的指标集合和指标评价等级，在此基础上获得各个指标的权重及其隶属度向量，构建模糊评判矩阵，最终的模糊评价综合结果由模糊运算和归一化处理获得。	模糊综合评价法可以对模糊因素进行综合评价，最显著的优点是操作简单、结果明确清晰、有较强的系统性，在解决模糊的、非确定性、难以量化的问题上具有良好的适用性。其缺点包括分析过程的主观性和不能解决指标之间的冗余信息问题。

续表

方法	简介	优缺点
主成分分析法	主成分分析法是一种多元统计分析方法，首先由 Plzen K 引入非随机变量，后由 Hotelling H 推广到随机变量的统计分析方法。该方法的原理：对初始众多的相关性指标进行处理后，构建一组新的无相关性的综合指标替换初始指标。研究如何运用几个主成分指标来表现多个变量之间的内在关系，即从初始变量中凝练出几个主成分，使得这几个无相关性的变量尽可能表达初始变量的信息。	基于数学的角度分析，主成分分析法就是通过降低数据维度获得分析结果。它的优点是简化模型且消除原指标之间的相关性；同时线性系数可用作为加权处理的权数，使得分析结果科学合理。其缺点是需要较多的高要求样本数据。
因子分析法	因子分析法是由 Charles Spearman 在 1904 年提出的。基本目的是用少数几个因子去描述多个因素的信息，即将相关性较大的几个变量归在同一类中，每一类变量就成为一个因子，以较少的几个因子反映原始资料的大部分信息。其基本原理：就变量的相关性大小进行分类，相关性较大的视作同类，反之则为不同类。找出公共因子与非公共因子，然后用最少的不可测公共因子的线性函数与非公共因子之和对所研究问题的每一分量进行描述。每个公共因子都反映相关变量之间的相互关系。最后根据相互之间的关系进行分析。	该方法的优点是简捷、操作性强。缺点是对变量与数据的要求比较高，需要大量的统计数据且要求变量之间存在线性关系，工作量比较大。
TOPSIS 法	Hwang 和 Yoon 在 20 世纪 90 年代初提出了逼近理想解法（TOPSIS）。它是针对多个评价对象与理想解距离进行排序的一种多指标评价方法。该方法的基本原理：通过对原始数据进行归一化处理，确定本次评价中的最佳决策与最劣决策，再计算出每一个评价方案与最佳方案和最劣方案之间的差距，最后计算出各个评价对象之间贴近度，并作为评价对象排序的依据。	与其他评价方法相同，TOPSIS 法能最充分利用原始数据的信息，各个评价对象之间的差距能很精准地表达出来；对样本数据要求比较低，不严格要求具体样本数据的多少和分布，可用于小样本数据，也适合于大样本数据的多目标决策。它既可用于横向比较，又可用于纵向分析，还可以灵活应用在评价研究方面，具有简单的数学计算过程和客观的定量结果。

综合上述评价方法的优缺点，结合农产品物流样本数据的特点，选择以下方法作为评价农产品物流低碳发展的评价方法：

（1）选用模糊评判法和 DEA 相结合的方法将定性指标定量化。农产品物流低碳发展评价的研究和实践中，许多定性指标由于种种原因难以量化，需要运用模糊评判法来研究定性指标的量化问题。但模糊评价存在很大的主观性特点，而 DEA 可以避免主观，具有较强的包容性和使用性等优点。因此，本书选用模糊评判法和 DEA 相结合的方法来进行定性指标定量化。

（2）与其他评价方法比较，TOPSIS 法能最充分利用原始数据的信息，减少比较过程中主观因素的影响，比较符合实际中农产品物流数据不完善的特点。为了体现各个指标的强弱，需要对各指标进行赋权。为了使得赋权更加客观、科学，在确定权重时，既不能一味通过专家打分得到，也不能一味通过实际测评得到数据。一方面，实施的难度大；另一方面，也可防止产生不符合实际的情况发生。基于此，本书选取加权 TOPSIS 法作为农产品物流低碳发展评价方法。

二、指标权重的确定

一般而言，确定权重的方法可分为两种：主观赋权法和客观赋权法。前者由评价者根据主观上对各指标的关注程度来确定权重；后者运用指标数据的信息对指标权重进行赋值。

层次分析法为农产品物流低碳发展评价提供主观的权重值，虽然具有简洁明了、实用性等优点，但是也具有较强的主观性、科学依据不充足等缺陷。其与熵权法结合使用正好可以弥补该缺陷。因此，本书结合两种主客赋权方法使得权重的确定更具有科学性。其组合权重算法流程如图 4.4 所示。

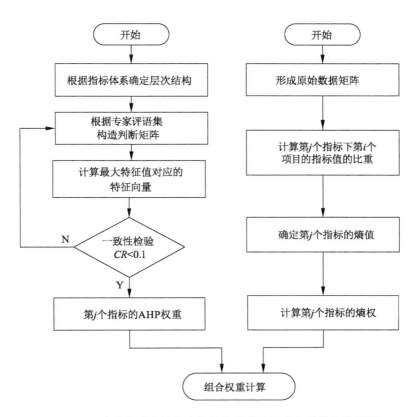

图4.4 层次分析法和熵权法相结合形成的组合权重算法流程图

（一）层次分析法

（1）确定评价的目标和评价指标。有 p 个评价指标，$u = \{u_1, u_2, \cdots, u_p\}$。

（2）构造判断矩阵。采用两两元素的比值来构建判断矩阵，两两比较后取得的比值是评价人员认为各指标的相对重要程度。各个元素之间的比较值可采用 1～9 级及其倒数来表示。具体标度和说明见表4.4。

表 4.4　判断矩阵表

标度	定义	说明
1	同样重要	两个指标对某一属性具有同样重要性
3	稍微重要	相对于某一属性比较，一个指标比另一个指标稍微重要
5	明显重要	相对于某一属性比较，一个指标比另一个指标明显重要
7	特别重要	相对于某一属性比较，一个指标比另一个指标特别重要
9	极端重要	相对于某一属性比较，一个指标比另一个指标极端重要
2、4 6、8	两相邻 判断折中	表示需要在两个标度之间折中时的定量标度
上述各 数的倒数	反比较	若指标 i 与指标 j 相比较的判断为 b_{ij}，则指标 j 与指标 i 相比较的判断 $b_{ji}=1/b_{ij}$

（3）最大特征根 ω_{max} 和特征向量 X 用方根法计算获得，用特征向量 X 表示指标的权重，也就是各个指标对整个指标体系的重要程度。

（4）一致性检验。通过式（4.13）计算得一致性指标 CI，查表得平均随机性指标 RI（表 4.5），再根据式（4.14）计算随机一致性比率 CR。当 $CR<0.1$ 时，就认为权重系数分配是合理的，反之则需要通过调整判断矩阵因素来重新分配权重值。

$$CI=\frac{\omega_{max}-n}{n-1} \tag{4.13}$$

$$CR=\frac{CI}{RI} \tag{4.14}$$

表 4.5　判断矩阵的 RI 值

数值 n	RI 值	数值 n	RI 值
1	0	6	1.26
2	0	7	1.36
3	0.52	8	1.41
4	0.89	9	1.46
5	1.12		

（5）评价一个决策优劣与否时，一般通过权系数表示各评价指标对整体决策的重要程度，记为 $\boldsymbol{a} = (a_1, a_2, \cdots, a_n)$，$\sum_{i=1}^{n} a_i = 1, a_i \geq 0, i = 1, 2, \cdots, n$。

（二）熵权法

信息论中用熵度量信息量的大小，某个指标所含的相关信息越多，表示这个指标对决策产生的影响相对其他指标（相关信息较少）要大。在评价中，以熵权的大小来判断该指标在决策中的重要程度。熵权法的主要步骤如下：

（1）共有 m 个评价对象，每个评价对象有 n 个指标，得到 m 维 n 列的原始数据矩阵 $\boldsymbol{R} = (r_{ij})_{m \times n}$。

$$\boldsymbol{R} = \begin{pmatrix} r_{11} & r_{12} & \cdots & r_{1n} \\ r_{21} & r_{22} & \cdots & r_{2n} \\ \vdots & \vdots & & \vdots \\ r_{m1} & r_{m2} & \cdots & r_{mn} \end{pmatrix} \tag{4.15}$$

式中：r_{ij} 为第 j 个指标在第 i 个项目中的评价值。

（2）获得第 i 个项目中第 j 个指标值的比重 p_{ij}。计算公式为

$$p_{ij} = \frac{r_{ij}}{\sum_{i=1}^{m} r_{ij}} \tag{4.16}$$

（3）计算第 j 个指标的熵值 e_j。其计算公式为

$$e_j = -k \sum_{i=1}^{m} p_{ij} \ln p_{ij} \tag{4.17}$$

式中：$k = -\dfrac{1}{\ln m}$。

（4）计算第 j 个指标熵权 w_j。计算公式为

$$w_j = \frac{1 - e_j}{\sum_{j=1}^{n} (1 - e_j)} \tag{4.18}$$

（三）组合赋权法

通过层次分析法和熵权法分别得到农产品物流低碳发展评价各自的

指标权重，即可对层次分析法的权重和熵权法的权重进行加权计算，最终取得农产品物流低碳发展的组合权重 W。其中，w_i 为第 i 个指标的熵权，ω_i 为层次分析法计算所得的第 i 个指标的熵权。

$$W = \frac{w_i \omega_i}{\sum\limits_i^m w_i \omega_i} \tag{4.19}$$

三、加权 TOPSIS 法

农产品物流低碳发展评价涉及很多要素，无论是科学的评价指标体系还是合理的评价方法都会影响评价结果。加权 TOPSIS 法是系统中有限方案多目标评价的一种常用评价方法，有利于系统地分析农产品物流低碳发展与理想状态的差距，分解农产品物流低碳发展问题。具体流程见图 4.5。

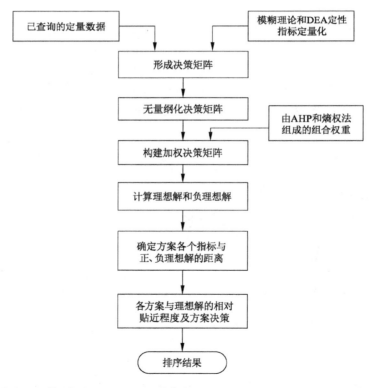

图 4.5 基于加权 TOPSIS 法的农产品物流低碳发展评价方法主流程图

（一）形成决策矩阵

假设多个评价对象的方案集为 $M = \{M_1, M_2, \cdots, M_m\}$，所对应的指标集为 $C = \{C_1, C_2, \cdots, C_n\}$，$z_{ij}$ 表示为指标 C_j 在方案 M_i 中的取值，构成决策矩阵 $\boldsymbol{Z} = (z_{ij})_{m \times n}$。

$$\boldsymbol{Z} = \begin{pmatrix} z_{11} & z_{12} & \cdots & z_{1n} \\ z_{21} & z_{22} & \cdots & z_{2n} \\ \vdots & \vdots & & \vdots \\ z_{m1} & z_{m2} & \cdots & z_{mn} \end{pmatrix} \tag{4.20}$$

（二）无量纲化决策矩阵

由于评价体系中的指标具有不同的量纲，量纲的差异会影响评价结果。因此，需要构建无量纲化决策矩阵后，再构造标准化决策矩阵 $\boldsymbol{V} = (v_{ij})_{m \times n}$。

$$v_{ij} = \frac{z_{ij}}{\sqrt{\sum_{i=1}^{m} z_{ij}^2}} \quad (i = 1, 2, \cdots, m; j = 1, 2, \cdots, n) \tag{4.21}$$

式中：v_{ij} 为第 j 指标在第 i 方案中的标准化值。

（三）构建加权决策矩阵

加权决策矩阵 $\boldsymbol{R} = (r_{ij})_{m \times n}$ 可通过标准化决策矩阵与组合权重相乘获得。

$$r_{ij} = w_j v_{ij} \quad (i = 1, 2, \cdots, m; j = 1, 2, \cdots, n) \tag{4.22}$$

式中：w_j 为组合指标权重。

（四）计算正理想解和负理想解

设第 j 个指标的正理想解为 x_j^+，负理想解为 x_j^-，则效益型指标和成本型指标的正负理想解分别为

$$x_j^+ = \max_{1 \leqslant j \leqslant n} \{r_{ij}\}, x_j^- = \min_{1 \leqslant j \leqslant n} \{r_{ij}\} \quad (i = 1, 2, \cdots, m) \tag{4.23}$$

$$x_j^+ = \min_{1 \leqslant j \leqslant n} \{r_{ij}\}, x_j^- = \max_{1 \leqslant j \leqslant n} \{r_{ij}\} \quad (i = 1, 2, \cdots, m) \tag{4.24}$$

（五）确定方案的各个指标与正、负理想解的距离

用 n 维欧式距离表示所有指标与正、负理想解 x_j^+、x_j^- 的距离。D_i^+

表示第 i 个指标与 x_j^+ 的差距，D_i^- 表示为第 i 个指标与 x_j^- 的距离，计算公式为

$$D_i^+ = \sqrt{\sum_j^n (x_{ij} - x_j^+)^2}, D_i^- = \sqrt{\sum_j^n (x_{ij} - x_j^-)^2} \quad (i = 1, 2, \cdots, m)$$

(4.25)

（六）各方案与理想解的相对贴近程度及方案决策

$$C_i = \frac{D_i^-}{D_i^+ + D_i^-} \quad (i = 1, 2, \cdots, m)$$

(4.26)

以 C_i 的大小为依据进行评价对象的排序，C_i 的值越大表示该决策在多个决策中越有优势，应尽可能倾向于该决策；反之，则认为该决策在多个决策中越有劣势，应尽量避免选择此决策。

第五节　农产品物流低碳发展评价实证：来自广州市的证据

一、数据来源

本节农产品物流低碳发展的定量指标来源于《广州统计年鉴》、《农产品物流行业分析调查报告》、《中国能源统计年鉴》、《广东统计年鉴》、《中国交通运输统计年鉴》、广州物流与供应链协会网站、广州市国土资源和规划委员会网站、广东省物流行业协会网站、广州市工业和信息化局网站、广州黄页网等。定性指标数据主要向广州惠鲜蔬果有限公司、广州市健朗物流公司、广州鑫茂物流有限公司、广州冠达冷链物流有限公司等几家农产品物流企业发放适量的调查问卷通过定量指标定量化方法获得相关的量化数据。

（一）定量指标数据获取

驱动力系统的指标都属于定量指标，具体数据见表4.6。其中，地区生产总值数据采用的是广州市该地区该年份生产活动的最终成果，从2009—2013 年的《广州统计年鉴》《广州市物流业统计报告》《中国物流年鉴》中获得。

表 4.6　2009—2013 年广州市农产品物流低碳发展评价指标驱动力指标数据

评价指标	2009 年	2010 年	2011 年	2012 年	2013 年
地区生产总值/亿元	9138.21	10748.28	12423.44	13551.21	15420.14
社会消费批零售总额/亿元	3615.77	4476.38	5243.02	5977.27	6882.85
物流业固定投资/亿元	299.5	276.9	200.8	233.9	291.4
农产品物流信息化程度/%	49.68	21.29	29.66	49.04	56.23

　　压力系统指标都属于定量指标，可通过查阅资料获得数据，具体见表 4.7。其中农产品物流业用地面积由物流中心占地面积和路面占地面积数据来代替。从《广东统计年鉴》、《中国交通运输统计年鉴》、广州市国土资源和房屋管局网站、广东省物流行业协会网站、广州市工业和信息化局网站、广州市物流与供应链协会网站、广州黄页网等中查取相关指标数据；农产品物流业能耗可以通过 2009—2013 年的《广东统计年鉴》和《广州统计年鉴》获取。

表 4.7　2009—2013 年广州市农产品物流低碳发展评价指标压力指标数据

评价指标	2009 年	2010 年	2011 年	2012 年	2013 年
农产品物流业用地面积/公顷	89.14	92.15	99.45	104.05	129.05
农产品物流业能耗/万吨标准煤	7.58	8.15	24.61	25.87	40.97
农产品物流业碳排放量/万吨	18.65	20.05	60.54	63.89	100.79
农产品单位物流业碳排放量/吨	0.05	0.07	0.13	0.12	0.11

　　农产品物流业碳排放量借鉴 IPCC 提出的计算公式 $C = E\delta$（E 为农产品物流消耗量，δ 为能源的二氧化碳排放系数）和中国国家发展和改革委员会办公室发布的《省级温室气体排放编制指南》给出的参考碳排放系数得到；农产品单位物流业碳排放量的计算公式为 $C_D = C_z/Q$（C_z 为农产品物流业碳排放总量，Q 为农产品货运总量）。

　　状态系统指标由定性指标和定量指标两类指标构成，其中定性指标数据通过专家调查问卷获得，剩余的定量指标数据通过查阅相关资料获得。高等级公路里程、铁路密度、挂车占载货汽车比例、农产品总产

量、农产品物流业从业人数、农产品物流货运周转量等数据均来自
2009—2013 年《广州统计年鉴》《中国交通运输统计年鉴》《广东统计
年鉴》；农产品物流中心数量数据通过广东省物流行业协会网站和电话
咨询等获得；规模以上的农产品物流企业数量数据来自广州黄页网。农
产品物流碳排放强度的计算公式为

农产品物流碳排放量 = 农产品物流业产值/碳排放量

其中，农产品物流业产值数据来自 2009—2013 年的《广州统计年鉴》、
产业研究报告网、中国物流与采购网等。

影响系统指标由定性指标和定量指标两类指标构成，其中定性指标
数据主要通过专家调查问卷获得，定量指标数据经查阅相关资料获得
（表 4.8）。农产品物流总额对地区经济的贡献率数据来自 2009—2013 年
《广州统计年鉴》。

表 4.8　2009—2013 年广州市农产品物流低碳发展评价指标影响定量指标数据

样本年份	对区域经济的贡献率/%	就业人数占区域就业人数的增长率/%
2009	1.71	0.3
2010	2.18	0.03
2011	1.66	0.04
2012	2.10	0.07
2013	3.10	0.13

响应系统指标都属于定性指标，相关数据通过专家调查问卷获得。

（二）定性指标数据获取

根据所构建的评价指标体系，邀请广州惠鲜蔬果有限公司、广州市
健朗物流公司（十大农产品物流公司）等几家规模较大的、代表性较强
的农产品物流企业领导，以及农产品物流领域的专家等人员共 20 名，
在充分了解和阅读相关资料的基础上，对广州市 2009—2013 年的农产品
物流低碳发展评价的定性指标进行打分。然后按照式（4.11）和式
（4.12）构建所需的 DEA 模型。运用 Matlab 求解得到各个指标各年广州
市农产品物流低碳发展的相对表现，见表 4.9。

表 4.9　定性指标相对表现

相对表现	2009 年	2010 年	2011 年	2012 年	2013 年
保鲜、冷藏仓库发展情况 b_1	0.78	0.97	0.99	1.00	1.00
低碳包装材料使用 b_2	0.45	0.49	0.78	0.88	1.00
甩挂运输发展情况 b_3	0.50	0.57	0.82	0.88	1.00
多式联运发展水平 b_4	0.47	0.32	0.45	0.63	1.00
对周围环境的影响 b_5	0.85	0.87	0.77	0.99	1.00
物流企业低碳意识普及度 b_6	0.64	0.79	0.72	0.91	1.00
低碳相关政策完善程度 b_7	0.46	0.49	0.78	0.88	1.00
物流财政扶持力度 b_8	0.66	0.75	0.75	1.00	1.00
低碳物流技术人才的支撑力度 b_9	0.50	0.57	0.82	0.88	1.00

二、指标权重的确定

（一）利用层次分析法确定主观权重

这里利用层次分析法确定各指标的主观权重，发放专家问卷确定判断矩阵。向 20 名农产品物流相关领域的专家发放调查问卷，最终确定农产品物流低碳发展指标的递进层次结构及各指标的判断矩阵 A、D、P、S、I、R。通过计算得到 A 的最大特征根 $\omega_{max} = 5.127$，然后得到一致性指标 $CI = 0.03175$，通过查表获得修正系数为 $RI = 1.12$，最终计算一致性比率 $CR = 0.0283 < 0.1$，符合一致性检验的要求，从而获得一级指标权重向量 $\omega_A = (0.154, 0.154, 0.346, 0.154, 0.192)$。

类似地，按照上述步骤计算上级指标的具体数据，计算一致性比率，并且这些比率数值均不超过 0.1，满足一致性检验。可得 30 个指标相对应指标的权重向量为

$$\omega_D = (0.034, 0.031, 0.046, 0.046),$$
$$\omega_P = (0.034, 0.041, 0.040, 0.040),$$
$$\omega_I = (0.043, 0.052, 0.059),$$
$$\omega_R = (0.050, 0.042, 0.050, 0.050),$$
$$\omega_S = (0.018, 0.025, 0.021, 0.022, 0.018, 0.025, 0.014, 0.022,$$

0.014，0.025，0.025，0.320，0.025，0.025，0.019）

（二）利用熵权法确定客观权重

将广州市的相关数据进行标准化，得客观矩阵 $\boldsymbol{R_D}$、$\boldsymbol{R_P}$、$\boldsymbol{R_S}$、$\boldsymbol{R_I}$、$\boldsymbol{R_R}$。

计算所有的熵值、熵权值。受篇幅的限制，这里以驱动力指标为例求解。

$$H_{D1} = -k \sum_{j=1}^{n} f_{1j} \ln f_{1j} = 0.804$$

同理可得驱动力指标其余的熵值为 $H_{D2} = 0.802$，$H_{D3} = 0.820$，$H_{D4} = 0.808$，所以驱动力指标的熵权向量为 $\boldsymbol{w_D}$ = （0.189，0.259，0.235，0.25）。同时可得压力、状态、影响和响应的各指标的熵权向量为

$$\boldsymbol{w_P} = （0.188，0.224，0.224，0.364），$$
$$\boldsymbol{w_I} = （0.470，0.274，0.256），$$
$$\boldsymbol{w_R} = （0.310，0.163，0.399，0.128），$$
$$\boldsymbol{w_S} = （0.066，0.078，0.100，0.036，0.034，0.065，0.040，$$
$$0.052，0.049，0.045，0.071，0.056，0.129，0.125）$$

（三）组合权重的计算

在得到主观权重和客观权重后，可计算驱动力系统中所有指标的组合权重。

$$W'_{D1} = \frac{w_{D1}\,\omega_{D1}}{\sum_{i=1}^{4} w_{Di}\omega_{Di}} = 0.177，\quad W'_{D2} = \frac{w_{D2}\,\omega_{D2}}{\sum_{i=1}^{4} w_{Di}\omega_{Di}} = 0.223，$$

$$W'_{D3} = \frac{w_{D3}\,\omega_{D3}}{\sum_{i=1}^{4} w_{Di}\omega_{Di}} = 0.290，\quad W'_{D4} = \frac{w_{D4}\,\omega_{D4}}{\sum_{i=1}^{4} w_{Di}\omega_{Di}} = 0.309$$

运用同样的步骤得余下的所有指标的组合权重向量：

$$\boldsymbol{\omega'_P} = （0.172，0.234，0.220，0.373），$$
$$\boldsymbol{\omega'_I} = （0.409，0.285，0.306），$$
$$\boldsymbol{\omega'_R} = （0.320，0.140，0.408，0.132），$$

$$\omega_S' = (0.05, 0.09, 0.10, 0.03, 0.03, 0.07, 0.03,$$
$$0.05, 0.03, 0.06, 0.05, 0.10, 0.06, 0.15, 0.10)$$

依据熵的可加性，得目标层的熵权值 $\omega_A = (0.186, 0.199, 0.209,$ $0.208, 0.198)$。结合主观权重，得目标层的最终权重 $\omega_A' = (0.142,$ $0.14, 0.37, 0.159, 0.189)$。准则层的最终权重向量为

$$\omega_P'' = (0.02, 0.03, 0.03, 0.05),$$
$$\omega_D'' = (0.142, 0.14, 0.37, 0.159, 0.189),$$
$$\omega_I'' = (0.07, 0.05, 0.05),$$
$$\omega_R'' = (0.06, 0.03, 0.08, 0.03)$$
$$\omega_S'' = (0.02, 0.03, 0.04, 0.01, 0.01, 0.03, 0.01, 0.02,$$
$$0.01, 0.02, 0.02, 0.04, 0.02, 0.05, 0.04)$$

三、评价模型的应用

（一）建立加权决策矩阵

首先，根据广州市农产品物流数据形成决策矩阵 Z。

$$Z = \begin{pmatrix} 9138.21 & 3615.77 & \cdots & 0.464 & 0.664 \\ 10478.28 & 4476.38 & \cdots & 0.448 & 0.755 \\ 12423.44 & 5423.02 & \cdots & 0.784 & 0.755 \\ 13551.21 & 5977.27 & \cdots & 0.878 & 1 \\ 15420.14 & 6882.65 & \cdots & 1 & 1 \end{pmatrix}$$

其次，经式（4.20）处理，得到无量纲化决策矩阵 V。

$$V = \begin{pmatrix} 0.328 & 0.302 & \cdots & 0.275 & 0.351 \\ 0.386 & 0.373 & \cdots & 0.290 & 0.399 \\ 0.446 & 0.437 & \cdots & 0.465 & 0.399 \\ 0.487 & 0.499 & \cdots & 0.521 & 0.528 \\ 0.554 & 0.574 & \cdots & 0.593 & 0.528 \end{pmatrix}$$

最后，根据式（4.21）计算可得加权决策矩阵 R。

$$R = \begin{pmatrix} 0.006 & 0.009 & \cdots & 0.022 & 0.011 \\ 0.008 & 0.011 & \cdots & 0.023 & 0.012 \\ 0.009 & 0.013 & \cdots & 0.037 & 0.012 \\ 0.010 & 0.014 & \cdots & 0.042 & 0.016 \\ 0.011 & 0.017 & \cdots & 0.047 & 0.016 \end{pmatrix}$$

（二）计算各个评价对象的相对贴近度

通过式（4.22）和式（4.23）计算得到正理想解和负理想解。根据式（4.24）分别得到评价对象与正理想解的距离 $D^+ = $ （0.121, 0.114, 0.090, 0.068, 0.069），评价对象与负理想解的距离 $D^- = $ （0.041, 0.060, 0.079, 0.087, 0.109），通过式（4.25）计算出相对贴近度 $C = $ （0.254, 0.345, 0.465, 0.56, 0.612）。

四、广州市农产品物流低碳发展评价结果分析

根据广州市 2009—2013 年农产品物流发展相关数据，通过加权 TOPSIS 法计算，得到广州市农产品物流低碳发展的评价结果，具体如下：

（一）整体低碳发展水平分析

广州市农产品物流低碳发展理想解 D^+、D^- 的发展态势如图 4.6 所示。广州市连续 5 年的农产品物流低碳发展整体上表现为上升态势，具体表现为与正理想解之间的距离越来越小，并且渐渐偏离负理想解。由图 4.7 广州市农产品物流贴近度 C 发展态势可知，自 2009 年开始，贴近度 C 一直处于逐步上升状态，贴近度由 2009 年的 0.4996 提高到 2013 年的 0.6199，增长了 0.1203。其中 2009—2012 年农产品物流低碳发展进程较为缓慢，尤其是 2010—2011 年低碳发展趋势出现波动，这与广州市农产品物流规模急剧扩张、占用资源较多、规划不合理、低碳理念的宣传力度不够等有较大关系；2012 年以来，随着低碳理念的认知度加深和农产品物流低碳发展所带来的额外利益，企业开始关注低碳发展，重视资源环境因素对企业发展的限制，农产品物流低碳发展程度逐步提升。2012 年以来，贴近度 C 一直处于逐步上升状态，表示农产品物流低碳发展水平得到明显发展，随着环境生态形势的恶化低碳环保意识的逐

步增强，政府与业界开始重视农产品物流低碳发展，广州市农产品物流低碳发展水平正逐步提高。

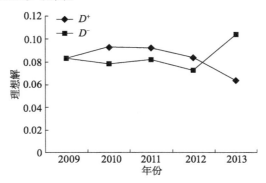

图 4.6　广州市农产品物流低碳发展 D^+、D^- 的发展态势

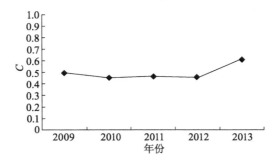

图 4.7　广州市农产品物流低碳发展贴近度 C 的发展态势

然而，近年来广州市农产品物流低碳发展仍不容乐观，发展水平提升有限。其中，农产品物流低碳发展未得到根本好转，农产品物流碳排放强度较高；农产品物流发展水平与国外相比仍有很大的差距；多式联运水平发展水平较为落后；绿化率还没有实现全铺盖；等等。诸多问题十分明显，农产品物流低碳发展水平与国外发达国家还有很大的差距，今后一段时间内，在大力推进低碳发展战略和深入发展低碳农业的形势下，进一步加大农产品物流低碳发展力度，积极推进农产品物流发展与环境保护的协调将成为广州市农产品物流发展中重点关注的内容。

（二）各子系统低碳发展水平分析

各个子系统的低碳发展水平如图 4.8～图 4.10 所示。

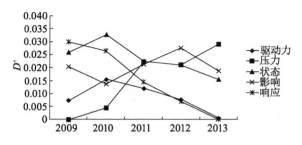

图4.8 各子系统的 D^+ 变化趋势

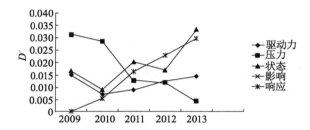

图4.9 各子系统的 D^- 变化趋势

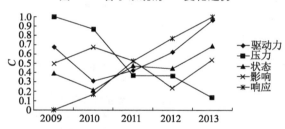

图4.10 各子系统的贴近度 C 变化趋势

驱动力子系统中表现为与正理想解的距离 D^+ 变小，并渐渐靠近正理想解；而与负理想解的距离 D^- 变大，并渐渐远离负理想解。农产品物流趋于向低碳发展，贴近度在整体上呈现出上升趋势，由2009年的0.6746上升到2013年的0.9632，这与近几年来广州市经济和物流技术快速发展密切相关。近年来，广州市经济取得快速发展，GDP由2009年的9112.76亿元增加到2013年的15420.14亿元；信息化水平显著提高，国际互联网用户数从2009年的14.96万户发展到2013年的56.25万户。这给农产品物流低碳发展提供了坚实的经济和信息技术支撑，带动农产品物流低碳发展的驱动力系统呈上升发展态势，推动广州市农产品物流低碳发展朝好的发展方向发展。

压力子系统中表现为与正理想解的距离 D^+ 变大，并渐渐远离正理想解；而与负理想解的距离 D^- 变小，并渐渐靠近负理想解。农产品物流低碳发展压力越来越大，这是社会经济高速发展的后果，近几年来广州市的经济发展和物流信息技术水平不断提高，在驱动农产品物流低碳发展的同时，也背负了沉重的压力，建设物流基础设施占用大量土地、货车尾气排放等问题十分明显，对周围环境造成严重的负面影响。在保持农产品物流快速发展的同时，减轻其对环境的负面影响，将成为广州市农产品物流低碳发展的聚焦点。

整体来看，状态系统从 2009 年到 2013 年 D^+ 逐渐变小，D^- 逐渐变大。状态系统数据显示，广州市的农产品物流低碳发展状况得到了提高。其贴近度呈现波动上升趋势，从 2009 年的 0.39 到 2013 年的 0.68，其中 2013 年的状态最好。2011 年贴近度降低，主要与 2009 年和 2010 年的物流企业盲目发展相关，2011 年广州市的农产品物流市场趋于稳定，2013 年贴近度上升到 0.6847，从侧面反映了在 2013 年前政府所采取的低碳物流相关政策相当有效。

影响系统中 D^+ 表现出越来越接近正理想解的势态，而 D^- 表现为逐渐偏离负理想解。由于状态系统的波动发展，这些变化也体现在影响系统中，但是该变化在影响系统中表现出延时性，即 2011 年状态系统贴近度开始下降，但在影响系统中在 2012 年才表现出来。随着农产品物流低碳发展水平的提高，其对地区环境与经济的正面影响也将越来越凸显。

随着近年来环境问题日益凸显，人们的低碳意识明显增强，农产品物流业低碳发展已经受到社会各界的重视。广州市加大低碳发展的力度，出台了一系列农产品物流低碳发展的相关政策，加大了环保治理投入。污染治理水平的明显提高，带动了响应系统的低碳发展状况。

第五章 低碳经济视角下农村物流系统分析

农村物流系统由与农村经济生活有关的若干组成部分结合而成，是具有特定功能的有机整体，可为农村生产、生活和其他经济活动提供物流支持和服务。

第一节 低碳经济视角下农村物流系统简介

一、低碳经济视角下农村物流系统的一般规律

（一）低碳经济视角下农村物流系统是客户服务的产物

通常情况下，农村物流属于第三产业，为消费者或客户提供货物运输和仓储服务是其主营业务，提高服务质量、效率和低碳行为是低碳经济视角下农村物流系统的关键。

（二）低碳经济视角下农村物流服务与物流成本之间的关系

低碳经济视角下的农村物流系统中存在效益悖反现象。首先，农村物流系统中物流活动之间存在效益悖反，例如仓储中心的减少造成运输线路的增多；其次，物流服务与物流成本之间也存在效益悖反；最后，农村物流中的环境效益和经济效益存在效益悖反。因此，如何实现系统整体效益最优是低碳经济视角下农村物流系统研究的关键点。

（三）高水平农村低碳物流服务必然导致高成本

低碳经济视角下农村物流系统在原本只追求效益的基础上增加了低

碳约束，追求低碳与优质服务的相应代价是农村物流成本的提高，且当农村低碳物流服务处于高水平时，成本增加但物流服务水平不一定能按相应比例提高。

二、建立低碳经济视角下农村物流系统的目的

建立低碳经济视角下农村物流系统的目的主要是厘清农村物流系统的结构和因果关系，获得宏观和微观经济效益，以便进行农村物流系统的管理。

宏观经济效益是指建立考虑低碳经济的农村物流系统对整个社会的经济效益的影响。农村物流系统仅是整个社会的一个子系统，其作为子系统对整个社会的商品流通、经济发展和环境变化均存在一定的影响。微观经济效益是指农村物流系统本身运行后所获得的企业效益。考虑低碳经济的农村物流系统下的物流企业是支撑载体，物流企业通过有效组织"物"的流动为客户提供物流服务，降低物流运营成本的同时，减少碳排放量。

低碳经济视角下农村物流系统所要实现的目标是多个并存的，需要尽量同时实现客户服务、时效性、节约性、规模化、节能减排等目标。基于这些目标，农村物流系统的管理不仅受空间、时间等因素的约束，还要注重系统的输出结果、权衡变量之间的关系，并依次有序地对各要素进行管理。

三、低碳经济视角下农村物流系统的设计角度

低碳经济视角下农村物流系统的设计以实现基本目标为目的，有两种形式的设计，一是需要做出重大变革，重新设计一个农村物流系统，这一般发生在进入新的领域或区域时；二是不需要做出重大变革，在现有基础上改善农村物流系统，即现有的物流系统中存在某种缺陷，会造成较高的局部物流成本或较低的物流服务水平等问题，此时需要进行农村物流系统的改善。

低碳经济视角下农村物流系统的设计和管理，不仅要考虑基本农村物流系统的设计和管理问题，而且要考虑低碳经济背景为农村物流系统带来的并发问题。因此，应从以下几个方面进行考虑：

1. 服务性（Service）

提高服务水平，保证物流服务过程中无缺货、无丢失、无损伤、低费用等。

2. 快捷性（Speed）

保证物流服务的快捷性，按照客户要求将指定的货物在指定的时间送到指定的地点，其中指定的时间非常重要。

3. 空间节约性（Space saving）

空间和土地资源具有稀缺性和宝贵性，土地资源的费用不断增加，因此应该对有限的空间和土地资源进行充分有效的利用，采用立体设施和相关物流机械实现空间节约利用。

4. 规模适当化（Scale optimization）

要考虑农村物流基础设施设备等的规模是否合理，如物流设施的集中与分散是否适当，机械化与自动化程度是否合理，情报系统的集中化所要求的计算机等设备的利用是否恰当。

5. 库存控制（Stock control）

库存的控制有益于成本的节约，过多库存将导致仓储设施增加，进而导致库存资金积压，造成浪费，因此，根据流通的需求变化对库存进行控制具有必要性。

6. 低碳行为（Low-carbon behavior）

物流的碳排放是无法回避的问题，近年来农村经济的发展促进了农村物流量的增长，也导致了碳排放量的不断增加，这与当前中国倡导的低碳经济相违背。因此，农村物流需要向低能耗、低污染、低排放的低碳发展模式转变。

低碳经济下农村物流系统的设计要经历4个阶段，分别是问题的定义、数据的分析、系统的选择和最终设计的完成。以上物流系统化的内容（5S+1L）可以发挥物流系统化的效果，具有必要性。总的来说，低碳经济下的农村物流系统设计要缩短物流路线，实现节能减排，促进物流作业合理化、现代化，最终降低其总成本并提高物流的低碳性。

四、低碳经济视角下农村物流系统的成本

低碳经济视角下农村物流系统成本的影响因素包括地理环境、运输产品、空间关系、政策法规和效益悖反。地理环境对低碳经济视角下农村物流系统成本的影响不容忽视，区域内的河流、山脉、森林、湿地、滩涂、冰原等都会造成不同的地貌，也使得低碳经济视角下农村物流系统的成本产生不同的变化，如拥有适合水路运输的河流的农村区域与处于高山群中的农村区域之间必然具有不同的物流运输成本。运输产品对低碳经济视角下的农村物流系统也有一定的影响，如产品的密度决定了物流能耗的程度，是影响物流系统成本的一个重要因素，而产品的易破损程度和产品的特殊搬运要求则会使成本增加，因为需要额外的运输包装或需冷藏运输。

空间关系是低碳经济视角下农村物流系统成本的重要影响因素之一，例如物流网点、供应点的定点选址等。定点选址与运输距离息息相关，定点选址的优劣决定运输距离的长短，进而决定运输成本的高低，可见，距离因素和空间因素对运输成本、物流总成本的影响很大。政策法规是政府为了防止市场混乱和某一特定目的而制定的，营业税的税率也会使低碳经济视角下农村物流系统成本增加。同样，碳减排政策的实施会使农村物流系统碳排放的负外部性内化，使其为自身的碳排放付出代价，也会增加其成本。效益悖反是低碳经济视角下农村物流绕不开的话题，这里需要注意的是，所谓效益悖反是指同一资源（如成本）的两个方面处于相互矛盾的关系之中，想要较多地达到其中一个方面的目的，必然使另一方面的部分目的受到损失。这些系统之间存在着"效益悖反"，因而物流系统就是以成本为核心，按最低成本的要求，使整个物流系统化。也就是说，物流系统就是要调整各个分系统之间的矛盾，把它们有机地联系起来形成一个整体，使成本降到最小以追求和实现部门的最佳效益。

第二节 低碳经济视角下农村物流系统的基本要素

一、劳动者要素

劳动者要素是低碳经济视角下农村物流系统的核心要素。劳动者是整体系统运行的关键，不仅规划设计了整个系统，也控制和监督着系统的运行。农村物流业的从业人数较少且大多是非专业人员，因此，为了构建低碳经济视角下农村物流系统并使之有效运转，提高劳动者的素质和数量是必不可少的。

二、资金要素

资金要素可理解为资金流，与农村物流系统紧密相连。它既是其服务的目的，也是其提供服务所需要的媒介。从低碳经济角度看，农村物流各方面的建设是资本投入的一大领域，适合农村物流的低碳金融系统的建立也是保证农村物流系统可持续发展的关键，如果离开资金这一要素，低碳经济视角下农村物流系统就很难正常运行。

三、物质要素

建立和运行低碳经济视角下的农村物流系统，需要大量技术装备手段，这些装备手段就是物质要素。物质要素的结构和配置决定了系统的合理性及物流效率。此外，低碳经济视角下的农村物流从根本上来说，就是低碳排、高效率、低污染的物品流通。而物品也属于物质要素，大致可以分为农用物资、日用生活消费品、农产品和可回收资源。

四、信息要素

信息要素在低碳经济视角下的农村物流系统中起着记录、反馈、预测、引导等作用，伴随着整个系统的运行而发生并贯穿始末，记录并反馈整个系统活动的同时对其发展方向起到预测和引导作用，并有效地控制整体物流的活动。

五、低碳要素

低碳要素具体包括制度理念、科学技术和意识行为。其作用是在减少碳排放的同时，还能促进农村物流和农村经济的可持续发展。通过合理高效的管理方法来引导农村物流的各项环节向低碳化转型。

第三节　低碳经济视角下农村物流系统的构成

一、低碳经济视角下农村物流系统的硬件基础

低碳经济视角下农村物流系统与一般物流系统一样，也需要物质技术作为硬件基础。其硬件基础主要包括以下几类：

（一）物流基础设施

作为低碳经济视角下农村物流系统运行的基础物质，物流基础设施包括农村道路、农村物流站点、仓库或粮仓、港口、铁路、农产品商贸流通市场等。

（二）物流装备条件

物流装备条件能够在一定程度上影响物流系统运作的效率，包括仓库货架、存储设备、进出库设备、加工设备、运输设备、低碳设备等。

（三）物流工具

物流系统运行中所需要的辅助性设施包括包装工具、维护保养工具、办公设备等。

（四）信息技术

低碳经济视角下农村物流系统信息技术在对农村物流活动起指导和控制作用的同时，还能对物流活动过程中的碳排放进行规划，加快农村物流运行的过程，增加农村物流效率，减少碳排放量以达到低碳化。

二、低碳经济视角下农村物流系统的软件支撑

与硬件基础一样，软件支撑也是低碳经济视角下农村物流系统中不可或缺的一部分，软件支撑主要用于协调硬件基础使其更好地运作。

（一）体制和制度

体制和制度是物流系统的重要支撑，能直接影响物流系统的组织、结构和管理。而重新制定和改善物流系统的体制和制度则能促进其发展，提高运营效益。因此，可以通过体制和制度将低碳经济理念融入农村物流系统。

（二）法律和法规

正确的法律法规具有指导和警示作用，能确定相应的权利和义务。物流系统的运行应遵循和符合相应的法律、规章制度。在市场经济条件下，健全的法律和法规体系是农村物流得以正常运行的前提。

（三）组织及管理

组织和管理可以分为宏观的国家层面和微观的企业层面。就宏观层面来说，以确保国内物流经济活动高效运行和国际贸易流通正常化为前提，正确引导物流产业的发展方向并减少对环境的污染、降低温室气体的排放。微观层面则是通过组织和管理来促进企业发展，为农村提供更好的物流服务并向低碳化转型。

（四）标准化

标准化能提高物流系统的经营效益和秩序，是实现物流系统与外部系统顺畅连接的技术保证。农产品的结构、种类、性质等特点的多样性使得农村物流的标准化具有复杂性。此外，各物流环节中的碳排放量的测量也由于运输载具、物流设备、加工等要素的多样性而使得标准化的制定更加复杂。

三、低碳经济视角下农村物流系统的市场

要想使得农村物流系统正常运作，市场是必不可少的。一个完善的市场包括主体、客体、载体和中介组织。

（一）主体

市场主体是指农村物流系统运行的相关政府、机构、组织、个人等。进一步地，农村物流系统的市场主体又可以按照供需分类，划分成物流服务的需求方和物流服务的提供方。

（二）客体

市场客体是指农村物流系统中的农产品、农用物资、日消费品和再生资源或废弃物等，以及相应产生的所有位移、服务等。

（三）载体

市场载体是指承载场所和相关基础设施设备，为农村物流系统的相关主体和客体提供支撑，主要包括运输、仓储、低碳处理、信息传播等

基础设施，以及运输、仓储、包装、装卸搬运等设备工具。

（四）中介组织

中介组织是指农村物流市场中的相关行业协会，以及能够为物流市场主体提供服务的一些中介公司。

第四节　低碳经济视角下农村物流系统的主要功能和环节

一、主要功能

根据系统的定义，任何系统都包含输入、处理、输出、反馈和控制五大功能，低碳经济视角下农村物流系统也不例外，相应的系统运行模式如图5.1所示。

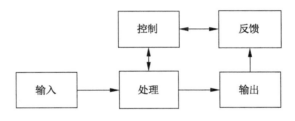

图5.1　系统的运行模式

（一）输入功能

就一般系统而言，输入是指外部环境向系统内部输送劳动力、能源、资源、信息等系统运行所必需的元素。在农村物流系统中，输入功能主要是将劳动力、设备设施、农用物资、资源等元素输送至农村物流系统的各个环节。

（二）处理功能

处理功能是指系统对输入的所有元素进行解析转化。在农村物流系统中，处理功能主要是将输入的所有元素合理分配并应用到所需的地方，如物流设施设备的建设、物流业务的活动、信息处理和管理工作等。

（三）输出功能

输出是指将系统经过处理后形成的结果输送到外部环境中。在农村物流系统中，输出功能主要是指提供产品位置与场所转移、各种劳务服务和信息等。

（四）反馈功能

反馈功能在一般系统中主要用于检测输出的结果，对可能偏离预期目标的结果进行分析，研究其发生的原因。在农村物流系统中，反馈功能主要是指物流活动分析报告、统计数据、市场信息等。

（五）控制功能

控制功能在一般系统中是根据反馈功能的信息对系统进行调整和控制，使系统能够更好地运行，使输出结果达到预期目标。在农村物流系统中，控制功能除包括根据反馈功能的信息对系统进行控制外，还有根据环境、市场、资源、政策等外界因素对系统的约束和控制。

二、主要环节

农村物流系统的功能是指在整个农村物流运行的过程中，以保障货物运输畅通为前提的基本环节与能力，但从低碳经济视角出发则在考虑经济因素的基础上还应将环境因素纳入衡量范畴。因此，低碳经济视角下的农村物流系统一般包括如下 7 个主要环节。

（一）运输环节

中国各地农村发展不均衡，运输方式也不尽相同，但就整体而言，运输以燃油船、拖拉机、农用运输车、中小型货车等为主。从低碳经济视角出发的农村物流运输环节强调，在尽可能发展农村物流的同时，因地制宜地对各个农村的交通运输系统进行规划布局，拓宽运输量较大的交通网络，精简使用率低的交通网络，形成多元化的交通运输网络，提高运输效率，提升绿色和低碳运输所占的比例。

（二）仓储环节

农村物流中特殊仓库所占比重较大，并以粮仓和农产品冷库为主。低碳经济视角下农村物流仓储环节中最重要的地方在于合理的仓库选址，能有效降低运输成本并保证农产品的鲜活性与农用物资的时效性。其次，仓库的内部规划和进出库流程要合理，降低成本，尽可能避免不必要的损耗。此外，仓库的设备和建设材料也十分重要。对粮仓而言运输机和通风设备的低碳化与效率提升和对冷库来说建设仓库的低碳保温材料、制冷机的制冷能耗降低，都是实现低碳经济的重要途径。

（三）流通加工环节

物品进入流通领域后，按照客户的要求进行加工活动，如分割、计量、分拣、刷标志、拴标签、组装等。一般而言，初级农产品的价值较低且不易运输，因此进行一定的加工不仅可以为农产品提高附加值也可以减少运输损耗，在流通加工的过程中也要求实现低碳化，应使用低能耗的运输工具、提高运输效率和车载率以避免不必要的浪费。

（四）包装环节

用纸质材料代替木质、塑料、金属等材料是低碳包装的核心，同时提高废弃外包装的回收率，引进和研发更高效的纸板制造和低碳包装技术，避免不必要的资源浪费，降低碳排放量。目前，国内包装的主流是以纸代木，通过废纸的循环利用来实现低碳包装。

（五）装卸搬运

装卸搬运有时也被称为"装卸"或"搬运"，它们包含"装卸搬运"的完整含义。装卸就是指在同一地域范围内（如工厂范围、仓库内部等）"物"的存放、支承状态的活动的改变；搬运就是指"物"的空间位置的活动的变化。低碳经济视角下的农村物流装卸搬运需要低碳排放的工具的参与，例如采用清洁能源的装卸搬运工具——电动叉车、电动升降板等。

（六）废弃物回收环节

从狭义的角度看，废弃物回收是指对在货运中所产生的正常损耗和非正常损耗所产生的废弃物进行减量化和循环利用。从广义的角度看，农业生产阶段、产品包装阶段、消费者消费阶段等所产生的废弃物的处理也属于此范围。

（七）信息处理环节

物流系统的信息可分为内、外两种。物流系统的内部信息是指与物流活动有关的伴随物流活动而发生的信息；物流系统的外部信息是指在物流活动以外产生的但在物流系统运行时所需求的信息。从低碳经济视角出发，前者可用于对农林牧渔等初级农产品的相关物流信息进行记录并选择更优方案来提升效率、减少不必要能耗，后者通过农村电商、农产品销售平台等媒介为需求方和供给方提供交流平台。

第五节　低碳经济视角下农村物流系统的主要子系统及分析

以低碳经济视角下农村物流系统的基本要素、构成、功能和环节为基础，本节将低碳经济视角下农村物流系统分为城乡商贸供需、物流碳排放、农村物流经济三个主要子系统。其中，城乡商贸供需是农村物流产生的根本，而实现物流服务的过程中各环节产生的二氧化碳则是低碳经济所关注的重点，且农村经济、农村物流和环境之间都会相互影响。

一、主要子系统

（一）城乡商贸供需子系统

该系统由两对以农村为中心商贸的供需关系组成。其中，农村对日用消费品和农用物资的需求，是指农村为了日常生活和农业生产对城镇所提供的日用消费品和农用物资的需求。城镇日用消费品和农用物资的供给，是指将城镇生产的日用消费品和农用物资提供给农村。农村农产品的供给，是指农村生产的农林牧渔类的农产品向城镇销售。城镇对农产品的需求，是指城镇对农村生产的农产品的需求。具体如图 5.2 所示。

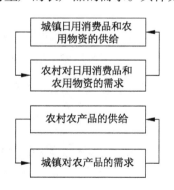

图 5.2　城乡商贸供需子系统

（二）物流碳排放子系统

该系统包括农村区域货物运输量、货物仓储、农产品加工、农产品包装和物流碳排放量。其中各项物流活动所需的能耗均会产生不同程度的碳排放量，而且乡镇政府为响应国家政策所制定的一系列节能减排措施也会影响物流活动所产生的碳排放量，如图5.3所示。

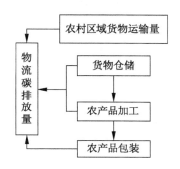

图5.3 物流碳排放子系统

（三）农村物流经济子系统

该系统是由农村货运需求量、农村货运综合供给能力、农村经济、农村区域货物运输量和运输短缺构成。其中，农村货运需求量是农村社会活动的派生性需求，经济活动需求的产生引起农村货运需求的产生。农村货运综合供给能力是指农村物流系统所拥有的能够服务于货物运输的总体运输生产力，包括两类：一类是通过能力，即在一定的方向、运输线路和区段上能够承载最大的运输设备量的通行能力；另一类是运输能力，指在一定的方向、运输线路和区段上运输设备的能够载货的最大运输量。农村区域货物运输量是指在各项约束条件下，农村区域实际的货物运输量。运输短缺是指物流供给小于物流需求所造成的状况，如图5.4所示。

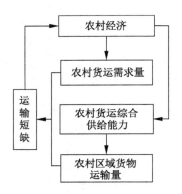

图 5.4　农村物流经济子系统

二、主要子系统的作用分析

从低碳经济视角出发，根据农村物流的现有状况找出各个子系统之间的影响因素并解析相应的作用，如图 5.5 所示。

（一）农村物流经济子系统的作用分析

在这个系统中，农村货运需求量受到各项农村社会经济活动的影响，即农村经济和农村货运需求量之间存在非线性关系。农村货运需求量和农村区域货物运输量的差值就是运输短缺（若供给大于需求则造成运输产能过剩），运输短缺会反过来对农村经济产生影响。农村经济可通过对物流的物质基础要素进行的投资来提高农村货运综合供给能力。

对于其他子系统来说，由于农村货运综合供给能力会对农村实际货运量产生影响，这种影响又会通过运输所产生的碳排放量反馈回农村经济；农村经济也会对农村物流的需求产生非线性影响，农村经济发展得越好，农民的生活品质也会越好，因此农村对外部的社会消费品和农用物资的需求也会越大。

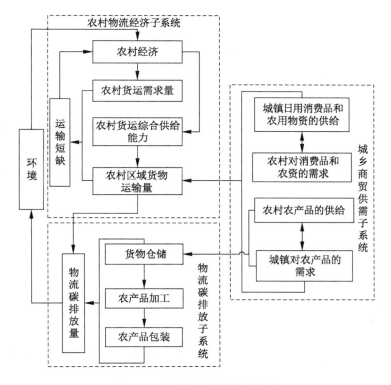

图5.5 主要子系统的作用关系

（二）城乡商贸供需子系统的作用分析

该系统中，农村日用消费品和农用物资的需求与城镇日用消费品和农用物资的供给形成供需关系，农村农产品供给与城镇农产品需求形成供需关系。这两对供需关系在政府相关政策的引导和市场自由的调节下分别形成动态均衡，而在供需动态均衡和农村货运综合供给能力的影响下，形成的实际运输货物构成农村物流系统的客体。

城乡商贸供需子系统与其他子系统是通过实际运输货物形成关联。如上所述，实际运输货物作为农村物流系统的客体，是通过物流能源消耗模块中的货物运输功能实现物流功能的，即整个农村物流系统中的货物运输不仅受到货运供给能力的影响，也会受到这两对供需关系的影响。此外，在我国现有情况下，农村物流供给的农产品一般是由当地各个农户运输到当地的收购仓储中心，或者由当地有关组织挨家挨户进行收购运输到粮仓、农产品集散中心等具有仓储能力的地点。因此，物流碳排放子系统中的仓储量会受到农村物流供给量与城镇农产品需求的影响。

（三）物流碳排放子系统的作用分析

该系统中，由于各项物流活动会产生不同程度的碳排放量，其中货物运输和仓储是整个农村物流系统碳排放量的主要构成因素，而加工、包装和信息化则会间接产生碳排放量。从外部角度来说，这些物流活动所产生的碳排放量也会受到不同农村区域中物质基础、地理环境、生活方式的影响。

该系统同样与其他子系统存在联系，仓储量中的部分初级农产品通过加工、包装输送给市场，这部分农产品既实现了供给侧结构性改革、改善供需均衡，又提高了农民收入和农村经济水平，而整个系统所产生的碳排放量则会影响农村经济的可持续性发展。

第六节　低碳经济视角下农村物流系统的服务流程分析

第五节从宏观层面对低碳经济视角下农村物流系统进行了深入分析，而从微观层面需要以农村物流系统的服务流程为研究对象进行剖析，在之前研究内容的基础上厘清农村物流的系统范围和边界。

一、农村物流系统的服务流程分析

据现有文献，农村物流的服务对象主要为消费品、农用物资、农产品和废弃物。通常情况下，按照服务对象划分，农村物流可分为农村消费品物流、农村农用物资物流、农村农产品物流和农村废弃物回收物流四种。再以物流的流向划分，农村物流又可以分为两类：一类是将日常消费品、农用物资和农业废弃物从城市运输到农村地区的物流过程，另一类是将农村生产的农产品从农村销往城市的物流过程。图5.6展示了低碳经济视角下两类物流服务流程，并用实线圈定了农村物流的边界。图中，有四条不同的线连接到这些不同的操作，空心箭头的实线表示城市物流，实心箭头的实线表示农村物流，虚线表示信息流和资金流，宽箭头表示两类物流服务流程中产生的碳排放。

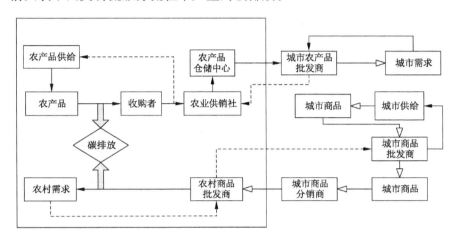

图 5.6　低碳经济视角下农村物流服务流程

　　具体而言，图 5.6 下面的流程为第一类物流服务流程，城市商品（日常消费品、农用物资）是由城市产品的供给方（可以是各类生产商）生产的，这些生产商会根据以往的市场信息生产一定数量的产品，在接收到城市批发商的需求信息后，生产商借助城市物流将商品运输给批发商，批发商将城市产品存放在自己的仓储中心，批发商根据不同的需求信息将仓储中的城市产品分配给各个次级分销商，而农村批发商向城市批发商发出需求信息就属于其中之一，在接收到城市物流运输过来的城市商品后，农村批发商借助农村物流或直销或经由农村次级分销商将城市产品卖给农村的需求方。

　　第二类物流服务流程主要是指农产品供给方在一定的自然环境和市场信息条件下生产一定数量的农产品，由农产品批发商（收购点、合作社、供销社等）上门收购并集中运输到仓储点，在接收到城市农产品批发商的需求信息后，供销社会借助农村物流将商品运输给城市中有需求的农产品批发商，在接收到农村物流运输过来的农产品后，城市农产品批发商借助城市物流或直销或经由次级分销商将农产品卖给城市的需求方。此外，农村物流运输过来的农业废弃物由农村物流作为回收物流从城市带回农村。

上述农村物流服务流程都是因供需关系产生的，以资本流动为条件、信息流动为手段，最终通过物流运输的业务流而形成和完善。

二、农村物流系统服务流程中的低碳环节

低碳环节是整个研究的聚焦点和重心，而衡量碳排放是低碳环节得以进行的前提，也是农村物流系统实施碳减排政策的先决条件。如何测量碳排放量一直是该领域的热点和难点问题，不同的测量方法会得出不同的结果，且不同行业的碳排放方式是不同的，它们的测量方法也不尽相同，其中涉及或需要实施碳排放计量的主要是依赖于化石燃料的行业。现有文献中制造业、建筑业以及电力、热力、燃气、水生产和供应业的碳计量方法研究相对较多，而交通运输、仓储和邮政业相对较少。

国际上碳排放计量的方法有实测法、物料衡算法和排放系数法三种。除此之外，根据具体项目计量和参数选择的需要，还有模型法、生命周期法、决策树法等碳计量方法。

（一）实测法

实测法是一种计算碳排放量的统计计算方法，即采用监测手段或相关部门认定的连续计量设施，通过测量相关排放气体的流速、流量和浓度等数据，计算相关气体排放总量，其中的相关数据一般经环保部门认可。

$$G = K \cdot Q \cdot C \tag{5.1}$$

式中：G 是某气体排放量；Q 是介质（空气）流量；C 是介质中某气体的浓度；K 是单位排放系数。

实测法的数据主要是由环境监测站对现场燃烧设备等通过科学合理的采集样品，并进行分析得到的。实测法从现场实地测定得到数据，因此比其他方法精确度更高、与实际更接近，这是该方法最主要的优点。通常建议采用实测法计量碳排放。但气候变化专门委员会认为，当单独对二氧化碳进行连续监测时，成本十分高，不适合采用实测法。

此外，实测法基础数据的主要来源对最终测量的准确性的影响很

大，因此，对环境监测站获得的监测数据必须科学、合理地采集和分析，若采集样品缺乏代表性，则无论测试分析多精确，得到的结果都没有任何意义。

目前，美国在电力行业开展的烟气排放连续监测系统（CEMS）是实测法最好的应用，并且运行良好。我国虽然也安装了 CEMS，取得了一些成绩，但在长期运行中存在许多问题，如不能进行定期维护等。因此，依托 CEMS 重新建立一个针对 CO_2 的在线连续监测系统还不符合目前我国的国情。

（二）物料衡算法

物料衡算法是一种依托于质量守恒定律的、采用生产过程中所使用的物料进行定量分析的科学方法，表达式为

$$\sum G_{投入} = \sum G_{产品中碳} + \sum G_{损失的碳} \tag{5.2}$$

物料衡算法是一种适用于多种行业的碳平衡计算、主要应用于生产过程中排放物的科学有效的计算方法。它将工业排放源的排放量、生产工艺过程和管理、资源（原材料、水源、能源）的综合利用及环境治理结合起来，具有系统性和全面性，是多种碳排放量的估算方法的基础。进一步地，根据应用领域的不同，将物料衡算法划分为表面能源消费量估算法和以燃料分类为基础的排放量估算法。

1. 表面能源消费量估算法

《1996 年 IPCC 国家温室气体清单指南》中提到了此算法，其基本计算公式为：排放量 =（分品种燃料的实际消费量 × 单位能量含碳量 − 非能源利用固碳量）× 燃料的氧化率。用字母表示为

$$E = \sum EF_{a,b,c} \cdot Activity_{a,b,c} \tag{5.3}$$

式中：E 为排放量；EF 为排放系数；$Activity$ 为投入的能源量（用于静止源）或能源消费量或移动的距离（用于移动源）；a 为燃料种类；b 为活动部门；c 为技术类型。

该算法兼具优势和劣势。优势是所需数据较少且容易收集、计算工作量较小，满足碳排放估算的最基本的要求，因采用的是能源宏观数

据，故可对其他方法计算结果的准确度进行检验。劣势是计算结果并不是很精确，原因是计算过程中缺乏分过程、分设备的精确的计算，因采用综合参数，故缺乏对各种损失和统计误差的考虑。

2. 以燃料分类为基础的排放量估算法

该方法也称为自下而上法，基于详细的燃料分类使用参考方法的基本计算公式，在具体操作中采用如下公式：

$$E = \sum EF_{i,j,k,q} \cdot Activity_{i,j,k,q} \qquad (5.4)$$

式中：E 为排放量；EF 为排放系数；$Activity$ 为投入的能源量（用于静止源）或能源消费量或移动的距离（用于移动源）；i 为排放源类型；j 为燃料类型；k 为技术类型；q 为设备的技术类型。

该算法兼具优势和劣势。优势是相较于表面能源消费量估算法精确性更高，兼顾储运能源损耗和统计误差所带来的差异。劣势是工作量较大，原因是它详细兼顾了各个部门燃料的品种并进行单独计算，最后进行汇总。

（三）排放系数法

该方法是基于正常技术经济和管理条件下，采用生产单位产品所排放的气体数量的统计平均值进行计算的一种估算方法，其中排放系数也称为排放因子，可通过实测法、物料衡算法或调查得到。

《2006 年 IPCC 国家温室气体清单指南》中提到了此方法，相应的计算公式表达为：排放量 = 排放系数 × 活动强度。可见，某生产单位的产品产量是计算碳排放量的又一重要指标。但是碳排放系数有多种选用方式，如质能平衡所得系数、设备经验系数、制造厂提供系数、区域排放系数、国家排放系数、国际排放系数。因此，用此方法存在的不确定性较大。

（四）模型法

低碳化革命浪潮的兴起，不断推进碳排放的研究进程，计算温室气体的模型构建已经成为学术界低碳发展研究的聚焦点之一。碳排放的来源多种多样，涉及人们生产和生活的方方面面，因此在进行多层次、多种类、多方面的排放情况和相应的政策分析下，研究对象具有高度的复杂性，此时模型分析法已经成为适应性较强的研究方法。模型分析法兼具宏观视角和微观视角，其中宏观视角包括生物地球化学模型、气候变化政策分析模型、一般均衡模型（Computable General Equilibrium, CGE）等多种模型。虽然模型的分类较多，但是方法运作机理和本质基本一致，仅存在研究侧重点的差异。

1. 生物地球化学模型

该模型研究的对象主要是森林和土壤等所构成的复杂的生态系统，因此，考虑的碳排放量会受地域、气候、季节、社会发展、人类活动等诸多因素影响。代表模型包括森林研究网络、F7 气候变化和热带、BI-OME−BGC 模型、TEM 模型、CENTURY 模型及我国开发的 F−CARBON 模型等。

2. 气候变化政策分析模型

LEAP 长期能源替代规划模型是最经典的模型，主要基于对未来能源使用情况的预测，进而对温室气体的排放情况进行估算。

3. 一般均衡模型（CGE 模型）

CGE 模型是基于瓦尔拉斯的一般均衡理论提出的，考虑了要素的相互替代，引入了经济主体的优化决策等，采用递推机制构建其动态模型，在气候变化领域中主要用于估计温室气体的排放和分析减排政策的影响，其中短期的模型中具有一定的合理性，长期动态机制中存在一定的缺陷。

（五）生命周期法（LCA）

生命周期一般是指产品从最初的生产准备、生产加工、投入使用和最终的回收利用再生产的整个过程。生命周期法是以整体生命周期为标准，划分研究对象的各个过程展开研究，其中主要包括确定目的与范围、分析清单、评价影响与解释结果四个步骤。当前 LCA 在国际社会能源问题的各个方面均有广泛的研究，如定量化研究能量、物质利用与废弃物的环境排放问题。

该方法是对产品整个生命周期的能源、原材料的追踪，系统考虑了各个环节的温室气体的排放，并对其进行定量和定性的分析。但由于研究对象是从产生到结束整个生命周期过程，如果考虑不周，就有可能漏算或重复计算，从而导致碳计量结果不准确。

（六）决策树法

决策树法是利用树状图做出决策的一种方法。此方法是针对比较复杂的、大型统筹的一系列的碳源活动的计量方法，可以表达活动中先后阶段的内在联系，明确步骤，确定其中关键碳排放源，对排放量的计算有着重要的影响。因此，在决策和行动之前，权衡可能发生的情况和设想未来各种可能性十分必要。此外，决策树法对于如何将微观层次的研究整合到国家或部门宏观排放的问题上来具有重要意义，原因在于国内外多为宏观层面的、针对某一范围（地区或国家）的碳排放研究，而微观层面上各个碳排放源特征正逐渐被了解和挖掘。

农村物流属于运输行业，其碳排放主要由运输和仓储期间各类型燃料消耗所造成。综合考虑上述六种碳计量方法，实测法需要对各个运输载具和仓储空间进行实时的碳排放监控，现有技术无法支撑；生命周期法和排放系数法的计算公式表明其更适合生产制造业；模型法主要用于规划和预测未来阶段的碳排放；决策树法主要是用于寻找关键碳源。因此，本书拟采用物料衡算法中 IPCC 的排放量估算法，根据不同的燃料的排放系数、排放量、能源消耗的情况进行计算，并对其计算方式进行进一步的改善，使其更为准确和适合农村物流的计算。

由于地理环境、基础设施和运输目的不同，此处根据运输方式的比例将农村物流的货运量分为铁路货运量、公路货运量和水路货运量，并在此基础上按照汽油、柴油、电能等不同类型的燃料进一步分类和计算农村物流的能耗。通过实地调研和考察发现，农村的物流能耗取决于三个因素：一是货物周转量，二是相应运输载具的单位能耗，三是相应的能量转换因子（即将不同类型的能耗转换成单位标准煤以方便计量）。最后，农村物流的碳排放量的计量结果是通过将农村物流的总能耗与碳排放因子相乘得到的。此外，碳排放量还与农村物流的碳减排能力和节能因素相关（图 5.7）。

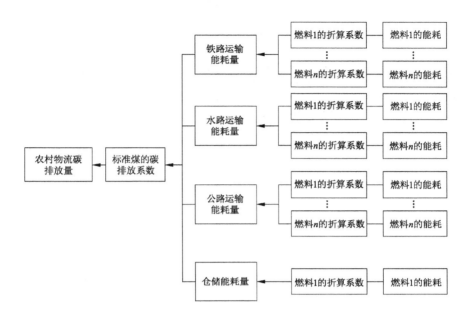

图 5.7 农村物流碳排放计量流程图

在碳排放子系统中，我们使用以下因果结构来表达将货运量转化为碳排放的过程：货运量→＋公路/水/铁路货运周转→＋物流能耗→＋碳排放；单位能耗→物流能耗；转换因子→物流能耗。碳减排能力对碳排放有直接影响，碳减排由碳减排投资决定。碳减排投资依赖碳减排投资意识，直接受低碳形象、碳税、碳交易成本的影响。

第六章 低碳经济视角下农村物流系统动力学模型构建

构建低碳经济视角下农村物流系统动力学模型是一项系统性的工作，主要包括系统构建的目的、边界假设的确立、关键变量的明确、动态假设的定义（参考模式）。

第一节 系统动力学在农村物流领域的应用

一、系统动力学简介

系统动力学是一门交叉且综合了自然科学和社会科学的横向学科。其基于系统论，吸收了控制论、信息论的精髓。系统动力学是结构的方法、功能的方法和历史的方法的统一。系统动力学是研究复杂系统随时间演化而产生的行为模式的科学，基础理论是系统工程、信息处理、控制论、控制工程和计算机仿真技术。在系统动力学视角，系统内部的信息反馈机制决定了系统的行为模式。为寻求较优的系统结构和功能，研究系统的结构、功能和行为之间的动态关系，可通过建立系统动力学模型，利用DYNAMO仿真语言在计算机上实现对真实系统的仿真以达到最终目的。

二、系统动力学研究系统特征

系统动力学研究系统一般具有以下特征：

（1）系统多是高阶数、非线性耦合、多回路的信息反馈系统。

（2）系统对外部扰动反应迟钝，对系统参数变化并不敏感，由非线性关系的多次反馈造成。

（3）系统的行为往往与多数人们所预期的结果相反，具有"反直观"性。

（4）系统内部反馈关系回路中有主回路的存在，可因系统的内部作用而更迭，主回路与其他回路相互间的作用决定了系统的主要动态行为。

三、系统动力学模型特点及建模步骤

（一）系统动力学模型的特点

（1）系统变量个数不限，可达数百上千。

（2）通过系统结构模型充分认识并把握系统行为，结合数据研究系统行为。

（3）结合人与计算机的综合优势，充分发挥人的思维能力优势，并借助计算机运算能力，仿真和详细再现系统，由此得到丰富的信息，为优化系统方案提供有力支撑。系统动力学模型相当于系统的实验室。

（4）系统模型通过仿真系统进行分析计算，输出变量的变化曲线。

（二）系统动力学建模步骤

（1）确定系统建模目的。

（2）确定系统边界，即系统分析涉及的对象和范围。

（3）建立因果关系图和流图。

（4）写出系统动力学方程。

（5）进行仿真试验和计算等。

四、系统动力学在物流系统中的适用性及应用

（一）系统动力学在物流系统中的适用性

系统动力学是分析研究系统内部信息反馈机制的学科，强调的是系统、联系、整体、发展的观点。系统动力学也与其他学科如国民经济管理理论、产业发展理论、区域与城市经济理论、数理经济理论、计量经济学、灰色系统理论等诸多学科有着紧密的联系。物流系统是相当复杂的社会经济系统，涉及社会生产、居民消费生活、交通运输、商贸流

通、仓储周转、邮政通信等各行业，其整个系统的运行发展受到经济环境、产业结构、人口、社会资源等要素的影响，而且各要素的量纲是不同的。传统的数学模型难以从系统整体的角度对物流系统做出确切的分析，而系统动力学的相关特点恰好与之相符。

（1）系统动力学采用定性与定量相结合的方法研究问题，从系统整体进行分析、推理，综合认识问题、解决问题。物流是一个国家经济发展的支撑性产业，物流发展应适应经济发展的需要，从定性与定量角度分析物流系统的动态发展机制，通过相关统计数据揭示出物流系统内部发展规律，从而为物流活动相关决策提供依据。

（2）系统动力学研究多为高阶、多维、非线性、多重反馈复杂时变的动态系统，系统的状态随时间不断变化。物流系统中的要素关系亦是如此，并可形成多重因果反馈回路。

（3）系统动力学对变量量纲与数据要求有更大的宽容性，在研究复杂系统问题时经常会面临系统内某些参数关系难以量化或数据不足的情况，但是在此情形下系统动力学依然能够进行研究，虽然缺少相关数据，只要估计的参数在其宽容度内，系统模型仍然可以正常运行，这主要是由于其内反馈关系的复杂性使得其行为模式对大多数参数不敏感。

（4）系统动力学是包含了时间序列和空间序列的动态系统，物流系统同样如此，主要体现在物流运输、供需分配等方面。因此，研究物流系统动力学的同时，可结合其他学科，如数理统计、线性规划、计量经济学等方法进行研究。

（二）系统动力学在物流领域中的应用

在经济产业结构与宏观物流产业方面，结合社会经济发展、物流产业与产业结构相关的研究，张红波等研究了长株潭区域经济与物流发展关系，结合回归分析法和系统动力学，定性与定量相结合地做了以上研究[173]。刘俊华等研究得出，我国物流基础设施建设投资与经济增长之间存在长期稳定的均衡关系，这是结合系统动力学与误差修正模型提出的结论[174]。何博结合中国现实情况构建制造业与物流业联动机理系统动力学模型，通过模拟发现，我国物流业信息化对物流费用占 GDP 的比重及制造业增加值有显著影响，而物流业增加值对制造业物流外包率的增加较为敏感[175]。另外，还有粮食物流、应急物流、石油物流、铁路物流的相关系统动力学应用，也有引入其他诸如低碳、人才、税费、节能减排等因子的物流研究。

在中观物流领域有关区域物流建模仿真及物流园区的运作研究，李文超等以物流节点城市为研究对象研究了其经济与物流运输成本与油价等间的相互关系[176]。肖鸿建立了北京市物流系统模型，进行仿真模拟后，分别从物流自投资力度、物流投资效果调整、物流从业人员和城市交通发展四个方面提出优化方案[177]。李琰等建立了西安的物流系统动力学模型，找出了制约其发展的关键因素[178]。

在微观物流领域有企业内部物流、企业间供应链运作、顾客退货售后物流、电子商务物流等多方面的应用。汪小京等在分销供应链环境下，提出供应商管理库存模式（VMI），即将第三方物流（3PL）引入TMI模式，由3PL负责供应链的库存管理，并深入分析TMI运作框架和流程，建立了TMI-APIOBPCS系统动力学模型，模拟分析比较了TMI与VMI两种运作模式下的绩效，发现TMI运作模式下供应商的生产情况、整体库存水平、零售商服务水平均有巨大提升[179]。汪洋等发现物流系统资金供求微扰或宏观波动时，其自组织特性可使系统物流资金达到供需平衡或系统自组织宏观进化达到物流资金供需平衡，运用系统动力学原理研究了供应链系统资金供需平衡问题[180]。

第二节　系统构建的目的和边界假设的确立

目的（或问题识别）是系统动力学（System Dynamic，SD）建模中的第一步，只有明确建模的需求，才能更好地完善模型并使得建立的模型变得有意义。边界假设的作用是在明确建模目的后将整个研究重心聚焦到需要的地方，以帮助模型排除干扰因素和避免模型的目的不明确。

一、系统构建的目的

（1）构建低碳经济视角下农村物流系统动力学模型流图，结合案例的相关数据为模型赋值并进行仿真预测。

（2）基于低碳经济视角的要求，调整相关参数，分析调整前后系统中主要变量的变化状况，为农村物流提出可持续发展和合理可行的对策建议。

二、边界假设的确立

为将复杂现实情况抽象化，剔除其他非相关因素之后，做出以下假设和边界：

（1）该模型中农村物流是以农村区域为中心所产生的物流过程，目前农村物流中可再生资源的回收物流较少（如秸秆就地还田和焚烧），所以未进行计量。

（2）模型中因农民购买的消费品及农用物资的库存一般归属于城镇区域，所以不计入农村物流系统。

（3）模型中考虑到加工、包装和信息管理三个环节造成的主要是固体废弃物和噪声污染，而其产生的碳排放量在物流业中所占比例较小，可以忽略不计，因此在测量二氧化碳时排除了这部分。

（4）模型中以碳排放所造成的经济损失来表示碳排放量对农村经济的影响。

（5）模型重点研究农村物流业产生的碳排放对环境和能源的影响，因而不考虑边界外的其他因素对环境和能源的影响。

（6）模型中的仓储量包括农村供销合作社、地方粮仓、加工企业、国有粮食企业等在农村的储存量，农户的自运自销所形成的仓储量不计算在内。

第三节　动态假设和因果关系分析

在明确目的和边界假设后，系统动力学建模的下一步是制定动态假设，并借助因果关系图（CLD）构建出动态假设，展开具体分析。动态假设着重于根据建模的目的开发因果关系图，通过构建存量和流量的结构来动态表征系统的现状是如何产生和运作的。

　　目前，鲜有文献对中国低碳经济视角下农村物流发展的趋势和机理进行研究，也未厘清该系统中各要素的反馈效应。通过整合文献中描述的反馈（Hamilton，2014）[181]和之前章节的研究结果发现，低碳经济视角下农村物流的关键要素是农村物流量、农村物流能力、农村物流能耗、碳减排能力和农村物流需求。在此基础上对农村物流碳减排能力和农村物流能力提供一种更新颖、更完整的描述，并用因果关系图迭代地构造一个动态假设，并进行因果关系分析。利用 Vensim 系统动态模拟软件绘制因果关系图中的系统反馈结构可以迅速简捷地表达系统动态形成的原因假说。结合系统分析及在低碳经济视角下农村物流系统模型构建的目标和假设边界的前提下，构建出因果回路（关系）如图 6.1所示。

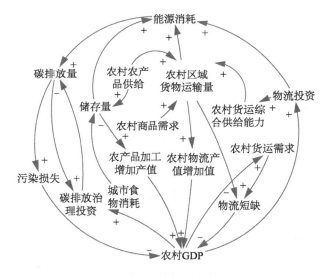

图 6.1　因果回路图

　　因果回路图中包含以下主要反馈回路：

　　第一条：农村 GDP→＋物流投资→＋能源消耗→＋碳排放量→＋污染损失→－农村 GDP（负反馈）。这条反馈环中，农村经济的发展会导致物流的投资增多，而物流投资的增多会导致在建设过程中碳排放量的上升，碳排放量所造成的损失又会使得该农村的经济发展受到阻碍。

第二条：农村 GDP→ + 农村货运需求→ + 物流短缺→ – 农村 GDP（负反馈）。农村经济的增长会促进农村货运需求量的增大，因此当农村货运供给能力无法满足需求时造成的物流短缺现象会制约农村经济的发展。

第三条：农村 GDP→ + 物流投资→ + 农村货运综合供给能力→ + 农村区域货物运输量→ – 物流短缺→ – 农村 GDP（正反馈）。此条反馈回路是农村经济促进农村物流投资增长时，带来农村货运综合供给能力的增加，当农村货运需求不变时，物流短缺现象会好转，削弱对农村经济增长的制约。

第四条：农村 GDP→ + 碳排放治理投资→ – 碳排放量→ + 污染损失→ – 农村 GDP（正反馈）。在这条正反馈环中，农村经济的发展程度会直接影响该农村的碳排放治理的程度并减少所治理的碳排放量的污染损失，污染损失的减少会使得阻碍经济发展的桎梏进一步被削弱。

第五条：农村 GDP→ + 物流投资→ + 农村货运综合供给能力→ + 农村区域货物运输量→ + 农村物流产值增加值→ + 农村 GDP（正反馈）。在这条正反馈环中，农村经济的发展会使物流投资增加，从而使得农村货运供给能力增强，促进农村货运周转量的增多和物流资产的增加，有利于农村经济的发展。

第四节　低碳经济视角下农村物流系统 SD 模型的构建

一、模型流图

因果回路图的作用是在系统边界和假设的前提下，分析并确立系统内各要素的反馈关系。为了准确分析系统内各要素的变化状况，详细地说明系统内各要素间的因果关系，在因果回路图的基础上可以得到低碳经济视角下农村物流系统的 SD 流图。此处根据第五章的主要子系统的划分将动力学模型图进行划分，如图 6.2 ~ 图 6.4 所示。

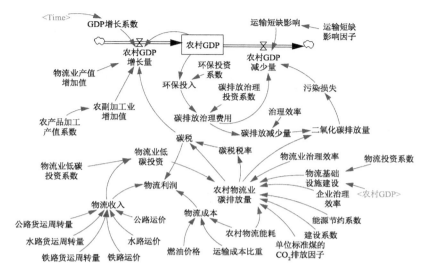

图 6.2　农村物流经济系统动力学流图

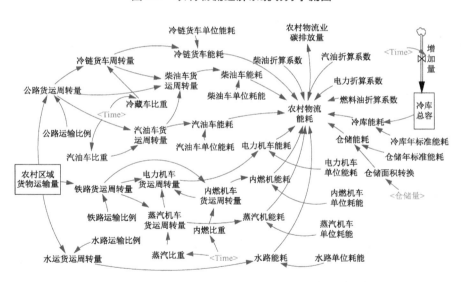

图 6.3　农村物流碳排放系统动力学流图

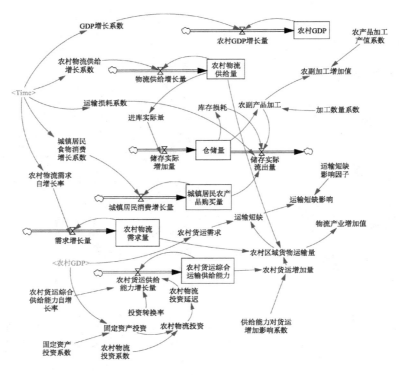

图 6.4　城乡商贸供需系统动力学流图

二、变量说明

上述 SD 流图中各变量的定义及类型如表 6.1 所示。

表 6.1　SD 流图中各变量的定义及类型

参数	类型	定义
农村 GDP	L	农村的生产总值(剔除每年邮电运输行业)
农村农产品供给量	L	每年农村生产的农产品对外销售或被集中收购的量
仓储量	L	每年农村中农产品的仓储量
城镇居民农产品购买量	L	城镇居民每年对农产品的购买或消耗量
农村商品需求量	L	农村人民对城镇所生产的物品的年需求量(主要是日用消费品和农用物资)

参数	类型	定义
冷库总容	L	农村区域冷库的年总容量
农村货运综合运输供给能力	L	农村物流服务的总体货运生产能力
农村 GDP 增长量	R	农村每年生产总值的增加量
农村 GDP 减少量	R	运输短缺、碳排放治理费用和污染损失对农村经济减少的阻碍量
供给增长量	R	每年农村农产品出售量比上年的增加量或减少量（以负数形式表示）
城镇居民消费增长量	R	每年城镇居民比上年消耗农产品的增长量
储存实际增加量	R	每年仓储中心实际接收的农产品
储存实际流出量	R	每年仓储中心运输出去的农产品
需求增长量	R	每年农村对城镇商品的需求的增长量
农村货运供给能力增长量	R	每年农村货运供给能力的增长量
农村货运增加量	A	每年农村货运周转量的增加量
农村区域货物运输量	A	农村区域的实际货运周转量
运输损耗系数	A	运输过程中由于各种原因造成损耗的比例系数
GDP 增长系数	A	该地区经济的年增长率(剔除邮电运输业)
城镇居民农产品消费增长系数	A	指农村外部区域农民农产品购买或消耗的年增长比例系数
供给增长系数	A	农村出售的农产品的年增长率
需求自增长率	A	农民对城镇所生产的物品需求的年增长率
库存损耗	A	农村区域仓储的年损耗量
农副产品加工	A	通过供给侧结构性改革加工农副产品的数量
加工数量系数	A	仓储量中用于农产品加工的数量系数
农产品加工产值系数	A	每年农产品量和农产品加工业的产值比值

参数	类型	定义
农副加工增加值	A	农产品加工业的产值增加值
进库实际量	A	实际进库的农产品量
物流产业增加值	A	物流业的产值增加值
农村货运需求	A	农村区域对货运的需求
农村货运综合供给能力自增长率	A	农村货运综合供给能力每年的自然增长率（剔除了物流投资）
固定资产投资系数	A	农村区域固定资产投资量的年增长系数
农村物流投资系数	A	农村区域固定资产中物流业投资的年增长系数
固定资产投资	A	农村区域的固定资产年投资量
农村物流投资	A	农村区域固定资产中物流业的年投资量
投资转换率	A	农村物流投资转换成货运供给能力的比例
农村物流投资延迟	A	农村物流投资到实际建成具有滞后性
公路、铁路、水路运输比例	A	该区域三种运输方式的比例
运输短缺影响因子	A	运输短缺对农村经济的影响系数
运输短缺影响	A	运输短缺对农村经济的影响
运输短缺	A	农村货运供给能力和需求量的差值
供给能力对货运量的影响系数	A	农村区域货运供给能力对农村实际货运量的影响系数
公路、水路、铁路运输比例	A	江苏省公路、水路和铁路运输所占比重
公路、水路、铁路货运周转量	A	江苏省公路、水路和铁路各自的货运周转量
冷藏车、汽油车、内燃机车、蒸汽机车比重	A	公路运输中不同运输车辆的比率
柴油车、冷藏车、汽油车货运周转量	A	公路运输中不同运输车辆的年货运周转总量
电力机车、内燃机车、蒸汽机车货运周转量	A	铁路运输中不同机车的年货运周转总量

参数	类型	定义
汽油车、柴油车、冷藏车单位能耗	A	三种公路运输载具的单位能耗额
电力机车、内燃机车、蒸汽机车单位能耗	A	三种铁路运输载具的单位能耗额
水路单位能耗	A	水路运输的单位能耗额
水路、汽油车、柴油车、冷藏车、内燃机车、电力机车、蒸汽机车能耗	A	水路、铁路、公路中各种不同的类型运输载具的年能耗总量
冷库标准能耗	A	冷库容积每万吨的国家能耗标准
冷库能耗	A	冷库的年能源损耗量
仓储年标准能耗	A	我国仓储每单位平方米的标准能耗
仓储面积转换	A	仓储量转换成仓储面积的估算系数
仓储能耗	A	农村区域仓储年能耗总量
柴油、汽油、电力、燃料油折算系数	A	各种货运载具的燃料消耗的碳排放系数
能源节约系数	A	该区域能耗的节约比例系数
治理效率	A	农村区域采取的污染治理措施
排放治理投资系数	A	农村对碳排放治理的投资比率
农村物流能耗	A	农村物流每年所消耗的能源量
建设系数	A	农村物流基础设施建设的碳排放系数
二氧化碳排放量	A	经过政府碳排放治理后，农村物流业碳排放量剩余的二氧化碳量
污染损失	A	碳排放所造成的经济阻碍
碳排放减少量	A	二氧化碳排放量除去治理和节约所减少的排放量
环保投资系数	A	我国环保投资占 GDP 的比例系数
环保投入	A	我国每年投资环保的投入量
碳排放治理费用	A	我国每年用于二氧化碳的治理费用量
公路、铁路、水路运价	A	我国公路、铁路和水路的运输收费价格

参数	类型	定义
物流收入、成本和利润	A	农村物流业的收入、成本和利润
燃油价格	A	我国历年汽油价格
运输成本比重	A	物流业中运输成本占所有成本的比重
碳税	A	对二氧化碳的排放征收的税款
碳税税率	A	每吨二氧化碳的价格
物流业低碳投资系数	A	农村物流业节能减排年投入比例
物流业低碳投资	A	农村物流业节能减排的投资金额
物流业治理效率	A	物流业对污染治理投资的效率
农村物流业碳排放量	A	农村物流系统的能耗所产生的二氧化碳（不考虑物流业节能减排）

注：L 表示系统状态变量，R 表示系统速率变量，A 表示系统辅助变量。

三、系统方程的构建

结合低碳经济视角下农村物流系统中各个变量的实际情况，形成如下的初步系统方程：

（001）FINAL TIME = 2021

　　　Units：Year

　　　The final time for the simulation.

（002）INITIAL TIME = 2004

　　　Units：Year

　　　The initial time for the simulation.

（003）SAVEPER = TIME STEP

　　　Units：Year［0,?］

　　　The frequency with which output is stored.

（004）TIME STEP = 1

　　　Units：Year［0,?］

　　　The time step for the simulation.

（005）GDP 增长系数 = 表函数

Units：Dmnl

（006）二氧化碳排放量 = 农村物流业碳排放量 − 碳排放减少量

Units：万吨

（007）建设系数 = 常数

Units：Dmnl

（008）投资转换率 = 常数

Units：万吨/亿元

（009）排放治理投资系数 = 常数

Units：Dmnl

（010）加工数量系数 = 常数

Units：Dmnl

（011）供给增长系数 = 表函数

Units：Dmnl

（012）供给增长量 = 供给增长系数 × 农村农产品供给量

Units：万吨

（013）供给能力对货运增加影响系数 = 系数值

Units：Dmnl

（014）储存实际增加量 = 进库实际量

Units：万吨

（015）储存实际流出量 =（城镇居民农产品购买量/运输损耗系数）+ 农副产品加工 + 库存损耗

Units：万吨

（016）公路货运周转量 = 农村区域货物运输量 × 公路运输比例

Units：亿吨公里

（017）公路运输比例 = 常数

Units：万吨

（018）内燃机能耗 = 内燃机车单位耗能 × 内燃机车货运周转量

Units：万吨

（019）内燃机车单位耗能 = 常数

Units：万吨/亿吨公里

（020）内燃机车货运周转量 = 内燃比重 × 铁路货运周转量

Units：亿吨公里

（021）内燃比重 = 表函数

Units：Dmnl

（022）农产品加工产值系数 = RANDOM UNIFORM（mini，max，seed）

Units：Dmnl

（023）农副产品加工 = 加工数量系数 × 仓储量

Units：万吨

（024）农副加工增加值 = 0.875 × 农副产品加工 × 农产品加工产值系数

Units：亿元

（025）农村 GDP = INTEG（农村 GDP 增长量 – 农村 GDP 减少量，初始值）

Units：亿元

（026）农村 GDP 减少量 = 碳排放治理费用 + 污染损失 + IF THEN ELSE（运输短缺影响 > 0，运输短缺影响，0）

Units：亿元

（027）农村 GDP 增长量 = 农村 GDP × GDP 增长系数 + 农副加工增加值 + 物流产业增加值

Units：亿元

（028）农村农产品供给量 = INTEG（供给增长量，初始值）

Units：万吨

（029）农村区域货物运输量 = 农村货运增加量 + 转换系数 × 农村农产品供给量 + 农村商品需求量

Units：亿吨

（030）农村商品需求量 = INTEG（需求增长量，初始值）

Units：亿吨

（031）农村物流业碳排放量 = 农村物流能耗 ×（1 – 能源节约系数）× 单位标准煤的二氧化碳排放因子 + 建设系数 × 物流基础设施建设 – 物流业治理效率 × 物流业低碳投资

Units：万吨

（032）农村物流投资 = 农村物流投资系数 × 固定资产投资

Units：亿元

（033）农村物流投资延迟 = DELAY FIXED（农村物流投资，1，初始值）

Units：亿元

（034）农村物流投资系数 = 常数

Units：Dmnl

（035）农村物流能耗 = 内燃机能耗 × 柴油折算系数 + 柴油车能耗 × 柴油折算系数 + 汽油折算系数 × 汽油车能耗 + 电力折算系数 × 电力机车能耗 + 燃料油折算系数 × 水路能耗 + 煤炭折算系数 × 蒸汽机能耗 + 冷库能耗 × 电力折算系数 + 冷链货车能耗 × 柴油折算系数 + 仓储能耗 × 电力折算系数

Units：万吨

（036）农村货运供给能力增长量 = 农村物流投资延迟 × 投资转换率 + 农村货运综合供给能力自增长率 × 农村货运综合运输供给能力

Units：万吨

（037）农村货运增加量 = 供给能力对货运增加影响系数 × 农村货运综合运输供给能力

Units：亿吨

（038）农村货运综合供给能力自增长率 = 常数

Units：Dmnl

（039）农村货运综合运输供给能力 = INTEG（农村货运供给能力增长量，初始值）

Units：万吨

（040）农村货运需求 = 函数

Units：亿吨

（041）冷库年标准能耗 = 常数

Units：万千瓦时/万吨

（042）冷库总容 = INTEG（增加量，初始值）

Units：万吨

（043）冷库能耗 = 冷库年标准能耗 × 冷库总容

Units：万千瓦时

（044）冷藏车比重 = 表函数

Units：Dmnl

（045）冷链货车单位能耗 = 常数

Units：万吨/亿吨公里

（046）冷链货车周转量 = 冷藏车比重 × 公路货运周转量

Units：亿吨

（047）冷链货车能耗 = 冷链货车单位能耗 × 冷链货车周转量

Units：万吨

（048）仓储面积转换 = 0.288 × 仓储量

Units：万 m³

（049）固定资产投资 = 农村 GDP × 固定资产投资系数

Units：亿元

（050）固定资产投资系数 = RANDOM UNIFORM（mini，max，seed）

Units：Dmnl

（051）城镇居民农产品购买量 = INTEG（城镇居民消费增长量，初
始值）

Units：万吨

（052）城镇居民消费增长量 = 城镇居民农产品购买量 × 城镇居民食
物消费增长系数

Units：万吨

（053）城镇居民食物消费增长系数 = 表函数

Units：Dmnl

（054）增加量 = 表函数

　　　　Units：Dmnl

（055）库存损耗 = 0.1 × 仓储量

　　　　Units：万吨

（056）仓储年标准能耗 = 常数

　　　　Units：万千瓦时/万 m³

（057）仓储能耗 = 仓储年标准能耗 × 仓储面积转换

　　　　Units：万千瓦时

（058）仓储量 = INTEG（储存实际增加量 − 储存实际流出量，初始值）

　　　　Units：万吨

（059）柴油折算系数 = 常数

　　　　Units：Dmnl

（060）柴油车单位耗能 = 常数

　　　　Units：万吨/亿吨公里

（061）柴油车能耗 = 柴油车单位耗能 × 柴油车货运周转量

　　　　Units：万吨

（062）柴油车货运周转量 = 公路货运周转量 − 冷链货车周转量 − 汽油车货运周转量

　　　　Units：亿吨公里

（063）水路单位耗能 = 常数

　　　　Units：万吨/亿吨公里

（064）水路能耗 = 水路单位耗能 × 水路货运周转量

　　　　Units：万吨

（065）水路运输比例 = 常数

　　　　Units：Dmnl

（066）水路货运周转量 = 水路运输比例 × 农村区域货物运输量

　　　　Units：亿吨公里

（067）污染损失 ＝0.00105 × 二氧化碳排放量

Units：亿元

（068）汽油折算系数 ＝ 常数

Units：Dmnl

（069）汽油车单位能耗 ＝ 常数

Units：万吨汽油/亿吨公里

（070）汽油车比重 ＝ 表函数

Units：Dmnl

（071）汽油车能耗 ＝ 汽油车单位能耗 × 汽油车货运周转量

Units：万吨

（072）汽油车货运周转量 ＝ 公路货运周转量 × 汽油车比重

Units：亿吨公里

（073）治理效率 ＝ 常数

Units：万吨/亿元

（074）燃料油折算系数 ＝ 常数

Units：Dmnl

（075）物流产业增加值 ＝ 函数

Units：亿元

（076）物流基础设施建设 ＝ 物流投资系数 × 农村 GDP

Units：亿元

（077）物流投资系数 ＝ 固定资产投资系数 × 物流占固定投资比例

Units：Dmnl

（078）环保投入 ＝ 农村 GDP × 环保投资系数

Units：亿元

（079）环保投资系数 ＝ 常数

Units：Dmnl

（080）电力折算系数 ＝ 常数

Units：Dmnl

（081）电力机车单位能耗 ＝ 常数

Units：万千瓦时/亿吨公里

（082）电力机车能耗＝电力机车单位能耗×电力机车货运周转量

Units：万千瓦时

（083）电力机车货运周转量＝铁路货运周转量－内燃机车货运周转量－蒸汽机车货运周转量

Units：亿吨公里

（084）碳排放减少量＝碳排放治理费用×治理效率

Units：万吨

（085）碳排放治理费用＝环保投入×排放治理投资系数

Units：亿元

（086）能源节约系数＝常数

Units：Dmnl

（087）蒸汽机能耗＝蒸汽机车单位耗能×蒸汽机车货运周转量

Units：万吨

（088）蒸汽机车单位耗能＝常数

Units：万吨/亿吨公里

（089）蒸汽机车货运周转量＝蒸汽比重×铁路货运周转量

Units：亿吨公里

（090）蒸汽比重＝表函数

Units：Dmnl

（091）运输损耗系数＝表函数

Units：Dmnl

（092）运输短缺＝农村货运需求－农村区域货物运输量

Units：亿吨

（093）运输短缺影响＝IF THEN ELSE（运输短缺＞0，运输短缺×运输短缺影响因子，0）

Units：亿元

（094）运输短缺影响因子＝常数

Units：Dmnl

（095）进库实际量 = 0.9 × 农村农产品供给量

　　　　Units：万吨

（096）铁路货运周转量 = 农村区域货物运输量 × 铁路运输比例

　　　　Units：亿吨

（097）铁路运输比例 = 常数

　　　　Units：Dmnl

（098）需求增长量 = 需求自增长率 × 农村商品需求量

　　　　Units：万吨

（099）需求自增长率 = 表函数

　　　　Units：Dmnl

（100）单位标准煤的二氧化碳排放因子 = 常数

　　　　Units：Dmnl

（101）公路运价 = 常数

　　　　Units：亿元/亿吨公里

（102）铁路运价 = 常数

　　　　Units：亿元/亿吨公里

（103）水路运价 = 常数

　　　　Units：亿元/亿吨公里

（104）物流收入 = 公路运价 × 公路货运周转量 + 水路运价 × 水路货
　　　　运周转量 + 铁路货运周转量 × 铁路运价

　　　　Units：亿元

（105）燃油价格 = 常数

　　　　Units：万元/吨

（106）运输成本比重 = 常数

　　　　Units：Dmnl

（107）物流成本 =（燃油价格 × 农村物流能耗/1.4714）/运输成本
　　　　比重

　　　　Units：亿元

（108）物流利润 = 物流收入 − 物流成本 − 碳税

Units：亿元

（109）碳税 = IF THEN ELSE（二氧化碳排放量 < = 常数，0，（二氧化碳排放量 - 常数）×碳税税率）

Units：亿元

（110）碳税税率 = 常数

Units：元/吨

（111）物流业低碳投资系数 = 常数

Units：Dmnl

（112）物流业低碳投资 = 物流业低碳投资系数×物流利润

Units：亿元

（113）物流业治理效率 = 常数

Units：万吨/亿元

第七章 低碳经济视角下农村物流体系运行优化

农村物流属于区域物流的概念范畴，其自身属性中就具备了区域性特点，不同地区具有一定的差异性。考虑到数据可得性、代表性、相关性等客观要求，本章选取江苏省农村区域作为案例，应用低碳经济视角下农村物流系统的系统动力学模型对其进行系统分析和量化研究，通过结构检验、灵敏度检验和历史检验说明该模型的有效性。然后运用 Vensim PLE 软件对 2020—2025 年低碳经济视角下江苏省农村物流系统中的主要变量进行模拟预测和政策模拟分析。

第一节 江苏省农村区域经济和物流业概况

一、江苏省农村区域经济发展

江苏省有着良好的自然条件、优越的人文环境、精细的农耕生产，据中国统计学会与国家统计局科学研究所监测测算结果，自 2000 年起，江苏省的地区发展与民生指数（Development and Life Index，DLI）以年平均 4% 的速率增加，截至 2013 年，DLI 增长到 77.98%，居中国 34 省首位，成为中国民生改善情况和经济发展的榜首，而在 2013—2019 年间，江苏省的人均 GDP、综合竞争力、地区发展与民生指数（DLI）均居中国第一，成为中国综合发展水平最高的省份，已步入"中上等"发达国家水平。同时，江苏省各个城市与乡村的均衡发展，使得城乡居民收入差距较小，成为中国各省区中城乡差异较小的省份之一，农业主要生产情况和农林牧渔业产值状况如表7.1所示。

表7.1 江苏省农林牧渔业产值状况

年份（期末）	农林牧渔业总产值/亿元	农业产值/亿元	林业产值/亿元	畜牧业产值/亿元	渔业产值/亿元	农林牧渔服务业产值/亿元
"九五"	1686.78	986.15	21.42	475.67	203.54	无
"十五"	2576.98	1291.06	45.27	599.14	511.86	129.65
"十一五"	4297.14	2269.56	78.12	923.25	805.25	220.95
"十二五"	7030.76	3722.1	129.09	1262.09	1517.51	399.97
2019年	7503.15	3828.60	162.00	1213.02	1740.99	558.55

在农民人口方面，近几年江苏省城镇人口所占比例递增，而乡村人口所占比例递减。总体上看，经济欠发达的苏中、苏北地区城镇化程度比苏南地区低。在苏南地区，近几年劳动力向城镇转移的速度趋缓；而在苏中和苏北地区，劳动力向城镇转移的速度比较快，城镇人口比例的增长都超过了10%。非农人口的增长对城市和农村的发展既是契机，又是考验。苏南、苏中、苏北地区农民的文化程度也存在较大的差异。在苏南地区，文盲、小学文化人口所占比例较小，分别为2.1%和25.2%；在苏中、苏北地区，文盲、小学文化人口所占比例较大，其中苏中地区分别为5.2%和33.5%，苏北地区分别为7.6%和30.1%；而高学历人群在苏中、苏北地区所占比重较小，分别是1.6%和1.3%。择业的不同也能说明农民受教育程度的不同。受教育程度较高的苏南农民主要从事第二产业（以工业为主），受教育程度较低的苏北农民主要从事第一产业（以农业为主），而文化程度处于中等的苏中农民从事第一产业与从事第二产业的人数相差不大，从事第三产业的人数较少。南京农业大学发布的《江苏新农村发展报告》显示，自进入21世纪以来，江苏农村人口年龄结构发生了趋势性变化，人口老龄化问题逐渐凸显，农业从业人员总量逐年下降，从农业中释放的剩余劳动力逐步向其他产业转移，农村人口进城现象加剧。这表明江苏省虽然在村庄环境治理、绿色江苏建设、生态保护机制完善等方面取得一定的成绩，但仍面临能源污染、

工业污染与生活污染等问题。

由以上资料不难发现，江苏省农村区域经济发展情况良好，但在农村经济与社会发展中仍存在一些急需解决的问题，如第一产业发展态势呈现减缓趋势，第一产业对农村生产总值的贡献度不断下降；农村部分产业逐渐萎缩，劳动力支撑力后续无力；农村人口老龄化加剧，人口红利逐渐消失；城乡差距虽有所下降，但仍存在反弹的可能性；农业技术人员占比继续回升，但增幅有限；农村医疗保健支出比重大，公共服务均等化水平有待进一步提升等。对此，《江苏农村发展报告2018》对江苏农村发展和乡村振兴工作提出如下建议：以农业供给侧结构性改革为着力点，加快培育农业农村优质发展；不断推进优化农村营业环境进程，为农村经济高质量发展护航；继续改善农村生产生活条件；创新财政支农机制，用好政府和市场这"两只手"；加速实现社会保障城乡一体化；以治理创新促万村善治，继续推进公共服务均等化。

二、江苏省农村物流业现状

江苏地处中国大陆东部沿海地区中部，是长三角地区不可或缺的核心地区。其地理环境中有10.72万平方千米的内陆面积，长江横贯东西425千米，京杭大运河纵贯南北718千米，海岸线长954千米。江苏省内13个市之间都有公路相连相通。目前基本建成"纵九横五联"的高速公路网。在沿江地区和沿海地区拥有21个枢纽港口。江苏农村一般可划分为苏南、苏中与苏北三个区域。就经济发展程度而言，苏南的经济发展水平最高，苏中次之，苏北在江苏整体农村经济发展中处于弱势地位。苏南农村地理位置的优势使得其经济发展水平较高，农村基础设施比苏北地区和苏中地区更完善，基本全面实现了公交村村通工程。而苏北地区限于乡镇地理条件，农村基础设施建设还需进一步推进，如黄河故道沿线的镇村。因此苏北地区是公交村村通工程的重点扶持地区。

江苏政府非常重视农村物流对农村经济的影响，早在2008年就颁布了《农村物流试点工作方案》，并对农村物流战略有具体的规划布局。次年，江苏省针对农村物流发展首次召开了现场会，正式授牌首批10个农村物流交通物流示范点，并在连续召开的现场会不断增加示范点数量。2020 年的物流规划中指出，进一步健全江苏省的农村物流网络，提升农村物流配送效率，加快农村物流发展进程，如 2020 年省交通运输厅发布了江苏省第二批农村物流示范县名单，确定南京江宁区和高淳区、无锡宜兴市、徐州新沂市、苏州常熟市、扬州江都区达到江苏省农村物流示范县（市、区）创建标准要求，获得"江苏省农村物流示范县"称号。近年来，随着农村经济的快速发展，江苏农村物流随之蓬勃发展。其中农产品物流产值逐年上升，物流产值年平均增长率达 8.8%，在全国范围处于领先水平。但与发达国家相比，江苏农村物流在物流组织化、产业专业化和物流信息化等方面存在不足。截至 2014 年，江苏省农村物流交通运输企业、仓储企业及农产品加工企业共计 6 万多家，其中营业占地面积达到规模以上企业仅有 200 多家，规模以上企业占比太小。江苏省大力发展农村物流，农户加入合作社等组织的比例为 60% ~ 70%，远远低于日本的 97%，还没有脱离"散、小、孤、弱"的传统产业组织格局。目前，江苏省内农业龙头企业采用全自营物流模式的占比达到 30% 以上，在这 30% 中，企业设有专门物流部门的占比为 60%，物流外包的占比在 25% 左右，这就容易出现标准体系多元、无法实现责任明确化等问题，制约江苏省农村物流的专业化发展。物流信息化是农村物流提升效率的有效手段之一，江苏交通物流公共信息平台于 2016 年落户江苏省南通市，但是鲜见存在针对农村的物流信息服务网，信息自动识别技术、农产品信息追溯系统等信息技术普及率不高，同时由于苏南、苏中与苏北地区经济发展不平衡，导致农村物流发展也存在地区发展不均衡的特点。以苏州农村物流为例，由于苏州经济发展迅猛，已形成"交通＋电商＋邮政"的农村物流服务模式，打造了"2 个县级农村物流中心＋30 个镇级农村物流服务站＋122 个村级连锁超市服务点＋59 家一村一品电商服务站"的三级农村物流网络，覆盖率达到 100%。此外，5 家快递企业在常熟市分别建设了县级分拨中心，有效支撑了常熟市 2019 年高达 3.96 亿件的快递量和 27% 的增长幅度。截至 2020 年 12 月，常熟市共有 109 个快递企业分支网点，203 个快递末端网点，建制村直投率达 100%，打通了"生活日用品下乡，农副产品进城"的城乡物流双向通道，提升了物流基本服务能力，推进城乡物流服务一体化水平逐年提升，极大地促进了该地区的农村物流发展。徐州市是苏北经济发展的领先者，2013 年农村年社会物流总额仅为 0.13 万亿元，虽然徐州市也规划了多个农产品物流中心，但是功能性服务水平较弱。通过对江苏省主要农产品年产量的统计整理，并结合各类产品冷链流通率测算，2018 年，江苏省农产品冷链物流需求量达到 1753 万吨，同比增长 16.9%。2020 年年初，新冠疫情的发生进一步促进了线上生鲜电商市场的发展。考虑到未来几年冷链物流快速发展的势头不会减小，以 20% 的增速测算，到 2025 年我国冷链物流市场总规模约为 8970 亿元。

农村物流建设的目的是促进农村的经济发展，但当前农村物流的服务功能还没有完善，主要表现在以下三个方面：一是冷链物流服务需求与供给仍不匹配。《中国冷链物流发展报告显示》，江苏省每年生鲜农产品物流需求接近 3300 万吨，但现有的冷链物流供给能力还未达到需求的三分之一，生鲜农产品冷链供需匹配度较弱。二是农村物流成本高昂，物流效率不高，尤其是全程冷链物流效率较低。据 2018 年前瞻网报告，总体的冷链成本占总成本的 40%，并且生鲜果蔬类农产品在冷链过程中没有做到全过程冷链，损耗较高，导致生鲜农产品的物流成本占总成本的 60% 左右，而发达国家基本做到全程冷链操作，损耗较小，从而无形中降低了农产品，特别是生鲜农产品的物流成本。三是物流服务内容单一，服务方向狭窄。如农村物流更偏向农村物流运输、仓储、配送等基本服务内容，在物流信息、金融服务、物流技术支撑等增值性服务方面显示出发展后劲不足。

综上所述，江苏的地理环境和交通运输布局较好，江苏省对于农村物流业的发展也给予很多关注，但是由于起步较晚，各方面建设还处于发展阶段，因此无法满足农村经济发展和农民生活的需求。

第二节　系统动力学参数估计

构建低碳经济视角下江苏省农村物流系统动力学模型时，除了采用

第四章的模型和变量的表达式外，还查找和翻阅了《江苏统计年鉴》、《中国农村统计年鉴》、《中国能源统计年鉴》、《中国城市统计年鉴》、《在华非化石能源企业碳排放强度排行榜报告》、《中国乡镇企业及农产品加工业年鉴》、IPCC 的能源折算系数表、中国统计局网等资料，通过处理和分析将数据资料转化为相应的初始值、常量和表函数等参数。

一、参数估计方法

参数的选择和调试需要结合模型的运行来进行。本模型采用的参数估计方法如下：

（1）采用数据分析法，通过回归拟合的方法确定参数方程；

（2）通过数学推导的方法确定参数方程；

（3）运用 Vensim PLE 中的随机函数、条件函数来表示；

（4）对于缺失的数据可以利用夹逼调整的方式进行估计；

（5）采用 Vensim PLE 中的表函数，通常采用 5～15 个已知的等间距点进行描述。

二、状态变量初始值的确定和主要变量表达式的说明

（一）状态变量初始值的确定

本模型的初始时间是 2004 年，模拟时间是 2004 年至 2019 年，仿真时间是 2020 年至 2025 年。状态变量初始值如表 7.2 所示。

表7.2 状态变量初始值

变量名	初始值	单位
农村 GDP	7707	亿元
农村物流供给量	2039.95	万吨
仓储量	357	万吨
城镇居民食物消耗量	1221.91	万吨
农村物流需求量	888.67	亿吨
农村货运供给能力	38765	亿吨

（二）主要变量表达式的说明

低碳经济视角下农村物流系统动力学模型是基于系统结构而不是统

计相关性，所以它需要许多参数，而相关参数往往缺乏数据资料，需要通过对原始数据进行整理并进行数学推导及参数估计。其中几个主要变量需要说明。

1. 农村 GDP

农村 GDP 由农村 GDP 增长量和减少量共同决定，其初始值可根据《中国城市统计年鉴》数据计算所得，表达式为

农村 GDP = INTEG（农村 GDP 增长量 – 农村 GDP 减少量，7707）

其中，7707 为初始值。

增长系数 GDP 是扣除物流业和农副加工业增加值后得到的，具体算式为 $1 - \dfrac{GDP(T_n + 1) - WLGDP(T_n + 1) - NFGDP(T_n + 1)}{GDP(T_n)}$。

2. 仓储量

仓储量由储存实际增加量和储存实际流出量所决定。相关文献中缺少农村仓储量的数据资料且模型中的仓储量除了主粮的仓储外还包括其他农林牧渔的初级农产品，所以模型中的仓储量大于国家标准仓储比例 17%。系统动力学是基于系统结构的，所以对模型中的参数并不敏感，只要参数的估计值在一定范围内，系统的行为便会显示相同的模式。考虑主粮所占农产品总量的比例和专家意见，本书取用 2004 年城镇居民农产品购买量的 29% 作为初始值。表达式为：仓储量 = INTEG（储存实际增加量 – 储存实际流出量，357），其中 357 为初始值。农产品的收购和运输都是从各个农户处将农产品集中到仓储地，然后根据城镇需求从仓储处销往农村之外，并且伴随运输损耗和仓储损耗。因此，存储实际增加量为农村每年销售额乘以一定的损耗比。储存实际流出量的表达式为：储存实际流出量 =（城镇居民农产品购买量/运输损耗系数）＋农副产品加工＋库存损耗。

3. 农产品加工产值系数

该系数来源于《中国乡镇企业及农产品加工业年鉴》中的农业与农产品加工业增加值的历年比例数据，本书用随机函数表示：RANDOM UNIFORM（1，1.5，0）。

4. 农村货运综合运输供给能力

农村货运综合运输供给能力通常指区域交通运输体系在单位时间内所能运送的货物数量，单位为万吨/年。表达式为：农村货运综合运输供给能力 = INTEG（农村货运供给能力增长量，38765），其中38765为初始值。农村货运供给能力增长量是由供给能力自增长率和物流投资决定的，表达式为：农村货运供给能力增长量 = 农村物流投资延迟 × 投资转换率 + 农村货运综合供给能力自增长率 × 农村货运综合运输供给能力。

5. 农村货运需求

农村区域货运需求和其经济状况有密切的联系且通常用货运周转量表示，运用 SPSS 对江苏的货运周转量和江苏省 GDP 进行曲线拟合，得出拟合曲线中二次项的 $R^2 = 0.991$ 且拟合度较优。江苏农村货运需求的表达式为：农村货运需求 = 1.145×10^{-6} × 农村 GDP × 农村 GDP + 0.07 × 农村 GDP + 1378.25。

6. 物流产业增加值

同理，对货运周转量和农村物流产业增加值进行曲线拟合，发现线性方程和三次项方程的 R^2 分别为 0.988 和 0.989，但是将两者放入模型调试时，三次项的拟合曲线失真，因此采用线性方程。其表达式为：物流产业增加值 = 0.247 × 农村区域货物运输量 − 90.433。

7. 农村区域货物运输量

农村区域货物运输量指在农村区域物流供给能力的影响下，农村区域的社会经济活动形成的货物运输量。因此，农村物流大体可由农村供给量和农村物流需求量的总和表示（这两个参数的数据分别为江苏省农林牧渔业的销售量和农用物资与农村生活消费品量），并且受农村货运综合运输供给能力的影响。表达式为：农村区域货物运输量 = 农村货运增加量 + 0.04313 × 农村农产品供给量 + 农村商品需求量。其中，0.04313 是将货运量转化为货运周转量的系数，由《江苏统计年鉴》中数据根据如下公式推导所得：货运周转量 = 货运量 × （公路货运比例 × 公路货运平均距离 + 铁路货运比例 × 铁路货运平均距离 + 水路货运比例 × 水路货运平均距离）。

8. 运输短缺

本书在参考相关文献和考虑实际情况后认为，运输短缺是货运需求和实际货运量的差值，而货运供给能力只是影响实际货运量。其中，若农村货运需求大于农村区域货物运输量则会产生运输短缺影响，进而对GDP造成阻碍。表达式为：运输短缺 = 农村货运需求 − 农村区域货物运输量。运输短缺影响因子的表达式为：IF THEN ELSE（运输短缺 > 0，运输短缺 × 运输短缺影响因子，0）。

9. 二氧化碳排放量

二氧化碳排放量是由农村物流业的碳排放总量减去政府的碳排放治理费用所得到的碳排放量。表达式为：二氧化碳排放量 = 农村物流业碳排放量 − 碳排放减少量。该模型中，农村物流业的碳排放量是运输方式、仓储、物流基础设施建设和冷库所产生的能耗乘以相应的折算系数。其中，物流基础设施建设的碳排放系数是 0.3486。仓储和冷库的单位能耗则分别根据相关论文数据估算所得。

10. 碳税

现有文献中碳税政策有多种，较普遍的有线性碳税、指数碳税、分段碳税等。表7.3列出了碳税政策的表达式和说明。

表7.3　碳税政策

碳税政策	表达式	说明
线性碳税	$F(x_{CO_2})=p_1 x_{CO_2}$	碳税与企业或组织的碳排放量呈线性关系，易于建模且具有普遍性，在相关研究中的适用范围较广
指数碳税（指数小于1）	$F(x_{CO_2})=x_{CO_2}^{p_2}$	碳排放量越高，碳税的上升趋势越缓，一般高能耗的行业比较适合
指数碳税（指数大于1）	$F(x_{CO_2})=x_{CO_2}^{p_3}$	碳排放量越高，碳税的上升趋势越陡，通常碳减排潜力大的行业比较适合
分段碳税	当 $0 \leqslant x_{CO_2} \leqslant a$ 时，$F(x_{CO_2})=0$；当 $x_{CO_2} \geqslant a$ 时，$F(x_{CO_2})=p_1(x_{CO_2}-a)$	预设碳排放目标为 a，对低于 a 值的碳排放量不征收碳税，对超出 a 值的部分征收碳税

从表7.3的说明中不难发现，不同行业的碳税机制并不一样。当政府对某行业的碳排放量固定要求和目标时，分段碳税是比较好的选择。若碳排放量低于要求则不用缴纳碳税，若是超出要求则需对超出的部分征收碳税，这样不仅可以保护低碳排企业的利益而且使得高碳排放量的企业受到相应的惩罚，促使企业及时调整能源利用效率和实施碳排放处理等减排手段。

基于《中国能源统计年鉴》以及相关数据，本模型选用分段碳税作为碳税机制，其表达式为：IF THEN ELSE（农村物流业碳排放量≤600，0，（农村物流业碳排放量−600）×碳税税率）

第三节　有效性检验

对于构建好的 SD 流图，只有通过有效性检验并与实际社会经济系统进行比较，才能得到有意义的结论。而一般有效性检验需要观察模型结构是否适合，模型行为灵敏度是否过高。最后还要进行历史性检验。

一、模型结构适合性和行为灵敏度检验

（一）模型结构适合性分析

检验第五章中低碳经济视角下农村物流的城乡商贸供需子系统、农村物流经济子系统和物流碳排放子系统之间的作用关系及系统内各要素之间的关系是否在模型中体现，因果关系、变量单位、参数数值和系统方程有无不合适的地方。

（二）模型行为灵敏度检验

行为灵敏度检验通常用于检验模型行为对参数和方程式变化的敏感程度。即当参数或方程式变化时，观察模型结果是否有显著变化。如果模型结果表现出过高的灵敏度，则说明参数需要准确估计，或者结构需要准备描述或重新调整。在不同仿真时间间隔下对2004—2020年的农村 GDP 进行检验，结果如图 7.1 所示。

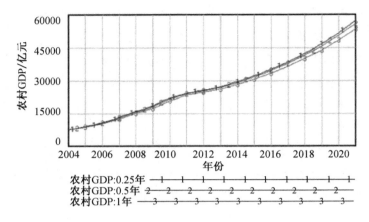

图 7.1　灵敏度检验结果

由图 7.1 可知，农村 GDP 在 0.25 年、0.5 年和 1 年这三个仿真时间间隔下，变化幅度很小，这说明模型具有比较低的灵敏度。

二、模型历史性检验

历史性检验是系统动力学模型检验中最重要的一步，通过对比仿真结果与已有数据来测算出相对误差，并检验其是否在可接受的范围内。对 2004—2019 年的农村 GDP、农村综合货运供给能力、二氧化碳排放量进行检验，结果如表 7.4 所示。

表 7.4　历史性检验结果

年份	GDP 实际值	GDP 模拟值	相对误差①	农村货运综合供给能力实际值	农村货运综合供给能力模拟值	相对误差②
2004	7707	7707	0	38765	38765	0
2005	8718	8711.64	0.073%	42672	41183.1	3.49%
2006	10423	10415.9	0.068%	46638	46752	0.24%
2007	12382	12408	0.21%	52487	53196.5	1.35%
2008	15155	15221.8	0.44%	59976	60267.1	0.49%
2009	17052	17201.8	0.88%	67923	69163.7	1.90%
2010	20969	20768.6	0.96%	77123	79032	2.48%
2011	23693	23468.4	0.95%	88054	89964.7	2.17%

续表

年份	GDP 实际值	GDP 模拟值	相对误差①	农村货运综合供给能力实际值	农村货运综合供给能力模拟值	相对误差②
2012	25128	24879.9	0.99%	103547	105375	1.77%
2013	26327	26096.7	0.87%	118352	122067	3.14%
2014	28455	28272.9	0.64%	136258	139952	2.71%
2015	31073	30702.3	1.19%	153874	158800	3.20%
2016	33274	33440.9	0.50%	175117	179608	2.56%
2017	36014	36502	1.36%	198813	201510	1.36%
2018	39874	39950.9	0.19%	221371	226982	2.53%
2019	42886	43855.8	2.26%	252453	255686	1.28%

其中，GDP 的模拟值与实际值的相对误差在 2.5% 以内，农村综合货运供给能力模拟值与实际值的相对误差平均值为 1.91%，最高相对误差在 3.5% 以内。除此之外，虽然缺少农村物流碳排放量的实际统计数据，但是对比江苏省物流业的碳排放量可发现，模型中农村物流业的二氧化碳排放量是符合实际的，因此该模型具有一定的有效性和真实性。

第四节　低碳经济视角下农村物流系统 SD 模型仿真及分析

一、江苏省农村经济发展情况

2020—2025 年，江苏省农村 GDP 的预测结果如表 7.5 和图 7.2 所示。

表 7.5　2020—2025 年江苏省农村 GDP 预测数据

年份	2020	2021	2022	2023	2024	2025
GDP/亿元	48290.8	53310.6	58609.1	64193.8	70112.6	76299.5

江苏省农村 GDP 稳步增长，预测到 2025 年，江苏省农村 GDP 会达到 76299.5 亿元，说明江苏省农村的经济仍处于高速增长的状态。

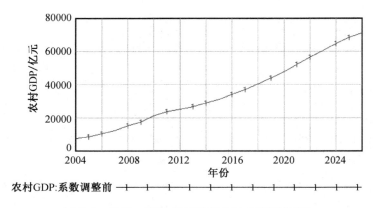

农村GDP:系数调整前

图7.2 2020—2025年江苏省农村GDP预测图

二、江苏省农村物流业的供需情况

农村货运综合运输供给能力、农村货运需求、农村区域货物运输量和运输短缺的预测结果如表7.6和图7.3所示。

表7.6 江苏省农村物流业的供需情况数据

年份	农村货运综合运输供给能力/万吨	农村货运需求/亿吨	农村区域货物运输量/亿吨	运输短缺/亿吨
2020	286720	7428.75	6276.59	1152.17
2021	319629	8364.1	7014.74	1349.36
2022	356645	9413.99	7841.59	1572.4
2023	400776	10590.2	8778.06	1812.13
2024	444482	11914.7	9802.84	2111.86
2025	497579	13385	10967	2417.99

从图7.3和表7.6中可以发现,农村货运综合运输能力增长比较稳定,而农村货运需求和农村区域货物运输量所产生的运输短缺呈稳定上升的趋势,即在2020—2025年间,江苏省农村的货运需求一直大于实际运输量,运输短缺也越来越大。

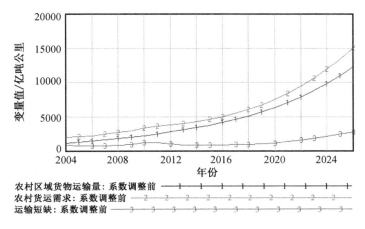

图 7.3 江苏省农村物流供需情况

三、江苏省农村物流业的利润和碳排放情况

将碳税税率和物流业低碳投资系数的参数调为 0 以表示未实行碳税时的江苏省农村物流系统，其中农村物流业碳排放量趋势如图 7.4 所示。

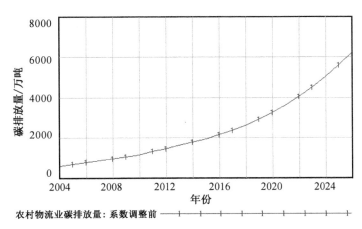

图 7.4 农村物流业碳排放量

2020—2025 年农村物流业碳排放量的预测数据如表 7.7 所示。

表 7.7 2020—2025 年农村物流业碳排放量的预测数据

年份	2020	2021	2022	2023	2024	2025
碳排放量/万吨	3242.95	3618.69	4037.67	4509.71	5025.11	5607.38

从表 7.7 中可以发现，2020—2025 年江苏省农村物流业的实际运输量越来越大，江苏省农村物流的利润也呈稳定上升的趋势，但是碳排放量也随之逐步增加。

第五节 低碳经济视角下农村物流系统 SD 模型优化分析

参考相关文献的优化措施[182,183]，本节分别从环保投入、能源技术、货物运输方式、农产品加工、农村物流投资以及碳税六个角度进行优化分析。对相关系数进行调整后，分析每个优化对农村物流系统的影响效果，为实现农村物流业的低碳化和农村低碳经济提供方向及理论依据。

一、提高环保投入

将我国原有的环保投资系数从 1.5% 提高到 2.5%，得出碳排放治理费用如表 7.8 所示，而二氧化碳排放量变化如图 7.5 所示。

表 7.8 提高环保投入的仿真数据

年份	碳排放治理费用/亿元		
	系数调整前	系数调整后	变化率
2020	32.5963	54.0475	65.81%
2021	35.9846	59.6515	65.77%
2022	39.5611	65.5651	65.73%
2023	43.3308	71.7969	65.69%
2024	47.3260	78.4008	65.66%
2025	51.5021	85.3026	65.63%

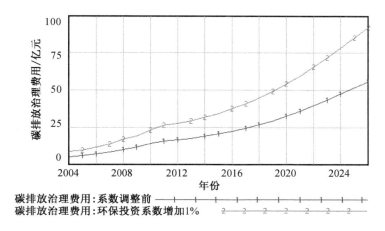

碳排放治理费用：系数调整前 ━━┼━━┼━━┼━━┼━━┼━━┼━━┼
碳排放治理费用：环保投资系数增加1% ②—②—②—②—②—②—②—②

图7.5　提高环保投入仿真结果比较

结合图 7.5 和表 7.8 可知，增加 1%的环保投资系数会使环保投入中用于治理碳排放的部分的费用增加 65%左右，同样使得二氧化碳排放量降低了 8%左右。其中碳排放治理费用和二氧化碳排放量的变化率递减是由农村 GDP 年增长率的减少导致的，符合实际情况。

二、提高能源节约技术

一般是政府通过补贴和财政支持来促进节能技术的发展，而节能技术是从源头减少碳排放量的核心所在。调整能源节约系数碳排放量的变化率如表 7.9 所示，碳排放变化趋势如图 7.6 所示。

表7.9　提高能源节约技术的仿真数据

年份	二氧化碳排放量/万吨				
	系数调整前	系数调整5%后	变化率①	系数调整10%后	变化率②
2020	2903.95	2735	−5.82%	2566.05	−11.64%
2021	3244.45	3055.75	−5.82%	2867.04	−11.63%
2022	3626.24	3415.41	−5.81%	3204.57	−11.63%
2023	4059.07	3823.19	−5.81%	3587.31	−11.62%
2024	4532.92	4269.63	−5.80%	4006.35	−11.62%
2025	5071.76	4777.35	−5.80%	4482.94	−11.61%

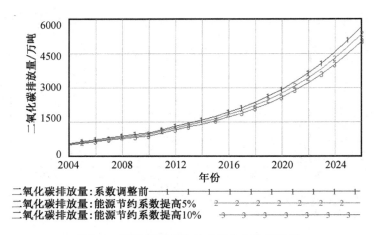

二氧化碳排放量:系数调整前 ——1——1——1——1——1——1——1——1——
二氧化碳排放量:能源节约系数提高5% 2—2—2—2—2—2—2—2—2
二氧化碳排放量:能源节约系数提高10% 3—3—3—3—3—3—3—3—3

图 7.6　提高能源节约技术的仿真结果比较

从图 7.6 可知，提高能源节约系数可以有效降低二氧化碳排放量，但是提高能源节约系数的幅度取决于科技的发展与相关能源节约政策，因此短期内无法提升很高。

三、调整交通运输方式

农村货物运输方式主要有公路、铁路和水路。根据《江苏统计年鉴》，货运周转量中水路运输所占比重最大，其次是公路运输。但是公路运输的碳排放系数高于水路和铁路运输，因此，对降低公路运输的货运周转量比重并提高水路和铁路的货运周转量比重的情形进行分析，具体结果如表 7.10 所示。

表 7.10　调整交通运输方式的仿真数据

年份	二氧化碳排放量/万吨				
	调整前	减少公路运输的2% 增加铁路运输的2%	变化率①	减少公路运输的5% 增加铁路运输的5%	变化率②
2020	2903.95	2703.84	−6.89%	2403.75	−17.23%
2021	3244.45	3020.84	−6.89%	2685.43	−17.23%
2022	3626.24	3376.27	−6.89%	3001.32	−17.23%
2023	4059.07	3779.26	−6.89%	3359.52	−17.23%

年份	二氧化碳排放量/万吨				
	调整前	减少公路运输的2%增加铁路运输的2%	变化率①	减少公路运输的5%增加铁路运输的5%	变化率②
2024	4532.92	4220.44	−6.89%	3751.71	−17.23%
2025	5071.76	4722.17	−6.89%	4197.77	−17.23%
年份	调整前	减少公路运输的2%增加水路运输的2%	变化率③	减少公路运输的5%增加水路运输的5%	变化率④
2020	2903.95	2720.47	−6.32%	2445.25	−15.80%
2021	3244.45	3039.4	−6.32%	2731.81	−15.80%
2022	3626.24	3397.01	−6.32%	3053.16	−15.80%
2023	4059.07	3802.47	−6.32%	3417.56	−15.80%
2024	4532.92	4246.36	−6.32%	3816.52	−15.80%
2025	5071.76	4751.17	−6.32%	4270.29	−15.80%

图 7.7 为调整交通运输方式对碳排放的影响图。观察图 7.7 发现，对公路运输的比例降低 2% 并分别增加到铁路和水路的比例，二氧化碳排放量分别降低 6.89% 和 6.32%；降低公路运输 5% 的比例且分别增加到铁路和水路比例，二氧化碳排放量分别降低 17.23% 和 15.80%。因此对江苏农村物流的碳排放量来说，降低公路的货运周转量比重并提高铁路的货运周转量比重是更为有效的方法。

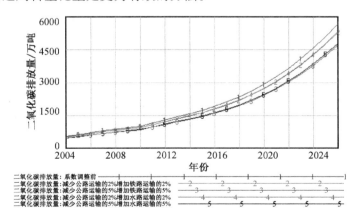

图 7.7　调整交通运输方式的仿真结果比较

四、提高农产品加工量系数

提高农产品的加工量无论是对于农民收入的提高还是对仓储环节的碳排放量的减少都是有益的，将加工数量系数分别提高 10% 和 20% 进行仿真，其中农村 GDP 的变化趋势如图 7.8 所示。

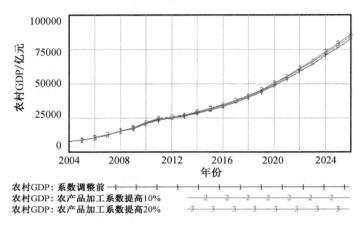

图 7.8　提高农产品加工量系数的仿真结果比较

2020 年，提高 10% 和 20% 加工系数所得的农村 GDP 和未采取政策的农村 GDP 相比分别提高了 2.33% 和 3.79%，而仓储量降低使得仓储能耗减少进而导致碳排放量降低，其能耗降低比率分别为 28.9% 和 43.86%，如表 7.11 所示。

表 7.11　提高农产品加工量系数仿真数据

年份	仓储能耗/万吨				
	调整系数前	系数调整 10%	变化率①	系数调整 20%	变化率②
2020	19131.3	13603.4	−28.9%	10739.7	−43.86%
2021	21028.7	15273.7	−27.37%	12209.5	−41.94%
2022	23515.2	17412.6	−25.59%	14062	−40.2%
2023	26560.2	19967.3	−24.82%	16232.5	−38.88%
2024	30146.2	22908.2	−24.01%	18689.2	−38.01%
2025	34267	26222	−23.48%	21420.9	−37.49%

五、提高农村物流投资系数

由于农村物流相对落后，因此提高农村物流投资系数可以明显减少运输短缺。提高 10% 的农村物流投资系数进行仿真，结果如表 7.12所示。

表 7.12 提高农村物流投资系数仿真数据

年份	农村 GDP/亿元			运输短缺/万吨		
	系数调整前	系数调整后	变化率①	调整系数前	系数调整后	变化率②
2020	48290.8	48643.7	0.73%	1152.17	999.141	−13.18%
2021	53310.6	53747.8	0.82%	1349.36	1185.57	−12.14%
2022	58609.1	59142.8	0.91%	1572.40	1398.33	−11.07%
2023	64193.8	64837.2	1.00%	1812.13	1625.92	−10.28%
2024	70112.6	70880.6	1.10%	2111.86	1920.9	−9.04%
2025	76299.5	77206.5	1.19%	2417.99	2219.76	−8.20%

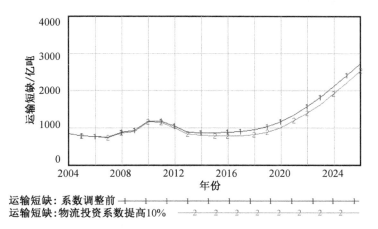

运输短缺：系数调整前
运输短缺：物流投资系数提高10%

图 7.9 提高农村物流投资系数的仿真结果

由图 7.9 可知，提高农村物流投资系数后，2020—2025 年农村 GDP和运输短缺均为递增的，说明提高该项系数可以有效缓解运输短缺，农村 GDP 也是明显受益的。

六、引入碳税

碳税的作用在于将企业经济活动中排放二氧化碳所造成的环境危害和经济损失转换为企业的内部成本，从而影响企业的决策，促进企业的低碳转型。不同于之前的优化方案，碳税政策在我国尚未实施，碳税税率和物流业治理效率的参数无法确定，因此需要根据相关文献资料和调试明确参数数值后，再对模型进行优化。

（一）参数确定

本节对碳税税率进行赋值，分别输入 100 元/吨、200 元/吨、300 元/吨、400 元/吨、500 元/吨五个税率，运行系统动力学模型输出如图 7.10 和表 7.13 所示的结果。

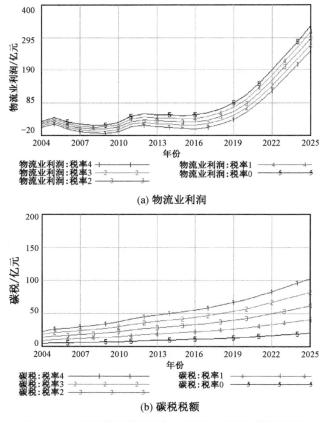

(a) 物流业利润

(b) 碳税税额

图 7.10　不同碳税税率下农村物流业利润和碳税税额

表 7.13　不同碳税税率下农村物流业利润

年份	物流业利润/亿元				
	100 元/吨	200 元/吨	300 元/吨	400 元/吨	500 元/吨
2020	54.192	68.314	82.437	96.560	110.682
2021	85.232	100.645	115.698	130.931	146.164
2022	122.711	139.167	155.623	172.079	188.534
2023	163.330	181.064	198.797	216.531	234.265
2024	206.491	225.547	244.603	263.659	282.714
2025	251.435	271.844	292.253	312.662	333.071

由图 7.10 可知，2004—2019 年虽然采用了阶段性税率，但是高碳税税率下的物流业利润仍为负值，即前期物流业规模较小。由于盈利能力较差，碳税对物流业造成较为明显的经济负担。由表 7.13 可知，2020—2025 年，后期物流业规模扩大，虽然碳排放量较多，但是由于盈利能力增强，仍然能够承担碳税造成的压力。目前中国对实施碳税还处于探索和试点阶段，试点所采取的碳税标准比较低且未找到合适的碳税税率，相关资料显示，欧美各国所采取的碳税标准为 300 元/吨左右，所以此处税率参数为 300 元/吨。

经过多次调整参数发现，在碳税政策的实施下，物流业治理效率是物流业是否愿意实施碳减排措施的关键，若物流业治理效率比较低，则物流业采取治理措施而投入的资金越多其利润反而越少。这是因为物流业治理效率较低，物流业治理投入资金所减少的二氧化碳较少，在碳税政策下这些减少的二氧化碳所降低的碳税税额低于投入，因此会导致物流业即使投资再多也无法增加利润。但当物流业治理效率足够大时，物流业采取二氧化碳治理则会带来利润的增加。调试数据如表 7.14 所示。

表 7.14 物流业治理效率调试数据   亿元

年份	治理效率为33万吨/亿元		治理效率为34万吨/亿元		治理效率为35万吨/亿元	
	低碳投资系数3%	低碳投资系数4%	低碳投资系数3%	低碳投资系数4%	低碳投资系数3%	低碳投资系数4%
2020	82.354	82.873	82.631	82.437	83.437	83.437
2021	115.457	115.465	116.453	116.891	117.649	117.245
2022	155.749	155.385	156.512	156.418	156.221	157.424
2023	198.729	198.878	199.113	199.013	200.514	200.742
2024	244.492	244.289	244.714	245.421	245.265	246.125
2025	292.784	292.525	293.253	293.253	294.253	294.253

由表 7.14 的调试结果可知，在碳税税率为 300 元/吨的情形下，只有当物流业治理效率达到 35 万吨/亿元左右时，物流业对低碳措施的投入才会使其利润增加。本书假定物流业治理效率为 35 万吨/亿元。

（二）模拟结果

根据中国物流业的调查报告，物流业的利润率较低，只占收入的 8%～12%，本书模型中物流业利润占收入的 10% 左右，符合实际。因此即使不征收碳税，物流业每年也只能最多将收入的 10% 投入低碳减排措施，若是超出，则物流业利润为负。将所确定的物流业治理效率和阶段性碳税税率的参数输入模型，在 0～0.1 之间调试物流业的低碳投资系数可得出物流业利润（图 7.11 和表 7.15）和二氧化碳排放量（图 7.12 和表 7.16）。

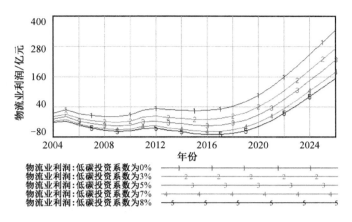

图 7.11　不同低碳投资系数下物流业的利润

表 7.15　不同低碳投资系数下物流业利润　　　　　　　　　　亿元

年份	低碳投资系数				
	0	3%	5%	7%	8%
2020	85.367	39.091	8.242	−22.610	−38.036
2021	115.698	68.943	35.666	2.386	−14.255
2022	155.623	105.114	69.162	33.207	15.228
2023	198.797	144.366	105.620	66.870	47.492
2024	244.603	186.114	144.475	102.833	82.010
2025	292.253	229.611	185.013	140.411	118.108

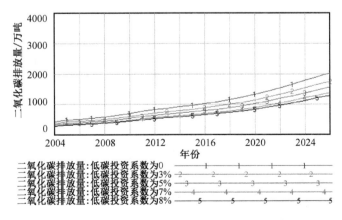

图 7.12　不同物流业低碳投资系数下的农村物流业碳排放量

表 7.16　不同低碳投资系数下物流业的二氧化碳排放量　　　万吨

年份	低碳投资系数				
	0	3%	5%	7%	8%
2020	1315.72	1134.66	1013.95	893.225	832.96
2021	1419.14	1223.83	1093.61	963.375	898.254
2022	1533.05	1322.03	1181.33	1040.62	970.264
2023	1652.07	1424.64	1272.99	1121.34	1045.5
2024	1775.23	1530.81	1367.84	1204.85	1123.35
2025	1901.29	1639.48	1464.92	1290.34	1203.04

由表 7.16 中的数据可知，在碳税为 300 元/吨和物流业治理效率为 35 万吨/亿元的情况下，2020—2022 年物流业的投资系数为 3% 左右时物流业的整体效益可达到最优，2023—2025 年物流业的投资系数为 5% 左右时物流业的整体效益可达到最优。

第六节　低碳经济视角下农村物流系统动力学政策模拟分析

系统动力学作为"政策实验室"，在政策模拟上有着其他科学方法无法比拟的优势，结合上述优化结果可以进行相应的政策模拟，其中碳税的模型优化结果不同于其他的模型优化结果，优化结果是建立在理想条件下的。因此，本节进行多项优化同时调整组合政策模拟和假设情景下的碳税政策模拟。

一、组合政策

（一）组合政策的提出

为了实现农村物流企业向低碳化、现代化转型，必须将节能减排技术和促进经济发展相结合。根据相关文献和江苏省农村物流的实际情况以及上述模型的优化结果提出如下政策：

第一，提高环保投资系数会导致碳排放治理投资的增高。这种政策可以有效降低碳排放量。但是这种降低碳排放量的方法属于治标不治本，治理投资提高过多还会阻碍农村经济发展，因此在采用这种政策模拟时，应该在不阻碍经济发展的前提下将其作为辅助政策。

第二，发展节能技术。政府通过经济和补贴的支持促进节能技术的发展，因此该项政策系数的提高程度取决于相应科学技术的发展程度和政府相关政策对提高能源利用率的引导。

第三，加大政府对物流的投资。足够的投资能推动农村物流的发展并解决供给不足的现状。但同时要考虑实际情况，当物流供大于求时又可能形成物流产能过剩和资源浪费的局面。

第四，提高农产品的加工量。这项政策既可以降低越来越严重的高库存，又可以增加农民收入促进农村区域经济、降低库存的能耗，但是加工量并不是无限提升的，要确保库存在 20% 以上（本书仓储库存包括主粮和其他农产品，考虑到我国人口较多，因此要大于标准库存比）。

第五，提高能耗低、污染少的运输方式的使用比例，减少能耗高、污染大的运输方式的使用比例，从而降低交通废气的排放量，但同时要考虑地域交通网的分布状况来调整货物运输的方式。

（二）组合政策模拟分析

具体的参数调整如下：提高环保投资系数到 2%；提高 10% 的能源节约系数；降低公路运输 10% 的比重并提高铁路运输 10% 的比重；提高农产品 20% 的加工数量系数；提高农村物流投资到 10% 并提升物流的投资转换效果。农村 GDP 和碳排放量的相应模拟数值如表 7.17、图 7.13 和图 7.14 所示。

表 7.17　组合政策模拟结果

年份	农村 GDP/亿元			碳排放量/万吨		
	系数调整前	系数调整后	变化率①	调整系数前	系数调整后	变化率②
2020	48290.8	50367.4	4.3%	2903.95	1857.85	−36.02%
2021	53310.6	55654.2	4.4%	3244.45	2079.04	−35.92%
2022	58609.1	61231.4	4.47%	3626.24	2328.17	−35.8%

续表

年份	农村 GDP/亿元			碳排放量/万吨		
	系数调整前	系数调整后	变化率①	调整系数前	系数调整后	变化率②
2023	64193.8	67114.6	4.55%	4059.07	2612.79	−35.63%
2024	70112.6	73392.7	4.68%	4532.92	2923.06	−35.52%
2025	76299.5	79958.6	4.8%	5071.76	3278.95	−35.35%

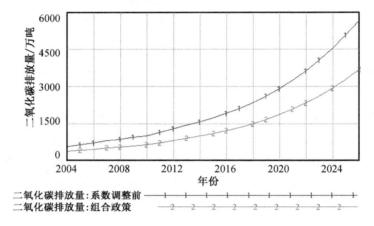

二氧化碳排放量:系数调整前 ⊢—1—1—1—1—1—1—1—1—⊢
二氧化碳排放量:组合政策 —2—2—2—2—2—2—2—2—2—

图 7.13　组合政策二氧化碳排放量的仿真结果

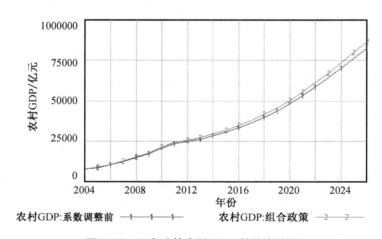

农村GDP:系数调整前 ⊢—1—1—　　　农村GDP:组合政策 —2—2—

图 7.14　组合政策农村 GDP 的仿真结果

　　上述模拟数据表明，采用组合政策下的农村 GDP 显著大于未采用组合政策的模拟值且变化率是逐年递增的，采用组合政策下的二氧化碳排放量和未采用组合政策的情况相比降低了 35% 左右。

　　为了清晰地展现采用组合政策和未采用组合政策的差别，先运用碳生产率模型来测算 2015—2020 年间每年的碳生产率，其一般公式（7.1）如下：

$$T = \frac{GDP_i}{C_i} \qquad (7.1)$$

式中：T 为碳生产率；GDP_i 为 i 年的 GDP；C_i 为 i 年的碳排放量。

　　结合本书所述物流业碳生产率以及所采取的组合政策中提高农副产品加工系数，将式（7.1）转化为

$$T_L = \frac{NGDP_i + LGDP_i}{C_i} \qquad (7.2)$$

式中：T_L 为农村物流系统碳生产率；$NGDP_i$ 为农副产品加工 GDP 增加值，亿元；$LGDP_i$ 为物流产业 GDP 增加值，亿元；C_i 为农村物流系统的二氧化碳排放量，万吨。利用该公式可以得出采用组合政策模拟值和未采用政策的碳生产率数据。

　　图 7.15 所示为碳生产率曲线，曲线 1 和 2 整体处于平稳趋势，与实际相符。这表明农村物流业的碳生产率主要受物流业的运输和仓储量的影响，在其他参数没有变化的情况下一般都趋向于某个稳定的数值。对数据进行静态比较可发现，采用组合政策的碳生产率明显高于未采取组合政策的情况，即在产生同样碳排放量的情况下，同年份里采用组合政策的低碳农村物流系统的生产总值是未采用组合政策的 2~3 倍。

　　为了进一步揭示采用组合政策和未采用政策时农村物流业的碳排放情况，运用 Tapio 脱钩指数法对 2004—2025 年物流业的碳排放量和 GDP 之间的关联性进行研究，计算公式如下：

$$DI = \frac{\dfrac{C_t - C_0}{C_0}}{\dfrac{GDP_t - GDP_0}{GDP_0}} \qquad (7.3)$$

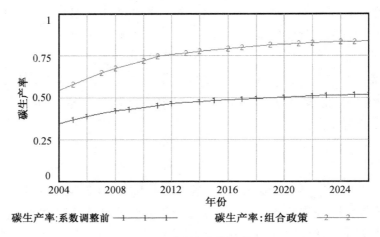

碳生产率:系数调整前 ——1——1——1—— 碳生产率:组合政策 ——2——2——

图 7.15　碳生产率仿真结果

式中：DI 代表脱钩指数；C_0 为基期碳排放量；C_t 为末期碳排放量；GDP_0 为基期 GDP 值；GDP_t 为末期 GDP 值。计算结果见表 7.18。

表 7.18　脱钩指数法仿真结果

采用政策	脱钩指数	$GDP_t - GDP_0$	脱钩状态
未采用组合政策	0.740	大于 0	弱脱钩
采用组合政策	0.306	大于 0	弱脱钩

结果表明，在该模型中采用组合政策可使江苏省农村物流业原本接近扩张连接的状态降低到较强的弱脱钩状态。

二、碳税政策

我国的碳税政策仍处于试点阶段，对碳税机制和碳税税率还处于摸索时期。第五节中的模型优化结果表明，合理的碳税能对碳排放进行有效的控制，反之会造成不良的经济后果。我国是发展中国家，农村的低碳观念和低碳技术都十分落后，物流业的低碳治理效率还达不到优化模型中的假定情况且农村物流对碳税的承受能力还有待商榷。因此，本节从如下两个方面来解决问题。

（一）对物流行业提供低碳补贴

在上节模型优化中已知农村物流业是否愿意转型低碳化和实施节能

减排的关键是碳排放的治理效率，但是依我国目前的物流业治理效率，要想达到 35 万吨/亿元还有相当长的一段路要走。因此在物流业治理效率较低的情况下，投入资金所治理的碳排放量较少，乘以税率后其折算的碳税税额也较少，低于投入的资金。表达式如下：

$$\begin{cases} P_0 L = C \\ P_1 = CT \end{cases} \to P_0 \geqslant P_1 \qquad (7.4)$$

式中：P_0 为物流业低碳措施的投资金额；L 为物流业治理效率；C 为减少的二氧化碳排放量；T 为碳税税率；P_1 为因治理而少交的碳税金额。

分析表达式可知，提高税率是一种方法。但是上节模型优化中已表明由于物流业的利润有限，当税率高于 500 元/吨时，碳税会成为巨大负担，国外碳税在最初施行时，税率都比较低以避免社会各界的不适应和过激反应。因此，无法通过提高碳税税率和物流业治理效率两种方法来使 $P_0 \leqslant P_1$，而政府制定合理的低碳补贴来促使物流业自愿实施节能减排和低碳转型。政府提供低碳补贴的表达式为 $P_0 = P_0' + P_0''$，其中 P_0' 为物流业的投入资金，P_0'' 为政府补贴。当碳税税率和物流业治理效率不变时，$P_0 = P_0' + P_0'' \geqslant P_1$，但是只要 P_0'' 足够大并使得 $P_0' \leqslant P_1$，则物流业仍愿意采用低碳措施和转型。

（二）对低碳型物流企业实施碳税返还

碳税返还有多种方式，其中减免企业所得税和减免生产税对提高服务业和清洁能源部门的产出起到促进作用，减免居民所得税对促进居民消费和社会福利的贡献较为突出。

物流行业中各个企业的利润不同且治理的效率也有高有低。在碳税政策和补贴下，低碳型物流企业和传统型物流企业相比更具有竞争优势。政府可通过碳税返还中减免企业所得税的方式来促进低碳型物流企业的发展。物流行业中碳排放量高且治理效率低的传统型企业会由于利润过低而退出市场，而碳排放量低且治理效率高的低碳型企业则会凭借竞争优势获得高额利润并脱颖而出，从而引导整个农村物流业向低碳化发展。

第八章 低碳经济视角下农村物流信息系统分析与概念模型设计

农村物流信息系统的开发是农村物流建设过程中更上一个台阶的关键。农村物流包含农产品物流、农村建筑物物流、农村消费品物流等，是一个有机的系统，各部分之间既有一定的相关性又各不相同。目前，国内外学者关于农村物流信息系统的研究大多集中于农村物流公共信息平台等领域。基于农村物流所含内容的复杂性，本章所研究的农村物流信息系统采用低碳经济等相关理论，研究环境保护、农村物流的进一步发展等问题，期望为农村物流的低碳发展贡献绵薄之力。

第一节 现有农村物流信息系统存在的问题

一、系统内碳排放监管机制缺失

随着国家进入新时代，中国经济增长已由高速增长阶段转向高质量发展阶段，是绿色增长以实现经济与自然和谐发展的攻关期。由于农村基础设施不完善、经济基础薄弱等所特有的属性决定了其物流过程中终会产生较为显著的碳排放，为了避免走"先污染后治理"的老路，通过在农村物流系统设计中融入低碳元素，最大限度地减少碳排放，以保证环境经济可持续发展。企业和行业学者都知道，物流产业是属于既不增值碳排放量又较高的产业，作为第三产业的重要组成部分又是不可或缺的成员之一，故随着行业职能等各方面的完善与优化，降低物流成本便成为企业的第三利润源泉。但降低物流成本和碳排放之间往往存在着"效益悖反"现象，难以否认，低碳物流始终未得到高度重视，针对农村物流不仅存在着单程运输的高排放量，还有冷链运输的高能耗高排放，要想在保证各方成本的前提下做到碳排放最小，必须从源头上解决。

基于低碳模式的农村物流，既不能脱离政府宏观指导，也需要产学研多方合作搭建起共享型的物流信息平台。当前国家主要在制造业上对碳排放实施约束机制，碳税交易也仅在少数城市中的个别行业试行，并未得到大幅度推广。针对物流行业，尤其是关乎国计民生但碳排放量较高的农村物流，没有相关的规章制度可循，有关碳约束机制同样没有成型。本章以现代互联网云计算技术和管理信息系统为手段从源头上控制农村物流的碳排放，从流程优化和排量运算两个方面尽力减少农村物流的碳排放，并形成合理的碳约束机制。

二、系统集成一体化程度低

对农村物流良好管控的前提是掌握及时全面的物流信息资源。农村物流中的信息包含需求方与供给方进行信息交换和协商而产生的信息流动，并且系统中涉及信息种类较多、时间性强、动态性强、涉及面广。农村物流信息系统的发展过程分为四步。

（1）联系服务初期：互联网发展初期，市场主要利用互联网及移动终端设备实现物流各环节之间的联系，拓宽信息渠道的同时减少了信息传递的时间成本。

（2）信息化建设成长期：我国科技发展日新月异，物流信息化建设逐步成长。加之国家大力鼓励开发等政策，各企业内部分别建立各自的物流信息系统，针对相应业务优化了农村物流流程，以确保产品起源和过程的安全可靠。

（3）决策技术成熟期：各生产、流通加工、销售企业等都有了相应的物流信息系统，为企业决策提供数据分析支持，以便及时对复杂信息进行整合。

（4）信息系统整合期：该时期的主要角色是实力雄厚的第三方物流公司，各企业通过分析设计，将农村生产基地、流通加工企业、销售企业、消费者客户群体等整合集成，形成具有系统性的物流信息系统。

农村信息系统的集成，有利于使原来分散的各主体整合为一个有机整体，使各主体间相互协调配合，避免了由数据库等不统一、数据共享不成熟、标准不一致、文件不规范等造成的工作烦琐、过程冗余等问题。当物流流程实现优化、各环节的联系加强时，可实现方便统一管理的目标。目前，我国农村物流信息系统集成化水平还比较低，这一方面由分布广泛、小规模生产等农村的特有属性造成；另一方面，能够整合情况复杂的各环节的成熟公司较少，信息化程度在农村物流行业内较低，农户又缺乏专业知识，这些都在一定程度上造成农村物流信息系统的现状。农村物流信息系统平台的最大作用是整合各农村物流信息资源，完成各主体之间的数据交换，以实现信息共享，农村物流信息化除需要政府外，还需要相关企业与资源提供者联手，以及政府推进贯彻落实，特别对于薄弱的主体应该给予一定程度的鼓励津贴政策。信息系统的集成对物流行业实现低碳化发展具有推动作用，同时各主体间也会借助信息标准化、销售对口性和供需信息的及时了解大大提升交易额，降低交易成本。

三、系统功能不全面

农村物流信息系统的主要功能是采集、处理和传递农村物流和商流的信息情报。

首先，现有农村物流信息共享功能不完善。① 供应商与需求者之间有较多复杂的中间环节，而各环节之间又独立运作，导致供应商未能及时掌握客户当季的真实需求，消费者也苦于寻找更绿色健康更安全可靠的产品，物流运作中商品的损失对农业生产造成极大的浪费，严重打压了农民生产生活的积极性；② 生产企业加工流通等过程不公开、不透明，消费者从生产者手中直接购买商品，但通过加工后才流入市场销售占绝大多数情况，所以对农村物流生产运作源头不了解，难以从根本上保证农村物流的质量安全;③ 物流上下游企业间信息不共享,直接导致物流信息系统运行效率低下,在阻碍农村经济提升的同时也造成信息资源投资建设的浪费。成熟的农村物流信息系统应包括流通加工、仓储、运输调度、销售、信息处理等不同的功能,但现有信息系统还存在较大的上升空间。

其次,农村物流运输调度功能整合不健全。由于农村地域性、季节性等差异,物流运输存在比较严重的单向性现象。此外,大多数生鲜农产品在运输过程中对运输设备要求较高,都要冷藏或冷冻运输。利用冷藏车从农村运输生鲜农产品到城市,而将信息资料从消费者输送到农村生产者时并不需要冷藏服务,所以造成高设备冷藏车空载而返,这既增加了交易双方的资源成本,又产生了较高的碳排放量。

最后,农村物流的可追溯性能不完善。产品质量安全问题与国计民生密不可分,不容忽视。农村物流由于种类丰富,产地分布广泛,难以统一管理监督,因此容易造成劣质产品流入市场,劣质产品挤压优质产品等现象进一步造成产品损耗。然而,市场监管往往是东成西就,由于缺乏农村物流信息追溯机制,找出问题产品源头经常要耗费很大一番工夫,但也未必能从源头上解决产品质量安全问题频发的难题,而物流追溯是质量安全监管的有力保障。

第二节　低碳经济视角下农村物流信息系统需求分析

一、信息系统功能分析

大力发展低碳物流是促进我国持续发展和循环经济的基础。信息系统是对物流信息进行收集整理、存储加工、传输的人机交互系统,服务于物流企业。各企业要保证产品绿色无污染,增强品牌核心竞争力。此外,政府应对超标部分要求进行有偿碳交易,在保障主体利益的同时约束其行为,势必会使物流活动循环低碳化发展,也会使企业高成本运转。物流信息系统本身增加了各环节信息的透明度,实现信息共享的同时也疏通了产品销售渠道,避免了生产的盲目性和供大于求的局面。系统来看，物流信息系统的建设利大于弊，同时需要政府切实协调好社会与民生关系，既要金山银山，也要守住绿水青山。

（一）协调各物流主体

在生产基地或农户等供应方面，完善成熟的物流信息系统要能提供下游企业的相应信息以供搜寻销售渠道、制订生产计划等。在信息化程度较低的早期，农村物流的生产者和消费者往往是一体的，一些农业和畜产品直接被生产者消费。利用信息系统的统计数据功能，查看近几年消费者对红富士苹果和青苹果的消费倾向，有利于苹果商抓住商机。信息系统追溯功能也能切实保障供应优质产品的生产商利益，避免市场上劣质商品的恶意竞争，增加品牌知名度和可信度。

（二）信息透明共享

由于流通企业处于供应链的中间，因此往往陷入无货源和产品滞销的尴尬境地。农村各村庄分布相对分散，在一定程度上阻碍了传统的物流沟通渠道。一方面，许多农业产品信息不对称，无法有效收集和传播，产生供需矛盾。农民获得的收购价格低，城市销售价高，交易过程不合理，有失公平。另一方面，部分企业仍然采用传统的信息不确定和量小利润低的小收购小推销的购销模式。完善成熟的物流信息系统提供了供应链上下游主体查询购销渠道、物流信息等公共平台，提高了农业产品的流通速度，物流的全流程更加合理，供应链的各项成本也得到了降低。

（三）增强数据储存与搜索引擎功能

物流企业是农业产品供应链各环节的衔接点。物流信息系统是信息收集的代码化和数据库化、信息处理的计算机化和智能化、信息传递的标准化和实时化、信息存储的数量化和数字化的集中体现，容易组织和控制，改善信息传输和利用的效率，并减少运作成本。分散的供销主体或企业内部物流往往外包给第三方物流企业，既节省成本，又节省人力物力，使更多精力放在主要产品的生产销售上。因此，完善成熟的物流信息系统必须具有强大的数据储存和搜索引擎功能。

（四）质量安全保障

消费者比较关心的问题是农业产品的质量安全、性价比及物流效率等，其中最注重农业产品的质量安全问题。在类型相似的产品面前，消费者对价格与质量往往存在某种博弈的过程，安全质量较高的产品绿色有机但价格较高，品质一般的产品质量安全没有较高保障但价格优惠。消费者根据产品的心理期望价格与实际价格对比来决定购买行为。建立基于低碳经济的物流信息系统后，便可以利用信息技术为消费者提供智能化、优质化的服务，从而很好地解决消费者担心的问题。随着人民生活质量的提高，对美好幸福生活的追求也体现在追求家庭餐桌上绿色低碳无污染的蔬菜水果。目前在农村物流系统方面，高成本、高损耗等原因也是由于信息不通畅、中间环节过多等造成的。农村物流信息系统通过信息共享、农超对接、品牌竞争、物流效率提升等使农民实现高收入，更具有积极性。经过多方面综合考虑，农村物流信息系统是有必要开发的，也是可行的。

（五）过程低碳可持续化

对政府而言，农村物流信息系统的开发使物流过程等相关信息的存储、查询和使用都会更便捷，而加入低碳经济理论的农村物流信息系统通过对碳排放进行计算、统计和监测，可实现政府部门根据在国际公约上承诺的碳减排目标，政府部门通过将整体目标依次分配给不同部门和行业来完成阶段落实。农村物流信息系统根据上级指标将目标分配给物流系统内仓储、流通加工、运输调配、配送等单个环节，各物流主体在碳排放指标的约束下规范自身行为，惩罚机制或依靠碳税政策从其他地方购买碳排放量的措施使得各主体不得不努力减少碳排放。另外，相关监督管理部门也应对碳排放变化进行全过程追踪，对碳排放超标原因进行分析，及时做出对产业结构和相关措施的相应调整。同时，科技创新等企业应不断创新节能低碳技术，以加速实现物流全过程中最大限度地减少碳排放量的目标。

综合上述不同角色的需求分析可知，联系各物流主体、减少物流过程碳排放、信息透明共享、农业产品追踪溯源等功能是基于低碳经济的农村物流信息系统的必要功能或基本功能。下面从四个方面实现该系统对低碳的指导。

1. 集成一体化信息系统设计实现信息共享来减少碳排放

一方面，农业产品在生产消费过程中有着分散性、小规模等显著特征，形成如今分散小规模农产品市场经营模式，也导致物流过程管理环节增加和农产品的冷链物流运输管理的高投入与高成本；另一方面，在农业产品供应链全过程中，各参与方缺乏一定的组织与协调机制，双方或多方很少进行密切频繁的交流，导致信息阻塞，物流能源消耗过大，容易引起农业产品自身品质降低，并造成大量非必要的能源损耗。信息系统是将不同主体集合在一起的平台，在这个平台上，物流信息是集成化、数据库化和代码化的，具有电子化、计算机化的物流信息处理功能，其传递也是标准化和实时化的，所有的物流信息可以相互关联。该系统可以很容易地进行组织和控制，改善信息传输和利用效率，并减少信息传输的成本，可以通过有效沟通减少衔接时间，加快运作效率，减少碳排放。只有实现物流设备利用效率最大化、环保经营等，才能促进低碳物流发展。同时，物流活动应该最大限度地利用物流设备，争取做到环保运营、无害运营。

2. 通过信息系统优化物流过程来减少碳排放

在物流信息系统内部，将物流活动整合为整体，在外部协调过程，使得物流资源得以整合优化，以便节省时间、人力、物力等成本。农村物流集合了物流基本功能活动（储存、装卸、搬运、包装、流通加工、配送、回收和信息处理等）。这里特意选择仓储和配送碳排放较多的两个环节进行优化，针对冷链仓储来说，可以根据货位优化减少碳排放，提高出入库效率及按一定规则归置，以减少碳排放为优化目标达到货位优化。配送环节的碳排放主要来自车辆能源使用的燃烧排放和车厢冷藏设备的碳排放，该系统在路线优化方面也做了相应研究，最终通过路线优化在一定程度上减少了碳排放。

3. 对碳排放量的监控测算来达成对排放量的约束目的

该系统提供了一个碳排放计算器，可以对关键物流环节进行碳排放测算。一方面，政府部门需要结合市场实际情况，制定出合理完善的税收优惠、低碳补贴等政策制度，激励并引导广大企业积极引进先进物流技术和设备，最大限度地减少碳排放量；另一方面，物流企业还需高度重视对农业产品物流的销售网点、运输路线及目的的科学规划设计工作，从而有效减少农产品的运输配送里程，达到节省更多能源的目的。现在部分行业中，碳税征收政策已经开始试行。因此农村物流行业在未来也应有一套碳排放标准，对于超过这个标准的企业就要征收碳税。除此之外，希望在政府碳约束政策的基础上提供农村物流碳排放测速测算方法，以此约束相关主体高排放的行为。后期可以通过超标部分征收碳税，对节能减排企业实行奖励或碳交易等措施来实现碳排放，这也是本节从低碳视角考虑要实现的系统功能之一。

4. 物流追溯技术应用是农业产品质量安全监管、碳排放监管、日常监管等多项工作顺利开展的基础

追溯系统的有效构建以数据信息为载体技术。该系统通过信息记录和标识技术二维码生成识别技术来达到农村物流全程可追溯的目的。这一方面可以保证果蔬的质量安全，另一方面也可以记录碳排放信息，受社会成员共同监督，为实现绿色和谐可持续发展的社会自然环境，消费者未来也会更倾向接受碳排放量更少的果蔬。这在一定程度上也可以敦促各企业各行业减少碳排放。物流追溯系统功能上的完善和技术上的革新，无论是对于发展农业产业、改善人民生活，抑或是对于打破贸易壁垒，都具有重大的现实意义，对碳排放依法管理的新阶段也提供施行保障。

二、信息系统性能分析

（一）系统界面易操作

农村物流信息系统的主要功能是采集、处理及传递农村物流和商流的信息情报。它与普通物流信息系统的不同之处在于，其集成性决定了系统有不同层次的使用对象，用户中既有受教育程度较低、文化程度不高的农户，也有具有较高素养的企业高管等。因此，系统界面的设计一定要简洁、易操作、通用，其相应的软件应具有通用性、可移植性，方

便用户直接上手使用，不用单独花费时间精力进行培训。系统兼容性强，由于市面上存在诸如 Windows、MAC OS、UNIX 等不同的操作系统，并且随着信息技术的飞速发展，后继还会不断涌向出各式各样的操作系统。该系统的硬件由微机网络或中、小型机组成，故兼容性好，可以满足不同用户的使用需求。

（二）系统方便维护

农村物流信息系统的开发主要包括系统需求分析、系统逻辑设计、系统的物理设计、系统实施和系统的维护与评价五方面内容，是一个较为复杂的过程。农村物流信息系统的开发应能够代替手工完成人工无法胜任的复杂烦琐的信息处理，及时、准确地提供有关农村物流的各类动态信息资源，为决策者提供管理信息和决策信息。农村物流产品繁多及市场巨大的需求量，一定程度上决定了系统数据库容量庞大，有时会需要维护上亿条数据信息，所以系统需要方便维护以解决访问人数过多及数据量过大给系统造成的负担。系统的维护和评价是在信息系统试运行一段时间后或投入使用一段时间后，需根据现场要求与变化，对系统做一些必要的修改，进一步完善加强系统以满足市场需求。

（三）数据标准统一

农村物流信息系统所管理的信息覆盖面广泛，而且需要能适应农村物流系统内外部环节的要求。系统管理不仅是数据、资料的简单组合和传递，而且应该具有数据分析、加工、筛选处理等功能，是一个门类齐全的、具有职能特性的信息系统。另外，借助信息系统及时掌握农村物流系统运行的状态，例如物品的运输路径、运输数量、品种规格、配送方式，以及销售网点库存状态和市场需求等，集成一体化信息系统的设计基础需要有统一的数据标准，提供不同主体使用功能的衔接口，比如不同物流环节的碳排放计算数据都有一套统一的单位，文件格式和文档格式布局都应一致，以便读取数据和下载数据，从而进行管理和控制。

（四）系统处理信息功能强大

农村物流信息量大、交换传递频繁、时间地域性强、分散等特性决定了农村物流信息来源具有不确定性、不完全性和不准确性等特征。这些特征必然使计算机程序对信息处理不能够畅通无阻，因此，强大的信息处理功能对农村物流信息系统是十分必要的。为此，该系统的设计从三方面着手：一是信息的初级处理，即进行分类庞大的信息资源，按其类别的相关度将无法识别分类的信息进行排序。二是在信息分类确定之后，对分门别类的信息进行筛选、处理、分析等综合研究工作。经过分析综合后的信息，以分散的、局部的特性依靠它的输入和运行，来反映整体农村物流的信息。三是对信息加以评估。为了增加信息的可信度，在信息综合分析分类的基础上，加强对信息的评估是行之有效的一种手段。因为信息的确定和提出是管理决策的过程，决策是企业最基本的职能，并将确切的信息实现对农村物流运行的管理、控制、组织等功能。本系统在信息处理功能上实现了一定程度的突破。

第三节 低碳经济视角下农村物流信息系统可行性分析

一、系统运营模式可行性强

该系统的运营模式如下：第三方物流企业投资开发、政府主导、物流主体充分参与，比政府融资性租赁或直接出资有着更高的可靠性。首先，基于低碳约束的信息系统是在国际社会公约约束碳排放的大背景下提出的，一般企业或个人在自觉性还未达到一定程度时，由政府主导建立低碳经济的物流信息系统推动实现低排放目标和美丽和谐的社会自然环境效果显著。其次，随着信息技术的发展，物流活动日益庞大和复杂，企业必须确立核心竞争力，加强供应链管理，降低物流成本。对运营投资的第三方物流企业，在物流运输及基础设施的专业性是其他模式不可比拟的，建立集成一体化的信息系统是大势所趋，在政府对低碳的补贴和要求下，物流各节点对物流系统也是存在必要性需求的。所以，系统开发是可行必要的。

二、信息技术日趋成熟

信息技术飞速发展支撑了农村物流信息系统的开发。该系统采用的现代信息技术包括数据采集及识别技术、物流动态实时追踪技术、企业数据交换及传输技术。目前比较流行的信息采集及识别技术有射频识别技术、条形码采集技术等；物流动态实时追踪技术包括全球定位系统和地理信息系统，以及电子数据交换技术。性能成熟功能完善的信息技术为设计低碳约束下农村物流信息系统奠定良好的基础。

（一）数据采集及识别技术

数据采集即数据获取，利用一种装置从系统外部采集数据并输入到系统内部。数据采集技术广泛应用在各个领域。把计算机所需的数据用一种条形码来表示，再将条形码数据转换成计算机可以自动阅读的数据是数据采集的方式之一。条形码是由一组颜色不同（一般为黑白色）、粗细不一的柱状条体及其对应字符按照一定规则排列的条码，用以表示一定的标识信息。通过对光线反射率高低的不同条、空，借助物理光学原理将光信号转换成电信号，并通过特定设备将条形码翻译成二进制或十进制数据信息。目前市面上有一维码和二维码两种，如图 8.1 所示。一维码已经非常普及，但信息容量大、编码范围广、保密性可靠及容错能力强大的二维码正在快速充斥市场。

(a) 一维码

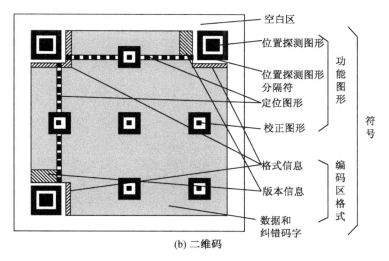

(b) 二维码

图 8.1 一维码和二维码

条形码采集技术的应用是实现现代化管理的必要手段，也是物流信息系统的基础。它像产品说明书一样可以记录从源头到消费者手中的农村物流信息，是一切信息管理工作的开端。条形码专用读取设备可利用在物流各个环节中，进行物品追踪、控制库存、记录时间和监视生产过程，随时掌握产品的性能及运输位置等动态信息。

射频识别（Radio Frequency Identification，RFID）技术也称感应式电子晶片或电子标签、电子条码等。其原理是由扫描器发射一定频率的无限电波能量给接收器，用以驱动接收器电路将内部的代码送出。扫描器也就是信号发射机储存了被读取信息的事物所携带的标签，它与条形码的不同之处是不需要人工扫描，自身能够自动或在电磁波线圈的驱动下发射信息。RFID 射频识别是一种非接触式的自动识别技术，可通过射频信号自动识别目标对象并获取相关数据，识别工作无须人工干预，可用于各种恶劣的环境，工作原理图如图 8.2 所示。

目前 RFID 技术已经广泛使用在高速收费、零售业及物流业中，包括记录商品位置、库存量、防盗等，在农村的应用趋势上主要是对易腐商品进行温湿度记录，温湿度是保持果蔬新鲜度及质量安全的重要因素，通过在 RFID 标签中内置微型温湿度计，可以准确方便地记录相关参数方便商店甚至是顾客查询，以防潜在的损失。

RFID 的工作原理是在电磁理论的基础上利用无线电波对记录媒体进行读写。RFID 技术具有高速移动物体识别、数据容量大、非接触式读卡方式、多目标复杂识别等特点，因此被称为 21 世纪最有发展潜力的信息技术之一。

图 8.2　RFID 工作原理

（二）物流动态实时追踪技术

全球定位系统（Global Positioning System，GPS）是由空间部分的通信卫星、用户部分的接收端及地面监测站组成的对目标车辆或物品进行定位或路线追踪的高精度无线电导航生物动态定位系统。GPS 是物流行业管理的智多星。为了全天候、高精准、连续实时测量物体三维位置，每次至少需要观测 4 颗卫星，通信卫星接收并存储来自地面控制系统的导航电文，按照地面控制系统的命令调整轨道，调整卫星钟，整个系统的正常工作也由通信卫星修复故障或启用备用件以维护。用户接收端是通过无线通信软件及计算机硬件组合而成的信号接收机，地面监测站又由观测站、主控站、注入站共同负责卫星的监控、气象数据采集，将导航文件注入卫星并检测其正确性及是否将导航电文发给用户，具体表现如图 8.3 所示。

GPS 可以提供全天性、全球性不间断的高精度的导航性能，1 秒内可多次取得位置信息，这种几乎实时的导航能力对物流车辆的监控及产品不间断传输数据的高要求用户来讲具有很大的意义。随着物流业的快速发展，GPS 发挥着举足轻重的作用。

美国联邦数字制图协调委员会（FICCDC）将地理信息系统（Geographic Information System，GIS）定义为在计算机硬件、软件系统支持下为了解决诸如数据的采集处理、分析、建模及反馈等复杂的规划及综合管理问题的系统，主要由软硬件系统、地理空间数据、用户及开发人员、应用模型四个部分构成。

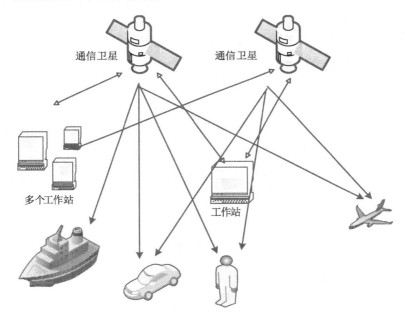

图 8.3　全球定位系统

许多学科受益于地理信息系统技术。活跃的地理信息系统市场引发GIS 组件的硬件和软件的低成本和持续改进。GIS 除了拥有数据采集处理、存储、交换、分析统计、产品演示及二次开放等基础功能外，目前在森林土地资源管理、野生动植物保护、水资源地理分布、城市区域规划、重大自然灾害预警运输和规划等方面也有较为广泛的应用。

（三）企业数据交换及传输技术

电子数据交换（Electronic Data Interchange，EDI）是 20 世纪 80 年代兴起的电子数据交换工具，旨在在标准统一的格式要求下处理不同企业或贸易组织间利用计算机系统或现代通信手段传输的订单、发票、报关凭证、货物属性等作业文件。采用 EDI 技术可以减少文件传输过程中的各种差错等问题，减少许多重复劳动，提高工作效率，能有效地减少直到最终消除贸易过程中的纸面单证，为贸易节省时间提高效率，通过信息加密手段大大加强信息安全性，使得贸易双方能够以更迅速、有效的方式进行贸易的同时也达到了低碳环保要求。

　　EDI 技术在制造业、金融、保险和商检，以及超市零售、物流信息系统、安全预警等领域都有广泛的应用。农村物流运输业采用 EDI 技术能实现货运单证的电子数据传输，为客户提供高层次和快捷的服务。对农村物流仓储业采用 EDI 技术可加速货物的提取及周转，减缓仓储空间紧张的矛盾，从而提高利用率。农村物流 EDI 指供货方（生产基地、农户、批发商）、收货方（超市、零售商）和第三方企业或组织间通过 EDI 技术进行物流信息的交流并以此为工具来维持正常农村物流活动的运转，三个主体通过 EDI 技术组成简单的物流信息系统文件传输模型，如图 8.4 所示。总之，农村物流信息系统利用 EDI 技术标准化信息传输格式和处理方式使得信息传输过程出错的概率大大降低，简化了货物抽检的烦琐流程，提升了货物信息的流转速度，降低了物流成本。

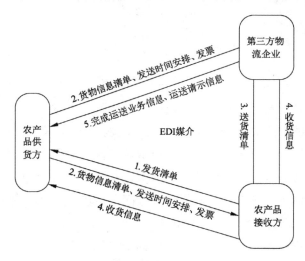

图8.4　物流信息系统文件传输模型

三、低碳理念不断革新

在国家层面上，自 2003 年英国政府首次在《能源白皮书》上提出"低碳"的概念以来，我国积极配合国际组织在节能减排的道路上做出了很多努力，并将可持续发展作为经济社会发展的重要目标，充分发挥科技创新在减缓和适应气候变化中的先导性、基础性作用，开展全民气候变化宣传教育，继续推动并参与国际合作。我国专门成立了低碳行动联盟来倡导低碳理念、促进低碳转型、创新低碳生活、创造低碳文明。我国提出，到 2030 年我国二氧化碳排放将达到峰值，单位国内生产总值碳排放比 2005 年下降 60%~65%。国家对低碳的重视大大提高了人民节能环保的意识，这也为农村物流信息系统的设计提供了政策依据。

在企业层面，在政府推动下，各行各业都在自己的领域创新技术，推行绿色低碳可循环发展战略。通过技术创新、制度创新、产业转型、新能源开发等减少石油煤炭等高能消耗，减少温室气体排放。企业发展低碳经济，一方面是积极承担环境保护责任，完成国家节能降耗指标的要求；另一方面是调整经济结构，提高能源利用效益，发展新兴工业，建设生态文明。例如，电动汽车行业，新能源等已经投入市场，逐渐替代传统的以煤炭、石油为燃料的一次能源；创业公司也开始在低碳方面寻找商机，如共享单车、共享汽车的普及，以及"石头纸"在"两会"上的应用。在建筑节能方面，政府也通过政策大力推动，全国新建建筑物施工阶段执行强制性标准的比例达到 90% 以上；部分企业还会对低碳出行、低碳消费、低碳生活的民众进行鼓励。

在个人层面，从哥本哈根会议到 2021 年的"两会"，"低碳生活""低碳经济"已经成为人们谈论的热词，引导公众反思哪些习以为常的消费模式和生活方式是浪费能源、增排污染的不良嗜好，充分发掘服务业和消费生活领域节能减排的巨大潜力。在民众生活中都掀起了一股"低碳潮"。群众乐于接受低碳理念，并尝试低碳生活从"我"做起，养成减少使用一次性用品等很多低碳的良好生活习惯，对电动公交赞不绝口，短距离出行更愿意骑共享单车，买菜自带可重复利用的购物袋，注重家庭空调、冰箱、洗衣机的节能减排，等等。

低碳的核心是能源技术和减排技术创新、产业结构和制度创新，以及人类生存发展观念的根本性转变。通过国家大力推进，产业政策宣传等低碳观念已经自上而下深入民心。在此环境下，我国农业产品物流发展要朝着低碳节能的方向不断前进，对基于低碳理念的农村物流信息系统，相信也能在低碳理论支持下不断成熟完善，在低碳实践落地开花的发展中被民众和企业广泛接受。积极推动农村物流的低碳发展，实现对各项资源的最优化配置，提高物流服务水平，减少贫富差距与我们息息相关。

第四节　基于低碳经济的农村物流信息系统概念模型设计

我国农村物流供给侧的输出大多数以小车队或个体户为主，管理混乱，市场监管机制不健全。国内企业或供给方希望通过农村物流信息系统整合社会资源，降低物流成本，优化物流流程，实现信息共享。

现代社会的信息化发展是实现低碳经济的有力工具，社会需要信息化来实现低碳，而低碳也是信息化快速发展的主要成果。二者相辅相成，互惠互利。但是目前中国农村物流信息化发展程度不高，利用信息化实现物流全过程低碳的企业或第三方组织为数极少，如何使农村物流信息系统实现集成与低碳经济目标是重要的研究项目。

信息系统是为了服务广大社会组织及公司的一种平台或手段，属于第三产业，相比于农业和工业，其本身的能源消耗量很少。中国统计局资料显示，截至 2015 年，我国农、林、牧、渔能源消耗量为 8232.00 万吨标准煤，工业能源消费总量为 292276.00 万吨标准煤，而电子通信、计算机等信息行业能源消耗量仅为 3143.00 万吨标准煤，是三大产业中消耗量最少的。信息系统在信息共享、提高节能减排技术、协调运输仓储、规划最优方案等方面有着突出的贡献，对低碳经济发展也有着重要的促进作用。因此，设计低碳经济视角下的农村物流信息系统是社会所需，在设计时需要搞清楚系统的设计原则、框架模型及数据库模型。

一、信息系统设计原则

设计基于低碳经济的农村物流信息系统需要符合以下几项原则：

（一）受众更广原则

农村物流信息系统的开发不仅要考虑节能低碳、优化运营的目标，也要考虑系统开发设计的实用性和应用推广的普适性，因此必须考虑系统的受众。针对农村物流，主要使用者波及面较广，可以是城市向农村流动的生产资料销售方，也可以是农村或农产品生产基地的供给方，也可能是第三方中介，这些使用者的文化程度及计算机熟练程度参差不齐，因此系统设计时必须以简洁、方便操作为基本准则，提高系统的普及性。

（二）兼容性更好原则

随着国家对绿色节能环保生态及"三农"问题的重视，社会各方包括科研人员、政府人员、系统开发人员等都要重视低碳和农村物流方面知识和技术的应用。我国曾在全球气候大会上做出到 2020 年减少 40% 左右碳排放的承诺，在实现这个目标的道路上，系统不断地完善和升级，因此农村物流信息系统设计时必须要有较好的兼容性，方便随时更新功能或兼容不同版本的系统，给不同的开发者使用不同语言提供可兼容的测试环境，最大限度地降低系统升级或延展所形成的多余成本。

（三）一致化原则

考虑到兼容性和受众群，为更好地服务后续的系统设计和开发人员、系统使用主体（供给方、第三方、消费者、中间商、流通商等）、政府监督人员，设计的农村物流系统标准必须统一，比如要考虑国家标准、统一单位、兼顾行业规定。制定统一的规则是为了最大限度地满足差异化、个性化客户的需求，增强使用者的满意度，获取较高的市场占有率。

（四）安全有保障性原则

在网络十分普及的今天，网络安全事件层出不穷，一个企业无论再强大都不得不考虑对本公司系统的保护。随着低碳经济视角下农村物流系统的推广应用，客户的信息安全、系统的流畅运行、功能的不断升级都是系统设计和开发者需要考虑的问题。在差异化的操作情景下，要注意维护系统不被黑客入侵，使受众的重要信息不被泄露，针对系统的操作、应用、数据库层面采用不同的方法以保障其安全运行。

二、信息系统框架模型

（一）系统技术层结构

1. B/S 架构技术

浏览器/服务器模型（Browser/Server，B/S）是一种网络结构模式，是对客户端/服务器（Client/Server，C/S）两层网络结构的改进，客户端只需要一个浏览器（如 Internet Explorer、Google 等）即可，系统开发、维护及其他核心功能都集中到服务器上，服务器上需要安装 SQL Server、Mysql 和 Oracle 等数据库。浏览器通过 Web Server 与数据库进行数据交互。B/S 架构技术与 C/S 架构技术的区别见表 8.1。

表 8.1　B/S 架构技术与 C/S 架构技术的区别

区分项	C/S	B/S
硬件条件	专用网络，局域网连接	广域网，只要操作系统和浏览器即可
保密程度	安全系数高，只面向固定客户群	安全性相对较弱，面向广大客户群体
系统维护	是一个整体，系统升级需要做一个全新的系统	用户自行在网上下载软件更新，只需更换个别构件，实现系统无缝升级
用户接口	以 Window 平台为媒介，要求编程	建立在浏览器上，用较低的成本丰富与客户沟通的方式
信息流	中央集权的机械式处理方式，交互程度较低	信息流具有多方向性，交互程度高

2. 三层体系架构

B/S 架构的典型特点就是具有三层体系结构，分别是数据库层、应用层和表示层。三个体系层层相依，具有很强的系统扩展性和适应性。表示层指客户端，在 B/S 架构中指浏览器，用户通过浏览器查询自己想要的信息；应用层指 Web 服务器，是数据库及客户端的连接者，由浏览器界面触发服务器的程序结构，并通过调用数据库的数据及相关程序将结果反馈给浏览器界面，实现类农产品物流信息系统主要功能的表达，如用户基本信息管理、配送、仓储信息系统管理等；数据库层就是以 SQL Server 2005 为工具对大型数据进行存储和查询。

3. SQL Server 技术

SQL Server 是微软公司推出的关系数据库软件，主要功能是存储复杂数据和对数据进行查增删改等操作。它最大的优点是数据可以随意存储，并且按照用户需求自定义数据约束条件，具有伸缩性好和软件集成性高等特点。

本书使用的 SQL Server 2005 是一个较全面的数据库平台，它提供了 Enterprise Edition 企业版、Standard Edition 标准版、Workgroup Edition 工作组版、Developer Edition 开发版、Express Edition 学习版等不同版本。SQL Server 2005 引擎为关系数据库和结构性数据库提供了可靠安全的数据存储功能，能为使用者提供可信任、高效智能、高业务性能的数据管理系统，并且可以进行简单的数据加密、设置外键、多类型的数据查询。

（二）系统应用主体关系结构

农村物流与农产品物流的区别主要是运输方向由从农村到城市的单向运输转变为城市和农村的双向运输，运输对象也由农产品增加为农产品和农资产品。农村物流与农业物流的区别主要是运输对象多样化和全面化，涉及领域从农业扩展到商业、物流业等。因此，农村物流涉及的主体是最全面的，关系也是最错综复杂的。

低碳经济视角下农村物流信息系统的使用主体包括农户/农产品供给方、流通企业、加工仓储企业、第三方物流企业、政府监督部门、消费者、农资企业或散户等。不同主体使用系统的目的不同，因此集成化的系统为了满足更多用户的需求，需要丰富系统功能，如图 8.5 所示。

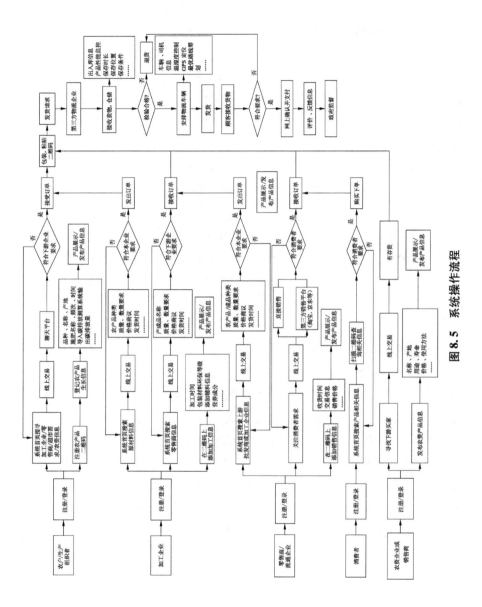

图 8.5 系统操作流程

1. 农户/农产品供给方

农户/农产品供给方作为供给侧，可以是提供农产品的农民、合作社，也可以是大型生产基地。该主体使用系统的目的主要有两个，一是展示自身及产品的信息，二是方便需求方筛选、对比及联系采购。此外，农户或生产基地也可以浏览搜索需要的化肥及农用机械等信息，在网上货比三家，使购买更加便捷和实惠。

2. 流通企业

流通企业作为分销主力，可以是农超对接的超市、商场，也可以是零散的销售商；可以是线下的商店，也可以是网上的卖家。农村物流以其双向性决定了流通企业商品也主要分为农产品和农资产品两大类，为两方供给侧提供购买渠道，帮助销售。

3. 仓储加工企业

农资产品下乡主要涉及大型农用机械的生产、组装及存放，化肥农药等的研发、试验及应用等问题；农产品进城主要考虑农产品因季节性、地域性、难储存等问题需要的冷链运输条件，以及空返造成的额外成本增加导致的一系列问题。因此，仓储加工企业充当了农村和城市之间的中转站，也是商品包装增值的重要环节，专业化生产集中了最多的资源，最大限度地降低了成本。

4. 第三方物流企业

当今消费者对农产品的要求越来越高，既要绿色安全无污染，又要最新鲜实惠，因此对物流的要求就比较高，首先要有足够的运输调度能力，快速地协调海陆空运输公司，其次要有冷链条件。与此同时，随着保鲜与运输速度的提升，还必须保证产品有竞争力，即让消费者享受到最好的产品和最优惠的价格，因此物流成为减少成本的重要来源。第三方物流企业加入系统后，即成为吸引农户和农资企业的重要砝码。

5. 消费者

消费者比较关心的是产品的安全和价格，通过浏览农户/生产合作社提供的农产品信息，选择最优惠的产品，还可以通过扫描产品二维码，追溯产品的生产、流通、加工的整个过程，保证优质产品的竞争力，迫使以次充好的劣质产品退出市场。

6. 政府监督部门

政府监督部门通过信息系统监督市场秩序，监管农产品和农资产品的生产安全和流通安全，此外也接受消费者和中间商的投诉和反馈，加强各个主体间的联系，做好各个主体的服务工作。

7. 农资企业

农资企业主要在系统中输入产品的信息供上游农户采买，也可通过浏览供给方信息主动要求对接生产和销售。

（三）系统概念流程结构

设计低碳经济视角下的农村物流信息系统，主体是设计一个物流系统；目的是低碳、降低运输成本、集成一体化的系统方便多主体用户使用；使用对象为农户/农产品供应商、农资企业、政府、消费者、流通企业、第三方物流企业（包含运输方、仓储方、加工配送方等）；物流对象可以是农产品，也可以是农资用品等；设计方法需要综合管理学、系统学、计算机科学等方面的知识，采用文献阅读法、对比法、调查研究法等。设计系统时需要注意降低物流成本、减少碳排放量。

基于低碳经济的农村物流信息系统是以政府为监督主体，信息科技企业开发信息系统，第三方物流公司运营，农村物流各节点主体充分加入的运行模式。其概念流程图如图 8.6 所示。物流、商流和信息流都是双向传输。商流主要是农村和城市之间涉及农产品和农资物品线上线下交易时产生的资金流，或者供给侧与中间方，包括物流、流通商等之间签订的保险合同等。物流主要是负责提供城市与农村间货品的运输、搬卸、加工仓储、配送等服务，也是产生碳排量的主要环节，需要记录碳排放信息的数据量较大。信息流包括对各个环节产生的碳排放量数据的记录、传输、警报。消费者或中间商对农产品质量安全查询和追溯；不同主体间进行信息共享，减少因信息不对称造成的盲目生产和销售，使农户能根据订单有计划地选择生产的品种和数量，也能使销售下游透明化、公共化，快速疏通销售渠道。充分利用运输工具，增加调度的灵活性，减少单向物流如农产品进城后或农资用品下乡后车辆空返造成的浪费，减少物流环节的碳排放量。

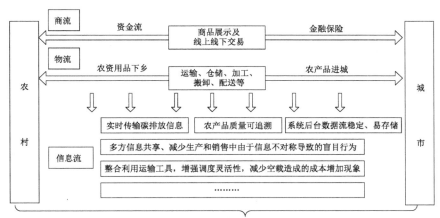

图8.6　低碳视角下农村物流系统的概念流程结构

三、信息系统数据库模型

数据库是大量信息得以保存的关键环节，也是维护用户信息安全、保障信息流畅传递的后台枢纽。唯有弄清楚信息系统数据库的概念结构、逻辑结构及物理结构，才能有效设计信息系统。本节针对数据库着重对其用户及产品信息、农村物流流程、数据库稳定性进行设计。

（一）农村物流信息系统数据库概念结构模型

数据库概念结构模型即各主体的概念要素关系，一般用 E-R 图来描述，其中方形表示实体，椭圆形表示实体要素，菱形表示实体之间的关系描述。数据库概念结构模型能帮助我们从全局角度理清不同主体间的物理和逻辑结构关系。

农村物流的供给方主要为农村和城市，包括提供农产品的农户/生产企业和提供农资用品的农资企业，中间主要通过第三方物流连接起流通企业、仓储加工企业、配送企业等，因此首先需要画出主体的 E-R 图，再进行联系分析，如图8.7所示。

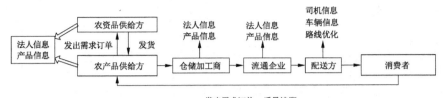

图 8.7　数据库概念模型

企业（包括农产品生产企业或农村合作社、农资品生产企业、仓储加工企业、流通企业等）需要在系统中登记除产品信息之外的法人信息；农户除记录产品信息之外还需要登记个人信息；消费者一方面可以通过该平台或第三方电商平台选购商品、发出需求订单、选择配送方式并给出评价，另一方面可以查询产品的源头及加工流通过程，为了保证系统合法安全的交易秩序，需要消费者登记个人信息，比如用于接收产品的送货地址、验证身份的证件号等；配送方或第三方运输公司需要登记车辆的信息、司机的信息、货物在运输状态的信息，这些信息不仅用于识别身份，有源可溯，还用于计算碳排放的数据收集。各个主体间通过订单号码或物料号码为关键词或主键进行信息传递，确保信息的唯一性。

农产品供应企业的法人信息包括企业名称、企业地址，以及法人姓名、性别、身份证号、联系方式；产品信息包括农产品名称、品种、产地、种植收获日期、施用化肥信息、生产基地信息、生产周期、碳排放量、订单号。其供应商关系如图 8.8 所示。

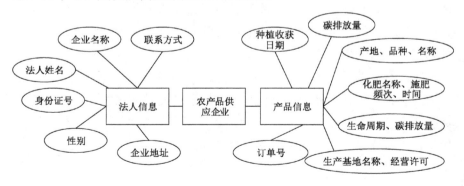

图 8.8　供应商关系

农资品供应企业的法人信息包括企业名称、企业地址，以及法人姓名、性别、身份证号、联系方式；产品信息包括产品名称、价格、质量、用途、用法、碳排放量、订单号。其供应企业关系如图8.9所示。

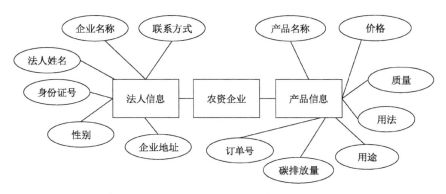

图8.9　供应企业关系

农户的农户信息包括农户姓名、性别、年龄、身份证号、联系方式；产品信息包括产品名称、品种、产地、种植收获日期、施用化肥信息、生产地址、生产周期、碳排放量、订单号。农户生产关系如图8.10所示。

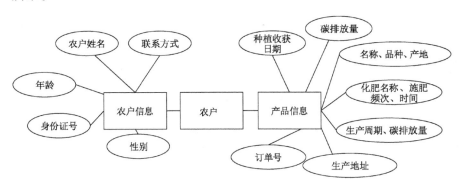

图8.10　农户生产关系

消费者自身信息包括消费者姓名、性别、身份证号、联系方式、收货地址、订单号，如图8.11所示。

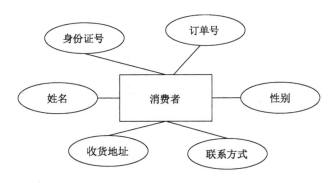

图 8.11　消费者自身信息

仓储、加工、流通企业的法人信息包括企业名称、联系方式、冷藏面积、仓库体积、管理员；商品信息包括订单号、商品名称、保存温度、保存湿度、存放位置、仓储碳排放量等。仓储加工商关系如图 8.12所示。

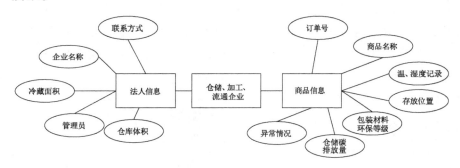

图 8.12　仓储加工商关系

配送方的司机车辆信息包括司机姓名、性别、联系方式、身份证号、车牌号、车型号；商品信息包括订单号、商品名称、质量、车厢温度、车厢湿度、异常情况；配送点信息包括配送点名称、距配送中心距离、燃料信息。配送方数据关系如图 8.13 所示。

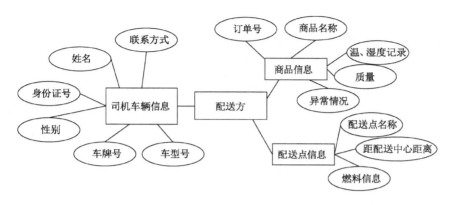

图8.13 配送方关系

（二）农村物流信息系统数据库逻辑结构模型设计

农村物流信息系统的构建需要弄清楚各个主体及功能间的逻辑关系，才能用 SQL Server 连接图通过主键构建彼此间的联系，顺利创建链接。农村物流信息系通过客户订单进行关联，因此需要列出关联信息的模型。通过对农产品供应方、农资品供应方、仓储加工方、配送商等按照系统主体信息、产品信息和订单信息三个方面进行梳理，得到如下数据库逻辑结构模型：

系统主体（农产品/农资品供应方姓名，供应方联系方式，供应方编号，中间企业名称，中间企业地址，中间企业联系方式，中间企业编号，配送司机姓名，配送司机联系方式，车牌号，配送方编号）；

农产品供应（订单号，生产地，商品名称，化肥名称，种植过程碳排放量）；

农资品供应（订单号，生产地，商品名称，使用方法，使用寿命，重量，价格，生产过程碳排放量）；

仓储加工方（订单号，产品名称，储藏温度，储藏湿度，存放地点，仓储过程碳排放量）；

配送商（订单号，商品名称，车厢温度，运输距离，车厢湿度，配送过程碳排放量）；

订单（订单号，客户姓名，客户联系方式，客户收货地址，商品编号，交易金额，交易方式，订单时间）。

（三）农村物流信息系统数据库物理结构模型

根据上述农村物流信息系统数据库的逻辑结构模型设计，使用 SQL Server 软件的关系数据图对概念模型进行物理结构的设计。物流在农村和城市进行传递的过程中需要通过用户编号和订单号两个主键进行连接。配送方、仓储加工方、农资品供应方、农产品供应方等与用户相关的信息通过"用户编号"即"UserId"进行识别，而在用户之间流通的是商品，同样地，商品从生产地到消费者手中通过客户订单进行索引，因此传输的商品通过"订单号"即"OrderId"对产品的信息进行索引。

索引系统主体基本信息表包括农产品/农资品供应方姓名、供应方联系方式、供应方编号、中间企业名称、中间企业地址、中间企业联系方式、中间企业编号、配送司机姓名、配送司机联系方式、车牌号、配送方编号，如表 8.2 所示。

表 8.2　系统用户基本信息

表名	UserInfo		主键	UserId
列名	数据类型	长度	是否允许为空	说明
UserId	varchar	16	不允许	用户账号
UserPwd	varchar	50	不允许	用户密码，长度大于等于 6 位
UserName	nvarchar	50	不允许	用户名
Gender	int	4	不允许	性别，0 表示男，1 表示女，默认 0
Email	varchar	50	允许	电子邮箱
Address	nvarchar	200	允许	地址
Phone	varchar	20	不允许	联系电话

索引产品信息表包括农产品生产信息（表 8.3）、农资品生产信息（表 8.4）、仓储加工方的信息（表 8.5）、物流配送方信息（表 8.6）。

表 8.3　农产品生产信息

表名	PBInfo		主键	PBId
列名	数据类型	长度	是否允许为空	说明
PBId	varchar	16	不允许	供应商编号
UserId	varchar	16	不允许	用户账号
OrderId	int	4	不允许	订单号
Fertilizer	varchar	50	不允许	化肥名称
Frequency	int	20	不允许	施肥频率
PBCarbon-emissions	int	200	不允许	种植碳排放量

表 8.4　农资品生产信息

表名	ACGInfo		主键	ACGId
列名	数据类型	长度	是否允许为空	说明
ACGId	varchar	16	不允许	供应商编号
UserId	varchar	16	不允许	用户账号
OrderId	int	4	不允许	订单号
Method	varchar	50	不允许	使用方法
Lifetime	int	20	不允许	使用周期
Weight	int	50	不允许	重量
Price	int	50	不允许	价格
PBCarbon-emissions	int	200	不允许	种植碳排放量

表 8.5　仓储加工方信息

表名	SPInfo		主键	SPId
列名	数据类型	长度	是否允许为空	说明
SPId	varchar	16	不允许	仓储企业编号
UserId	varchar	16	不允许	用户账号
OrderId	int	4	不允许	订单号
SPTemperature	int	20	不允许	保存温度

续表

表名	SPInfo		主键	SPId
列名	数据类型	长度	是否允许为空	说明
SPHumidity	int	20	不允许	保存湿度
Position	int	50	不允许	存放位置
SPCarbon – emissions	int	200	不允许	仓储碳排放量

表 8.6　物流配送方信息

表名	DBInfo		主键	DBId
列名	数据类型	长度	是否允许为空	说明
DBId	varchar	16	不允许	配送方编号
UserId	varchar	16	不允许	用户账号
OrderId	int	4	不允许	订单号
DBTemperature	int	20	不允许	车厢温度
DBHumidity	int	20	不允许	车厢湿度
Distance	int	200	不允许	配送距离

　　索引订单信息情况包括订单（订单号、客户姓名、客户联系方式、客户收货地址、商品编号、交易金额、交易方式、订单时间），具体见表 8.7。

表 8.7　订单信息

表名	OrderInfo		主键	OrderId
列名	数据类型	长度	是否允许为空	说明
OrderId	int	4	不允许	订单编号，主键，自动增长 1
CommodityId	int	4	不允许	商品编号，外键，引用 commodityInfo 表主键
UserId	varchar	16	不允许	用户账号，外键，引用 UserInfo 主键
Amount	int	4	不允许	数量

表名	OrderInfo		主键	OrderId
列名	数据类型	长度	是否允许为空	说明
Paymoney	bigint	4	不允许	付款总金额
Payway	varchar	50	不允许	付款方式，默认网上银行
OrderTime	datetime	8	不允许	下单日期
SendGoods	int	4	不允许	是否发货，0 表示没有发货

（四）农村物流信息系统数据库安全稳定性设计

农村物流信息系统使用范围广，用户多且杂，因此必须保证系统运行的安全流程，在设计系统时，能够安全稳定抵御风险是设计必不可少的原则。

系统运行的环境是保障低碳背景下农村物流信息系统开发的基础，具体包括开发使用的语言（C、C#、Python 等）、工具（Visual Basic 6.0、Office 2010、Microsoft Visio 2010）、计算机操作系统（Windows 7）、数据库（SQL Server 2010）、开发网络环境软件等。

系统的进入权限是保障低碳背景下农村物流信息系统运行的关键。为避免机器操作或黑客入侵，用户需要先注册才能登录，登录密码至少设置 8 位，并且必须是数字与符号的组合，以保证数据的唯一性和私密性。除正常的账号密码登录及短信验证外，还需额外进行数字、图片等的验证。

数据库的备份和还原是低碳背景下农村物流信息系统安全运行的保障。如果是计算机或网络等外在原因导致系统损坏，则可以在不影响数据的情况下尽快恢复原样。因此这也是数据库未来发展的方向，云端存储更能满足大批量对安全性高、快速提取传输的要求。在设计系统时考虑安全稳定因素可有效提高客户体验和信息系统的使用功能。

（五）低碳经济视角下农村物流信息系统设计运行效果评估

设计的系统是否有效需要通过检测来评估，主要从数据库与系统主界面的链接、数据库的约束性是否发挥作用、系统登录及功能板块是否能正常操作几个方面进行评估。

　　本节基于 SQL Server 2010 数据库作为系统操作的数据查询、删除、修改等操作，满足基本命令请求。数据库和系统间采用数据专门访问接口 ADO，能够顺利调取文本、表格等一系列资源。数据库的约束性主要是测试系统的有效性，比如系统设计了用户编号和订单号为主键，一个号只能用来表示一个事物，以此决定其唯一性；主键等关键信息如果设置成非空，则此项为必填项，空缺将影响正常使用。

　　系统登录界面是测试最容易也最有效的部分，散户主要通过注册自动将自己的信息输入后台数据库，而大型公司或企业往往通过事先输入关键信息，再分配给个人使用，只有用户账号密码完全匹配且唯一才能登录系统，从而保证系统的安全性。

第九章 低碳经济视角下现代农村物流调控策略

现代低碳农村物流业的发展对提高农村乃至国家的经济活力有着重要的战略意义，而现代低碳农村物流的迅速发展与政府的宏观政策引导有着直接的关系。中国是物流大国，但不是物流强国。规模化、网络化、集约化、专业化的现代物流服务体系在中国尚未形成，物流费用占国民生产总值的比重也居高不下。现代低碳农村物流亟待发展，低碳物流调控战略的制定尤为重要。本章通过对我国农村物流的发展现状及国情分析，基于评价指标中的关键因素，结合系统动力学模型研究结论，提出以市场自动调控为主要途径、以政府宏观调控为辅助方法，从思想观念、政策体系、科学技术和基础设施等多个方面提出系统性的对策建议。

第一节 低碳农村物流文化培育

农村物流低碳发展离不开农村物流相关主体的参与，而意识是行为的决定因素，农村物流参与主体的低碳消费偏好是促进农村物流发展的重要因素，因此提高农村物流相关主体的低碳文化对加快低碳经济背景下农村物流发展显得尤为重要。

一、培养农村物流的低碳经济观念

联合国环境规划署（UNEP）执行主任阿希姆·施泰纳曾表明：未

来改变世界的力量来源于普通群众。农民不仅是农业生产资料物流和农村日常消费品物流的消费者，还是农产品物流服务的需求者。因此，农民是农村物流消费的中坚力量，是低碳经济下农村物流体系建设的重要组成部分。农民的低碳意识培养是促进农村物流低碳发展的意识形态基础，通过各种宣传方式来普及节能减排、低碳发展的作用与益处，树立低碳发展理念，激发农村物流相关主体在农村物流低碳发展进程中的积极性。农民作为农村物流主体只关注运输费用、仓储费用、损耗程度、时效性等与其利益有直接关系的要素，而对农村物流所产生的碳排放量鲜有关注和要求。作为农村物流服务的需求方，倡导农民对物流的低碳经济观念可以从根本上改变农村物流的服务状况并引导其向低碳发展。因此，促进农村物流向低碳化转型，首先要做的就是普及农村物流的低碳经济观念，扩大其影响范围和程度。建立并完善广大农民低碳物流意识教育机制，根据各个地区农村宣传的特点，将传统宣传方式与互联网等方式相结合，充分发挥媒体的作用，通过报纸、电视、网络等方式对农村物流参与者进行绿色低碳发展宣传。例如，每个村组织作为一个单位展开低碳实践教育周等村民周活动，在实践中培育农民的低碳意愿，通过实践与理论相结合，潜移默化地形成全民的低碳发展观。其次，物流企业作为农村物流服务的提供者，政府可采用经济强制或激励的手段推进物流企业低碳化并大力宣传。加大公司管理人员的低碳意识，定期举办低碳物流及相关方面的专题讲座，鼓励企业在提供服务的过程中进行服务和技术创新，减少运营中的碳排放量，使得物流企业自觉加入低碳物流体系建设。最后，强化政府部分人员的绿色低碳理念。改革现有的评价机制，将低碳农村物流体系建设作为政绩考核的一部分，达到为物流企业和广大农户树立模范效应，从而推进整个农村物流体系低碳建设的进程。

二、引进和培养低碳物流人才

在相关法律的具体要求缺失的情形下，农村物流企业作为农村物流服务的提供方往往不会主动改变自身的现状，而是选择成本较低、粗犷的运营方式，对物流服务过程中产生的碳排放量也没有相应的控制规划。具有低碳经济观念的新型物流从业人员则可以引导农村物流业向低碳化转型，并形成由内向外的推动力促进企业低碳发展。本节将对企业、政府、高校、培训机构等不同主体从物流人才的培养和物流人才的培养内容两个方面进行阐述。

首先，各类物流企业或组织应当在日常管理中借助低碳人才的知识，注重培育企业组织可持续发展的组织文化。良好的组织文化有利于形成全体员工各尽其才的局面。通过对具有低碳理念人才的合理配置与有效管理，让每一个员工建立为企业组织的社会效益和生态效益负责的意识。对员工进行培训是企业应尽的义务和员工的正当权利，一方面可以使员工能力得到提升，公司运营更加专业有保障，在无形中提高员工对企业的认同感；另一方面也可以增强企业的信心，提高产品的合格率和生产效率。例如，通过培养物流运输人员的驾驶技术，可降低每公里的油耗，降低碳排放量；通过制定规章制度，从工艺生产的角度细究员工的动作标准，从而减少多余动作，提高工作速度，比如在装卸搬运中，划定装卸货区域，使用标准叉车或推车装卸货物，视物体质量不同分为人工搬运或机器搬运；通过员工培训，优化车间叉车的行进路线、不同日期的不同货物距离出口的摆放位置等。

其次，当前物流人才需求量较大，相较于城市而言，农村各方面资源匮乏，物流人才更偏向在城市工作，无形之中加大了农村物流专业人才需求缺口；现有农村物流专业人才更集中在低层次的实践操作人员，中、高层次的专业人员比较稀少。针对以上情况，需要从政府和企业入手，加强专业人才的培养强度，培育物流专业各层次人才，促使物流专业人员拓展相关的业务知识，保证农村物流专业人才低碳运作知识的更新迭代。必要时，可以将高等院校培养和企业时间培训结合起来，有针对性地培训物流低碳管理、低碳物流技术、低碳金融、物流信息应用等方面的技能。

再次，强化农产品物流企业与科研院所的合作，使得理论研究和实际操作相结合，形成科学、合理的低碳农村物流专业技术人才教育培训系统。从引进方面来说，政府需要引导国际合作，鉴于低碳经济由发达工业化国家发起，在低碳物流方面已积累一定的经验，引入具有高素质和低碳经济理念的新型物流从业人员，可以提供低碳技术的指导和精细高效的运营方式。另外，政府要协调好培训机构与企业之间的关系，加快低碳物流人才市场规范及网络体系建设，为低碳物流人才提供良好的流动平台。

最后，各方要重视并颁布政策进行引导，打消人才回乡的后顾之忧，解决好诸如薪酬待遇、发展升职、亲属安顿、培训学习、科研条件等一系列问题，提升人才在农村物流低碳化发展方面研究的信心和专注力。

三、优化农村物流低碳化发展的外部环境

在农村物流主体的低碳经济观念初步形成和低碳物流人才充分引进培育的基础上，对农村物流低碳发展的外部环境进行优化。具体包括以下几方面：一是管理部门增设关于农村物流发展的专项窗口或服务，建立标准化政策体系，简化办事流程，加快一站式线上线下服务平台的搭建，优化规章制度，提高事务办理的便捷程度。充分发挥好政府宏观调控的"大手"，以低碳经济为目标、市场需求为导向，监督低碳技术的落实、低碳观念的普及等。二是政府在土地、建筑等规划时，划拨专门区域作为农村物流企业集聚区，形成规模化效应，努力打造全国农村物流低碳发展示范园区，为其他地区的发展提供经验，做改革发展的排头兵。避开运输配送高峰时间段和拥挤地段，合理规划配送、仓储、加工点的轴辐射布局，实现物流"当日达"或"次日达"的效果，提高顾客满意度，增强企业竞争力，通过在同等条件下提供更优质的服务增加客户量，增强规模效应。三是农村物流低碳发展要在国家大政方针的指导下走出去、引进来。抓住"一带一路"发展机遇，营造学习的热潮，通过鼓励学习国外先进经验，将先进技术和优良做法做到中国本土化，引进世界先进理念实施的先锋人才，打破行业垄断，鼓励中小企业竞争发展，并积极将中国的低碳技术和农村物流优秀企业在国外扎根，形成农村物流低碳发展全球化。

第二节　完善低碳经济视角下农村物流发展的政策体系

农村物流高碳的重要原因之一是政府政策体系不完善。低碳经济和农村物流作为新兴领域，很少有人能将两者结合考虑，因此政府政策的制定也更倾向两者分而治之。随着对两者研究的深入，政府在综合考虑制定政策时，应对农村物流高碳的环节进行激励或惩罚。低碳农村物流是保障城乡之间食品安全、农产品有效供给的关键环节，也是增强农产品竞争力、农民增收的重要保障，更是早日实现"乡村振兴"战略、降低"最后一公里"碳排放的基本要求。

一、法律政策指导和引领物流主体的行为方式

（一）政策制定要有全局性

农村物流体系低碳建设其实是政府牵头的"自上而下"农村物流体系内的低碳革命。当地政府必须根据所在区域农村的地理环境、人文环境及经济情况，从总体层面进行农村物流的规划设计，正确引导投资以避免盲目跟风和重复建设。构建与农村物流发展相适应的规划布局，避免大而全和小而全的思想，寻找当地农村物流的自身优势。

（二）政策制定要有目标性

政府要从地区低碳发展目标出发，考核目标除了经济性指标，还应该增加环境性指标。首先，通过因地制宜制定本地区的农村物流低碳发展扶持政策，颁布引导农村物流低碳发展的行政措施，提高行政许可和审批的审慎性，增强政府的环境规制力度。其中，扶持政策包括农村物流低碳发展的金融、税收等优惠政策；行政措施包括行政激励、行政指导、行政处罚等。更要完善对于物流环境方面的法律，如《关于智慧物流配送体系建设的实施意见》、黄标车报废规定、《关于节能　新能源车船享受车船税优惠政策的通知》等条例和规定。同时加强相关物流低碳发展的法律法规，使得农村物流业低碳发展做到有法可依、有章可循，从源头上控制物流业发展所造成的负面影响。其次，建立执法问责机制，统一权利和责任，做到有法可依，协同运作管理和执法监督，重点

解决有法不依、执法不严等问题，构建起有法可依、有法必依、执法必严、违法必究的低碳法制体系。最后，建立一个物流碳排放测量的监控机制，对农村物流的低碳经济建设进行监督和控制。农村物流排放量的控制只有在法律的有效规制下才可以保障其科学合理性。我们必须设计一个物流碳排放测量监督机制，既让农村物流正常发挥服务作用，又可以保证农村物流减排。通过制定的综合低碳指标来评定农村物流业中各个企业的碳排放情况，避免高碳型的农村物流企业与低碳型的农村物流企业享有一样的优惠政策。另外，加大物流碳排放测量的监控机构开放力度，建立完善的公众参与机制和监督机制。建立完善的公众意见收集反馈机制，明确公众的监督权利和义务，使公众能够顺畅地参与并表达相关看法和意见。

具体而言，政府对低碳经济视角下农村物流发展应制定出碳排放约束机制、农村物流一体化建设扶持、节能环保绿色科技研发的奖励、碳超标的惩罚等相关政策，在调研市场及发展现状基础上，构建农村物流低碳发展的指标体系，通过检验不同因素对农村物流碳排放的影响程度，采用调节税收等方式控制实际碳排放。例如在物流节能环保科技方面，环保制冷技术的研发、配送车辆的定制、环保包装的应用及普及、资源的回收利用等都可以有效减少农村物流的碳排放。此外，允许二氧化碳等温室气体在市场上交易也是继碳税之后又一个非常重要的减排措施，政府在碳税和碳交易等方面的政策在考察市场接受度、实施的可能性、政策的可行性之后，选择几个地区作为试点，推行政策普及，经过试用效果良好再推广到全国大、中、小农村地区。

（三）政策制定要有理论创新性

创新理论成果，让理论引领政策实践。关于理论和实践孰先孰后的问题众说纷纭，笔者认为都有道理。可以是百般实践浓缩成经验形成理论成果，亦可是思想凝结成的理论结晶引领社会发展。政府的政策一定是具有超前性、创新性、利民性等特点，因此农村物流发展一定是基于创新性理论，走在时代发展最前沿。经济方面，农村物流确实落后于城市物流，并且先进理念的落实和前沿技术的实施都从较发达地区开始示范推行。但这并不表示农村物流一定滞后于城市物流，如果一直沿用这种模式，农村物流发展必将被动。因此在政策制定法律政策及引领物流主体行为上，一定是齐头并进，共同发展推进。比如未来物流业发展有可能朝着管道交通或物联网智能化物流方向发展，但是对于刚刚建成农村道路交通或引用城市较为成熟的物流技术设施的农村物流而言，将面临重大损失或"不随流"，这样农村物流将永远处于追赶状态或投资不盈利状态，农民收入跟不上、政府补贴不及时，势必导致农村物流主体不能很好地将精力放在提高服务质量和节能减排上。因此，政府制定的农村物流法律政策一定是超前和均衡的。

（四）政策制定要有时代性

21世纪的中国是蓬勃发展的，各行各业都是"超对外开放"的，现在的时代又是在"一带一路"倡议下走合作共赢、协同发展道路的。基于这样的背景，农村物流低碳发展不得不转化思想，更新理念，融入"引进来，走出去"的想法，农村物流规划时需要通盘考虑，政策制定也要有一定的前瞻性，打破固化思维，突破小农思想，拓宽中国眼界，将目光放长远，将低碳农村物流做大最强，走中国特色化农村物流发展道路。

二、多元化手段推进农村物流体系低碳建设

农村物流体系低碳建设问题是一个全社会普遍关注的问题，急需要创新性地探索新的政策手段，也需要法律法规的创新。由于我国农村地域辽阔、各个地区发展水平相对不平衡，这种差异性发展的客观现实决定了综合性立法、全国性立法无法实现极细致的规定，因而必须认识到地方立法对于低碳法制建设及其发展进程的重要性。物流规划体系也是保证农村物流低碳发展能否顺利实施的基础条件，做好农村物流基础设施的投资建设、物流网络的布局选址、不同地区农产品对物流的要求、交通的便捷程度、公路水路铁路航空综合运营能力等都是物流规划的主要内容，合理的农村物流规划体系建设是迈向低碳化的第一步。

广大农户、物流企业的低碳意识和行为方式，以及政府的行政行为，都不同程度地影响农村物流体系低碳建设，这需要一系列的法律法规约束或激励相关主体的行为方式，使之符合农村物流体系低碳建设需求，从而约束、奖惩和激励不同物流主体实施低碳行为。另外，完善的政策体系能推动农村物流向低碳化进行转型，并引导其进入正确的发展方向，为农村物流可持续发展保驾护航。

对于农村物流来说，资金不足是其难以发展的因素，应制定并出台一系列农村物流低碳扶持政策，如农村区域物流投资的鼓励政策、贷款的优惠政策等。就已出台的政策效果而言，效果并不显著。这就意味着一味地资金补助达不到精准减排的目标，应该根据实际情况将资金补助进行分门别类，根据地区发展情况、减排目标等多种因素，结合实际情况给予支持。其一，做到因地制宜地设计财政补贴步骤，明确具体的低碳财政补贴金额。明确适用不同情形的财政补贴政策，增强政策针对性，助力农村物流低碳发展。其二，完善财政补助资金在具体实践操作中的监管机制。加大监管力度，加强财政补贴审核机制，并使用行之有效的措施，保证补助资金及时足额兑付到位，确保对于农村物流相关企业的扶持效益。其三，建立科学的绩效评估体系。明确各级政府和主管部门的低碳补助资金管理责任，研究建立农村物流低碳建设资金使用绩效考评体系，结合物流碳排放测量的监控机制，对相关低碳财税政策的实施效果进行动态评估，考评结果作为下一年度节能专项资金分配的重要参考。

从国外发达国家对于低碳物流的治理经验来看，碳市场机制是减少碳排放的最有效方式，中国虽已形成区域性碳交易市场，但区域范围主要在第二产业，并没有涉及第三产业，因此中国采取第二产业碳交易试点可以借鉴现有的碳交易模式，构建第三产业交易试点—统一性国家碳市场建设—国际碳市场接轨。同时由于碳市场的构建可以吸收更多的市场融资用于低碳运输及低碳基础设施方面的建设，从而减轻政府低碳补助方面的资金压力。

根据农村地区的经济情况，将现有的涉及节能减排的税种，包括资源税、消费税、增值税、企业所得税等，列入税收调整范围，扩大征税范围、改变税率和计税依据等，发挥税收的约束作用。例如，将能耗较高的运输工具、物流设备纳入消费税的征税范围，对于碳排放量较小的新型能源运输工具、运输方式等实行免征或减征消费税等。通过合理的资金、法律、税收安排等最终形成以市场化运作为原则，从综合的、系统的、可持续发展的角度制定低碳农村物流相关政策、法规及调控战略体系。

综上，推进农村物流体系低碳化建设需要完善物流相关的规划体系、法治政策体系、税收体系、碳交易市场、资助扶持体系等，所有体系形成一个有机的整体，相辅相成，共同发力，以多元化手段推进农村物流体系低碳化建设。

三、各部门资源整合一体化协同发展

各级政府相关部门应切实关注农村物流的低碳化发展，发挥高校、科研院所、企事业单位等社会力量，以及群众的智慧，收集目前农村物流发展的现状、制约低碳发展的问题、遇到的困难或瓶颈、好的对策建议等。通过政府抓手，在税收、财政支出、资源分配等方面对节能减排的单位或个人做出相应的奖励，对不遵守政策法规、偷排漏排等行为做出相应的处罚。把农村物流低碳发展作为保障民生的重要工程，解决民众关心的农产品安全、地区环境脏乱差、信息技术水平低、低碳观念落后等一系列问题。增强对农村物流低碳发展过程中需要的税务、融资、车辆整合、地租等问题，做到前沿技术引用、优秀人才引进、先进理念引入的"三引"方针。

农业部门、发展办、物流协会、食品安全监督部门、交通运输部门在制定政策时应群策群力，在有效整合社会资源的基础上，打出政策的组合拳，形成有效的一体化协同制度模式，提高政策实施的便捷度、有效度。同时加强政府的统一组织领导，明确各部门责任，做好分工，各司其职，防止推诿。在做好基础工作的同时，要"不忘初心、牢记使命"，切实在自己的岗位上做出整改，对目前存在的问题、民众切实需要的资源做出回应，通过座谈会、调研采访、专题报告等形式对农村物流低碳的发展形势进行分析，并创新性地提出解决方案，形成方针政策，充分利用社会资源，结合一切力量促进农村物流低碳发展。其次，

对农村物流发展要给予人才引进补贴、税收补贴、技术引进与培育，加大资金支持，产学研结合，及时将科研成果转化为生产力，对购买绿色能源冷链车辆、采用节能减排技术的企业实行表彰和奖励，对违法排放和超标排放二氧化碳的企业进行碳税征收和处罚。最后，利用网络信息资源，线上线下联合发展。由于中国农村发展参差不齐，因此可先选择几个试点城市进行试行，然后对好的做法进行推广，循序渐进地开展农村物流低碳发展工作，及时总结做法和经验。

政府部门应鼓励加快绿色通道建设，实现城乡物流一体化，积极促进城乡之间物流系统的"无缝连接"，加快农产品绿色通道的建设，提高运输效率。这既能疏通农产品销售渠道，增加农民收入，还能实现从面对面销售的盲目转向点对点销售的精准，提高物流运转时效性。农村物流包括农产品进城和农资品下乡两个方向，缩小城乡差距，将有利于实现物流一体化。

缩小不同区域资源差异，优化配置体系，提高中西部地区农村物流自我供给能力，促进东部地区物流资源丰富多元化，创新体制机制，进一步整合各方财力、人力、物力，创新农村物流一体化发展模式，做好农村物流进步的排头兵，为中西部地区起到引导示范作用，并成立"先富带后富"小组，均衡资源配置，为中西部地区提供不同程度的技术指导和制度建设引导，政府采用宏观调控的"大手"奖励先进、补贴后进。

第三节　加强农村物流基础设施的建设

针对农村物流资源配置不合理问题，政府应加强物流基础设施的统筹规划，特别是农产品物流中心、物流基地等大型物流资源整合。完善物流各个节点的设施，提高物流节点设施建设水平，完善基础设施；完善物流间节点与多种交通方式有效衔接，打造快速的物流集散系统。

一、完善基础物流设施

（一）打通物流运输渠道，完善交通运输体系

有"路县长"之名的徐启斌曾说过，"要致富先修路"。同样，对现有的农村交通运输体系进行调整和完善，有利于农村物流各环节节能减排措施的实施。农村经济的高速发展使得农民的收入水平不断提高，农民对农村物流的需求呈现出多样化、时效化和低碳化，但目前我农村区域的物流节点较少，且存在重复建设现象或已构建的部分物流节点技术落后。我国疆域辽阔且地理环境复杂，建设难度和农村经济水平都限制了农村交通运输体系的发展，并与农村物流需求之间的矛盾日趋严重。为了实现农村物流的低碳化，科学合理的布局规划是很有必要的。因地制宜的地址选择和节点的内部布局能够显著提高自身的运营业绩和农村物流的运输效率。例如，近年来冷库的建设既能保证易腐农产品的品质和新鲜程度，还能避免仓储损耗。为农村附近重要的物流节点和铁路、港口提供相应的运输通道，促进综合物流体系的建设。疏通农村内部和城市相连的基本交通网络，利用现有的物流网点继续扩大服务范围，跨越不同地区的限制，做好农村物流的配套措施，保证农村物流能够早日实现低碳发展。

（二）整合物流运输工具及资源，提高物流效率

加快建设内河港口和货运铁路体系，构建多式联运并充分发挥水路运输和铁路运输在大宗农产品运输方面的优势，通过整合物流运输资源将大大提高运输工具的使用效率，并减少因农产品物流车辆空载造成的多余碳排放。例如现在整合公路运输的有传化物流集团有限公司、安吉物流、长久物流等，多式联运有海丰物流等。农村物流的农产品供应方对冷链物流要求较高，但冷链设施昂贵且利用率不高，因此可以由地区政府或合作社就地建设农产品冷藏库，再统一交由第三方冷链运输公司进行包装加工运输，减少因发送到不同地区、产品温度要求不一、量少导致的冷链运输价格昂贵、空载造成的双倍成本等问题，提高物流效率，减少资源浪费，保证农产品冷链运输的新鲜度，减少运输过程的腐烂损失，实现农户和冷链公司的双赢。

利用多式联运的基础实现共同配送，着力打造第三方物流、第四方物流，减少甚至取缔小型物流公司或车队。充分利用第三方物流在多式联运中发挥的作用，架起供应商与消费者之间的桥梁，同时以服务质量为标准收取一定的费用。随着物流量的逐渐增大，基础设施不断完善，第三方物流已经属于目前市场上比较便捷的方式，但却不是最优化的方案。为了给供给方和接收方提供可选择的优质服务，当前市场上已经出现了第四方物流（Fourth-Party Logistics，4PL），即为客户量身定做个性化、私人化的物流方案和可供选择的物流主体企业，提供客户最满意的增值服务。基于国家对低碳物流和"三农"问题的重视，农村物流不仅会向着多式联运发展，也会逐渐走向正规化和标准化。同样，第三方和第四方物流的触角也会延伸到农村地区，及早实现城乡一体化，为农村物流的低碳发展做出贡献。

二、加强农村物流信息平台建设

农村物流信息平台是目前农村物流发展的短板，也是实现农村物流低碳发展的关键一环。建立信息系统可以通过整合物流主体减少资源浪费、优化物流过程、减少信息传递的不对称，进而实现降低碳排放，因此必须重视并切实加强农村物流信息平台的建设。虽然农村物流信息平台建设起步较城市晚，但可以抓住5G发展的机遇，迎接挑战，克服难题，加快信息基站的建立和信息系统的开发，早日完成农村物流信息系统一系列硬件设施和软件设施的铺设。

（一）农村物流信息平台通过整合物流主体减少碳排放

信息技术的使用已成为农产品物流低碳发展的核心竞争力，也是表现农村物流低碳发展的重要标志。

农村物流信息平台的构建有助于共享农村物流环节节点信息，疏通堵塞的信息渠道，增加货源信息的选择，缩减不必要的环节，加强企业对物流成本的控制力度，推动物流产业信息化，实现货源与货运企业各自的网上营销，方便客户信息查询，保证信息的透明度，提升消费者的客户满意度。对于物流企业而言，信息平台功能的完善有助于物流资源集约化运营，车辆回程空载现象也将有所改善；有助于社会效益和经济效益的提升，实现社会运输资源的优化与整合，达到节能减排的目的；有助于物流企业寻找新客户来源，从而大大降低用户的采购、运输、仓储、销售等环节的费用，提供更加低成本、高质量的物流服务。对农民而言，信息平台可以帮助农民准确掌握相关信息，及时调整自身的生产结构和农用物资，从源头提高运营效率并避免无效运输及其造成的碳排放。例如，农产品电商成为近年来农村发展的新增长点，通过电子商务连接了供需双方并为农村物流的建设提供新的机遇和空间。除了各类资源的信息共享，功能完善的信息平台也可以用于运营过程的实时监控，提高运载率并形成多式联运，保证仓储和包装环节的质量安全，还可以将物流环节的监控技术与碳排放测量技术相结合并托挂于农村物流信息平台，加大信息技术应用力度，增强服务效率。

（二）农村物流信息平台通过模型优化减少碳排放

农村物流信息平台通过模型优化减少碳排放，并将物流过程优化模型融入信息系统设计构建。物流过程包括装卸、搬运、包装、加工、仓储、运输、配送等，尤其以运输、配送、仓储等环节的碳排放量最多，通过对运输过程碳排放数据进行收集和记录，实现碳排放量的控制监测；配送环节主要通过计算冷藏车厢制冷碳排放和车辆运输碳排放对配送路线进行优化；仓储环节通过合理规划叉车运输路线、不同农产品的存放位置等设置最优化数学模型，通过改变不同的参数减少最终的碳排量。将减少物流碳排放的优化模型用计算机语言进行编程，融入系统开发。用户在使用过程中，信息系统能够自动收集数据，计算碳排放量，并对超过目标排量的环节进行警示，以提醒企业减排，并对超出的部分进行适当的惩罚，如征收碳税；对碳排放量进行交易时，用户需要购买超出的部分，经过节能减排低于规定的碳排放量还可以放在市场上交易。通过奖惩措施和市场自动调节的方式可达到助力减排的目的。

（三）农村物流信息平台通过信息共享及市场监督减少碳排放

整合的主体及集成一体化的信息系统减少了信息不对称造成的碳排放。农户可以根据下游客户的订单及信息系统以往销售的大数据分析进行有目的的生产，包括对品种、生产量、种植时间等的控制，保障农民收入，减少大量农产品滞销、贱卖、浪费等不良现象，减少农产品腐烂、过多的二氧化碳排放等现象。物流主体在分享信息的同时也增强了农产品的可追溯性，消费者通过信息系统可以查询产品的来源、是否绿色无公害，并在众多产品中选择符合自己个性化需求的产品，解决农产品质量安全无源头问题，还可以通过碳排量选择低碳农产品，做低碳达人；政府通过信息系统的警报作用，对超过规定碳排放量的企业进行监督检查，推广使用新能源，宣传低碳思想，督促整改，以强制性手段保证政策初期的顺利实施。

三、构建农村物流标准体系

低碳视角下农村物流标准体系的构建，是农村物流低碳发展的重要组成部分，是农村物流低碳发展的坚实驱动力。本节从农村物流过程和农村物流对象两个层面尝试研究该体系的构建，具体如图9.1所示。

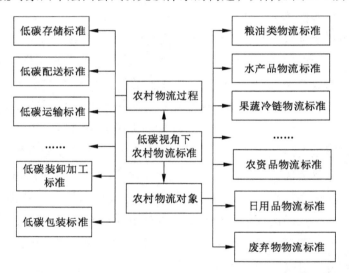

图9.1　低碳视角下农村物流标准体系

从农村物流过程来看，目前我国颁布实施的物流标准十五类中，主要在存储、加工、运输、装卸搬运、信息化、包装等方面存在统一标准，但是对于低碳存储、低碳加工、低碳运输、低碳包装等方面还没有出台统一的标准。由此可见，政府迫切需要加强对农村物流低碳发展的宏观调控，使得农村物流低碳建设做到有标准可依。一方面，政府需要积极倡导并尽快制定农产品物流信息技术标准，完善物流标准体系，要在物流术语、技术标准、计量标准和管理标准等基础方面做好工作；全面梳理现行标准，对不符合现代需要的标准进行修订，抓紧制定各种相关的技术标准，使之互为补充、协调一致。另一方面，借鉴国际低碳物流标准，结合我国实际情况，制定出适合我国国情的低碳物流标准，例如引导和鼓励农村物流企业使用托盘、电动叉车，尽量减少塑料包装等。

从农村物流对象来看，我国的物流标准主要包括粮油类物流标准、果蔬冷链物流标准、水产品物流标准、烟草物流标准、农资品物流标准、日用品物流标准、废弃物物流标准等。从物流的规划建设、管理服务等宏观方面和信息、技术、能源等细节方面做出相应的规定。与发达国家相比，我国农村物流标准制定得相对较少，尤其是低碳标准更是鲜有涉及，这将成为未来标准制定和完善的方向，农村物流低碳发展将作为制定标准的重要目标和考虑因素。

农村物流低碳化发展需要各方制定出统一的国家标准，方便不同部门或主体衔接使用，做到层次清晰、有章可循、全面科学。加入低碳化约束的标准需要先在一定时期和一定范围内试行，鼓励试行企业或地区积极反馈标准的使用问题和建议，并大力推广有效做法。例如，低碳包装标准要具体到托盘大小、集装箱容积、纸箱大小，以便二次包装、装卸运输和资源的利用回收，最大化减少浪费。制定不同农产品最适应的温度标准，为物流商和供应方提供科学的指导，降低农产品损失率。

与此同时，从不同文献和学者的观点中发现，学者对农村物流碳排放的评价标准和计算方法繁杂不一，研究方法也数以百计，这对日后的研究和规范化管理造成一定的难度。因此需要建立统一的农村物流碳排放计算方法和碳排放监控标准，保证计算出来的各地区碳排放量具有可比性，为碳税征收和碳交易打下坚实的基础。

第四节 促进农村物流低碳技术的研发与应用

密歇根大学的研究发现，物流中碳排放主要集中在物流运输、仓储、包装等环节。借用两点论的哲学思想抓住矛盾的主要方面，从单个环节设施设备的技术创新入手，研发新型的清洁型交通工具、搬运设施、低碳包装材料等。物流技术的研发与经济发展紧密相连，一方面可增加就业机会；另一方面，新能源技术和物流技术的使用能不断更新经济结构中的不合理因素，进一步推动经济健康有序稳定发展。关于低碳物流技术，各个专家学者也提供了较多的建议，主要包括改善能源使用结构，对物流技术、区域、管理效率进行提升，以及开发农村物流比较特殊的冷链物流技术。

一、改善能源使用结构

目前我国农村物流的各项要素都处于初级阶段，形成以高效化、低碳化、信息化为核心的技术体系是实现低碳经济视角下农村物流强有力的保障。应成立相应的技术研发机构、制定物流技术的发展规划和物流能效与强度标准，通过市场机制进行调节，引导企业自主地引进和研发技术。

从资源的角度来看，我国农村各地区的风力、水力、太阳能等清洁能源丰富，具有很好的环境基础和技术的应用条件。应利用各地区的资源和优势，发展多元化的能源结构。例如湖南省属于亚热带偏温暖的气候区，这里的森林覆盖率已经达到57%，各种植物品类繁多，有机物排放也相对较多，因此沼气的利用在该地区具有得天独厚的优势，除了煤炭、汽油，可以利用沼气转化主要能源。同时，可将沼气与风力发电、水力发电一起组成绿色能源结构，打出农村物流低碳化发展的组合拳。

基于低碳技术视角，应积极引导和加快低碳物流技术的推广，促使低碳物流技术在农村物流中的渗透，加深农村物流低碳技术服务企业与物流企业之间的低碳知识与资源的沟通和交流。在农村物流运输环节中，政府和行业管理者激励物流企业使用甲醇、乙醇、液化石油气、压缩天然气和太阳能等代替以燃料为动力的汽车，鼓励物流企业优先考虑将新能源作为燃料，引导技术服务企业研发新型运输车辆发动机，提升车辆燃料的利用率，降低碳排放。出台相关政策引导车辆制造企业研制适合农村运输的冷链运输车辆、散货车辆及相关的特种车辆，积极推进散挂车辆、集装箱拖挂等多式联运车辆在农村物流领域的普及，降低农村物流单位运输成本。尽快实现农村物流厢式车辆的全面普及，加快淘汰普通敞篷货车的脚步，保证农村物流的货物无裸露运输。集约型、规模性是物流发展的必然趋势，大吨位车、重型专用车特别是集装箱列车必将成为未来农村物流公路运输车辆的发展主力，应及时调整农村物流运输装备。

在农村物流搬运装卸环节中，升级物流企业的搬运装卸设备，实现搬运装卸环节的自动化、机械化甚至智能化，避免资源浪费和污染环境，力保实现物流企业搬运装卸的低碳化。在搬运装卸活动中，除了保证设施设备的低碳化，还需要考虑低碳管理在此环节中的运用，利用合理科学的低碳管理方式，消除无效搬运，提升搬运活性指数，保证搬运装卸的效率。

在农村物流仓储环节中，鼓励物流企业对条码识别技术、射频识别（RFID）技术、电子数据交换（EDI）技术、全球定位系统（GPS）／地理信息系统（GIS）技术、无线通信技术、系统优化技术等信息技术的充分使用，保证物流企业对货物信息的读取和处理，增强物流企业自身的信息化水平。

在农村物流包装环节中，推进包装减量化适应进程，除了生产环节，尽量使用可降解材料制成的包装，减少不必要的包装，在流通过程采取积极措施保证包装的合理化与科学化。

二、提高物流效率

（一）提高物流技术效率

物流技术效率指的是通过技术创新及研发提高单位能耗的产出。从农村物流目前的发展势头来看，物流规模及速度发展必将越来越快，因此必须从提高物流技术效率方面着手，从源头上控制碳排放比在物流运营过程中通过信息化手段、优化流程等方式更有效。提高物流技术效率不仅可以通过工艺工程改进核心技术创新，也可以通过人力资源管理和知识产权保护、奖励、投入生产等"软技术"进行改革。

（二）提高物流区域效率

目前国家大力倡导"一带一路"建设，鼓励国内企业走出去，加强不同国家之间的贸易往来，基于国际化交流迅速发展的背景，物流需求应运而生，尤其是农产品、林业、茶叶等在农村地区生产的产品畅销海外，拉动了国内农村物流业的发展，基于这样的政策背景，跨区域物流效率提升问题亟须解决。比如新建成的郑州航空港，投入若干倍的土地、人力、建筑、车辆等资源，新增中欧航线直达服务，大型物流港正在投入运营。国内的农副产品都可以通过类似的物流港进行海外直输，既解决了农户销售难、农产品不增值的问题，又拉动了国内的经济增长。因此要提高物流区域效率，提升跨区域运输能力，组织调度能力等。

（三）提高物流管理效率

管理效率指充分利用资源和配置使经济效益达到最高、成本最低、效果最优，最大化满足日常生产生活的需求。物流管理效率指通过管理物流过程中的人、事、物，基于各方的资源调配、人员安排、环节优化等使物流消耗最小的成本和资源实现最终各方利益的最大化、碳排放最小，从而增加主体收入、保护环境、使市场有序进行。物流管理效率的提高主要是围绕车辆运输环节和库存管理两个环节进行。

在运输方面，根据货源情况调整车型保证设备的利用率最高。农村物流由于自身货物分散性等特点，需要突破农村物流运输车辆的吨位利用率和里程利用率，特别是提高车辆载重和载重量利用率。针对零散货源，大型车的使用以实重货和轻抛货进行配载、积载的优化为基本原则，争取在核定车辆容积下，通过合理的货源配置，以最少的车辆量装载最多的货物为目标，提升运输水平，最终实现降低农村物流单位货物碳排放。

在配送方面，考虑到农村人口的居住分散性，可采用共同配送模式，有效解决车辆空载率高和配送车辆利用率低等问题。同时大力鼓励综合运输和多式联运，通过公路、铁路、水路、航空等多种运输科学合理地联结起来，构成安全、高效和环保的配送体系，可以选用铁路、汽车、船舶、飞机等基本运输方式的长处，还可以分环节、分区段、分车辆进行相互衔接，既克服了单个运输方式固有的缺陷，又可以因地制宜地选择最合理的物流运输方式，保证整个配送过程的最优化和高效率。

农村物流管理效率的提升与低碳经济的发展理念相辅相成，相互促进。越来越深入人心的低碳经济发展理念为提升农村物流管理效率奠定意识基础，而物流效率的提升将大大加快农村物流低碳发展的进程。由于农村物流发展存在农户低碳意识薄弱、物流技术普及滞后、效率评价体系不完善、政府缺乏监管等问题，因此需要加强对物流技术效率的普及和宣传，资助创新科技发展，鼓励人才回乡创业，开发提高农村物流效率的技术手段，政府进一步保障技术的推广和实施，注重发挥地区政策优势，整合地区物流资源，以提高物流管理效率为导向进行科学研究、专利落地，完善管理的规章制度。

三、开发冷链物流技术

冷链，顾名思义，是一个链条或一个过程都需要冷藏或冷冻。因此单纯靠流通或销售端冷藏，远远不能达到冷链效果。中国是全球最大的水果蔬菜生产和消费的国家。2005—2010 年，我国的水果需求量从7400 万吨增加到 8000 万吨，蔬菜的需求量从 29517 万吨增长到30408 万吨，随着我国主要矛盾的变化和人民对美好生活的更高追求，果蔬类农产品的需求量将会更高。但目前因为常温物流导致农产品浪费率高达30%~45%，与国外5%的损耗率还有很大的差距，因此必须加强对冷链物流技术的研发和应用，保证农村物流在收购/采摘、运输、搬运装卸、加工、储存、销售过程中货物的安全，减少损坏和二次污染。

农村物流很重要的服务对象即果蔬类、水产品等容易腐坏的农产品，它们在运输、仓储、配送等环节对温度的要求较高，有研究表明，果蔬类农产品在腐烂过程中产生的二氧化碳比自身光合作用产生的碳排放要多得多，因此需要采摘或收获后立即冷藏或冷冻，在托运、加工、销售等一系列过程中都需要冷链。虽然大多数城市地区已经有较充足的冷链设施，但对于经济发展相对落后的农村，高昂的冷藏费用和稀缺的冷链设施都让农户望而却步。此外，虽然冷链可以保证农产品新鲜、质量安全，减少农产品的损失，提高农户的收入，但是冷链技术还有待进一步提高，未来应该将降低冷链成本和减少冷链过程碳排放作为研究和发展的重点，二者实现的前提就是要有前沿冷链物流技术作保障。

虽然我国冷链物流技术发展速度较快，但是质量参差不齐，目前普遍存在设施陈旧、装备严重不足、标准不一等问题，货物往往在露天环境下进行装卸，大大降低了冷链物流效果。对于冷链物流技术，国家并没有制定统一的标准，只有个别大型企业（冷冻食品、进口果蔬、全球快餐连锁企业等）有自己的内部标准，并没有在全国乃至国际范围内通行。因此，首先要解决冷链物流标准化问题，其次是实现物流技术的普及应用和低碳目标。例如大力发展物联网技术，通过物联网监控冷链物流的全过程，做到质量可追溯、时时有监管、碳排放有约束，并且物联网的数据记录追踪功能也能保证制冷设备的正常运转、划分责任等。此外，冷链技术的核心是制冷工艺和技术，目前我国大多数制冷设备还停留在使用二氟一氯甲烷 R22。R22 是 HCFCs 制冷剂的一种，对生物无毒无害，但是对臭氧层危害很大，因此亟须开发一种新型环保的制冷原材料。除此之外，国家"十三五"课题"超级绝热材料保温装饰一体化体系研究与应用"等科研成果也指出，研发真空绝热板、车辆网、货联网、果蔬冷库干雾控湿保鲜技术能有效降低碳排放。

中国农村技术开发中心的调研数据和研究成果显示，截至 2015 年，我国蔬菜、水果等农产品物流相关技术已经申请专利 43 项，国家授权专利 36 项，建立农产品物流示范基地 34 个。专利技术包括果蔬在移动过程中的真空保温技术、水果的最佳储存条件调节技术等。与此同时，国内技术研发部门也关注到农村物流高碳排放不节能的问题，在农村物流低碳化发展的研究探索上也迈出了重要一步，比如研制出生鲜产品保温工艺技术，虽然成本上增加了 20%，但效益却增加了 50%~300%，只要继续研究并投放使用一定能为节能环保贡献一分力量。除此之外，冷链物流技术的开发目标是节能低碳，在推广应用的过程中需要形成全社会的合力，形成共同关注的氛围。只有好的技术还不行，还要整合社会资源，让技术有用武之地，政府要鼓励企业购置冷链物流技术和设施，并对购置企业实行补贴或碳税减免，技术提供者要做好先进设施设备的培训和后期维修服务，尤其是农村地区用户，技术设备要足够简洁便利，方便不同文化水平的人尽快上手，并且设备要有后期扩容和更新的功能，不至于因为更新换代太快，导致设备推广性不强或消费者损失较大。

参考文献

［1］杨涛. 关于低碳物流的内涵及相关问题的探讨［J］. 上海物流，2010（3）：18－21.

［2］Huang H. A study of developing chinese low carbon logistics in the new railway period［C］. 2010 International Conference on E-product E-service and E-entertainment（ICEEE）. 2010：533－535.

［3］朱培培，徐旭. 基于循环经济的低碳物流发展模式研究［J］. 生产力研究，2011（2）：13－14.

［4］尚娅，曹琼英，王玲玲，等. 基于 RFID 的热带特色农产品低碳物流发展模式研究［J］. 安徽农业科学，2010（29）：160－161，164.

［5］王国文. 低碳物流与绿色供应链：概念、流程与政策［J］. 开放导报，2010（2）：37－40.

［6］Carvalho M, Bonifacio M, Dechamps P. Building a low carbon society［J］. Energy, 2011, 36（4）：1842－1847.

［7］Tian T, Chen Y P. The decision-making model of the electrical appliances enterprise reverse logistics with government monitoring［J］. Applied Mechanics and Materials, 2013, 448－453：4465－4470.

［8］Brand C, Goodman A, Rutter H, et al. Associations of individual household and environmental characteristics with carbon dioxide emissions from motorized passenger travel ［J］. Applied Energy, 2013, 104：158－169.

［9］Xu X. Content features and development model of low-carbon logistics[J]. Commercial Research, 2011(4): 183 – 187.

[10] 王艳, 李作聚. 浅谈低碳物流的内涵与实现途径[J]. 商业时代, 2010(14): 32 – 33.

[11] McKinnon A. Logistics and land: The changing land use requirements of logistical activity[C]. 14th Annual Logistics Research Network Conference, Cardiff. 2009.

[12] Correia F, Howard M, Hawkins B, et al. Low carbon procurement: an emerging agenda [J]. Journal of Purchasing and Supply Management, 2013, 19(1): 58 – 64.

[13] 任稚苑. 试论中国如何通过发展低碳经济带动低碳物流[J]. 中国集体经济, 2010(16): 107 – 108.

[14] 王妮妮. 国外低碳物流发展的成功经验与借鉴[J]. 对外经贸实务, 2015(4): 86 – 88.

[15] 张沈青. 低碳经济下物流运行模式探析[J]. 当代经济研究, 2016(7): 92 – 96.

[16] 王智忆, 陆敬筠. 考虑低碳的冷链物流车辆配送路径优化[J]. 科技管理研究, 2017, 37(17): 228 – 232.

[17] 肖超, 张立毅, 费腾. 冷链低碳物流配送路径优化的细菌觅食——蚁群算法研究[J]. 数学的实践与认识, 2017, 47(21): 98 – 107.

[18] Benjaafar S, Li Y, Daskin M. Carbon footprint and the management of supply chains: Insights from simple models[J]. IEEE Transactions on Automation Science and Engineering, 2013, 10(1): 99 – 116.

[19] Kim N S, Janic M, Wee B V. Trade-off between carbon dioxide emissions and logistics costs based on multi-objective optimization[J]. Transportation Research Record 2139, 2009(1): 107 – 116.

[20] Cassavant K. The use of supply chain management to increase exports of agricultural products[J]. Food Policy, 2003, 29(3): 229 – 255.

[21] De-liang C. Reflections on developing the rural logistics in China [J]. Journal of Central South University of Forestry & Technology,

2008(6):24.

[22]舒忠.我国农村农产品物流发展模式优化研究[J].改革与战略,2017,33(5):88-90.

[23]胡亚兰,鲍金红.我国农村物流发展现状、商业保险模式与优化策略——基于供给侧改革视角的研究[J].现代经济探讨,2018(12):127-132.

[24]陈秀丽.我国农村物流发展的制约因素及其对策[J].理论探讨,2006(5):81-82.

[25]丁俊发.农产品物流与冷链物流的价值取向[J].中国流通经济,2010(1):26-28.

[26] Frewer L, Lans I A, Fischer A R H, et al. Public perceptions of agri-food applications of genetic modification—a systematic review and meta-analysis[J]. Trends in Food Science & Technology, 2013, 30(2):142-152.

[27] Zhang Y, Liang Y, Zhang C M, et al. Construction of agricultural products logistics information system based on .net and wap[M]//Li D L. Computer and Computing Technologies in Agriculture, Volume 1. Boston: Springer, 2008:495-502.

[28] Brahim J, Noureddine F. Digital agriculture in Morocco, opportunities and challenges [C]. 2020 IEEE 6th International Conference on Optimization and Applications (ICOA), Beni Mellal, Morocco, IEEE, 2020, 30(2):142-152.

[29]王晓平,郑忠义,李文龙,等.基于第四方物流信息平台的农产品流通体系构建[J].商业经济研究,2018(23):111-113.

[30]张晓波.互联网时代农村物流网络体系构建探析[J].商业经济研究,2020(9):119-121.

[31]武玉生,汤齐.浅谈农村物流系统的发展策略[J].现代经济信息,2009,11(6):28.

[32]朱一,丁小霞,姜斌远.珠江三角洲区域农产品物流信息系统

框架的构建[J]. 物流技术, 2014, 33(17): 445 - 447.

[33]邢斌, 钱建平, 吴晓明, 等. 果蔬类农产品多源追溯系统设计与实现[J]. 食品安全质量检测学报, 2013, 4(6): 1705 - 1714.

[34]王晓平, 安玉发. 果蔬类农产品物流信息追溯系统的构建研究[J]. 中国流通经济, 2011, 25(3): 34 - 37, 128.

[35]赵广华. 基于共享物流的农村电子商务共同配送运作模式[J]. 中国流通经济, 2018, 32(7): 36 - 44.

[36]李佳. 基于大数据云计算的智慧物流模式重构[J]. 中国流通经济, 2019, 33(2): 20 - 29.

[37] Yasmine A S L, Ghani B A, Trentesaux D, et al. Supply chain management using Multi-Agent systems in the agri-food industry[J]. Service Orientation in Holonic and Multi-Agent Manufacturing and Robotics, 2014, 544: 145 - 155.

[38] Costa C, Antonucci F, Pallottino F, et al. A review on agri-food supply chain traceability by means of RFID technology[J]. Food and Bioprocess Technology, 2013, 6(2): 353 - 366.

[39]胡愈, 岳意定. 现代农村物流建设金融支持的必要性及其方向选择[J]. 中国流通经济, 2007, 21(4): 53 - 56.

[40]郑斌, 杨华龙, 唐法浙. 县域农村物流配送中心选址优化模型及算法[J]. 大连海事大学学报, 2011, 37(1): 98 - 102.

[41]吴勇杰, 颜佳玲. 基于农村电子商务环境下的物流模型研究[J]. 物流工程与管理, 2013, 35(3): 133 - 134.

[42]肖黎, 阳玉香. 农村物流运作平台要素构成探讨[J]. 经济师, 2008(7): 247 - 248.

[43]圣谣谣. 德州市果蔬类农产品物流系统优化分析[J]. 商业经济, 2015(12): 57 - 58, 157.

[44]田明. 江苏省果蔬类农产品物流配送模式优化研究[D]. 南京: 南京农业大学, 2012.

[45]袁哲. 基于遗传-蚁群混合算法的农产品物流信息平台的研究

[J]. 数字技术与应用, 2014(1): 116, 118.

[46] 沈敏燕, 邵举平, 翁卫兵, 等. 基于数据融合的果蔬类农产品物流信息溯源研究[J]. 科技通报, 2016, 32(11): 233 - 238.

[47] Inerney B M, Corkery G, Ayalew G, et al. Preliminary in vivo study on the potential application of a novel method of e-tracking to facilitate traceability in the poultry food chain[J]. Computers & Electronics in Agriculture, 2011, 77(1): 1 - 6.

[48] 屈晓晖, 庄大方, 邱冬生. 蔬果农产品可追溯物流信息系统的构建与应用[J]. 地球信息科学, 2008(5): 615 - 622.

[49] Regattieri A, Gamberi M, Manzini R. Traceability of food products: General framework and experimental evidence[J]. Journal of Food Engineering, 2007, 81(2): 347 - 356.

[50] Bosona T, Gebresenbet G. Food traceability as an integral part of logistics management in food and agricultural supply chain[J]. Food Control, 2013, 33(1):32 - 48.

[51] Liu Y C, Gao H M. System analysis for the traceability and logistics management of fresh agricultural products supply chain[C]. 3rd International Conference on Management Science and Engineering, 2017.

[52] 哈睿. 鲜活农产品物流过程实时跟踪管理系统的设计与实现[D]. 西安: 西安电子科技大学, 2009.

[53] 钟聪儿. 基于 GIS 农产品物流配送决策与信息平台研究[D]. 福州: 福建农林大学, 2009.

[54] Fallahi A E, Prins C, Calvo R W. A memetic algorithm and a tabu search for the multi-compartment vehicle routing problem[J]. Computers & Operations Research, 2008, 35(5): 1725 - 1741.

[55] Irina G, Gilbert L, Aliaksandr S. The single vehicle routing problem with deliveries and selective pickups[J]. Computers & Operations Research, 2008, 35(9): 2908 - 2924.

[56] Ganesh K, Narendran T T. A cluster-and-search heuristic to solve

the vehicle routing problem with delivery and pick-up [J] . European Journal of Operational Research, 2007, 178(3) : 699 – 717.

[57] 张京卫. 日本农产品物流发展模式分析及启示[J]. 农村经济, 2008(1) : 126 – 129.

[58] 严小青. 中美农产品物流信息化比较研究[J]. 世界农业, 2010 (12) : 8 – 13.

[59] 陈超, 李斌. 城镇化背景下我国农产品物流发展现状和问题及对策[J]. 农业现代化研究, 2013, 34(3) : 328 – 332.

[60] 傅岚. 农产品物流信息系统设计[J]. 中国流通经济, 2009 (9) : 32 – 35.

[61] 李超玲. 广西农产品物流信息平台研究[J]. 社会科学家, 2019 (11) : 79 – 83.

[62] 周云, 尹露. 现代物流体系支持下农产品供应链智能化发展研究[J]. 农业经济, 2017(9) : 120 – 122.

[63] 刘鹏. 鲜活农产品物联网流通渠道发展探究[J]. 改革与战略, 2017, 33(6) : 103 – 106.

[64] 朱一, 丁小霞, 姜斌远. 珠江三角洲区域农产品物流信息系统框架的构建[J]. 物流技术, 2014, 33(17) : 445 – 447.

[65] Li D, Li D, Chen Y, et al. A bayesian based search and classification system for product information of agricultural logistics information technology [C]. Computer and Computing Technologies in Agriculture Ⅴ, Ifip Tc 5/sig 5.1 Conference, Ccta 2011, Beijing, China, October 29 – 31, 2011, Proceedings, 2011 : 437 – 444.

[66] Xu G Y, Qu J H, Wu R J, et al. Study on agricultural products logistics operational pattern based on information share [J]. Advanced Materials Research, 2011, 361 – 363(4) : 1679 – 1683.

[67] 彭德胜, 李铸良, 方逵. 基于微信平台的农产品冷链物流园信息系统设计与实现[J]. 农村经济与科技, 2016, 27(1) : 67 – 68.

[68] 王晓思, 孙静, 林峰, 等. 基于云计算和 RFID 技术的农产品物

流信息系统研究[J].安徽农业科学,2013,41(7):3201-3202.

[69]陈晓春,唐姨军,胡婷.中国低碳农村建设探析[J].云南社会科学,2010(2):107-112.

[70]蒋文恬.基于低碳视角的农村生态旅游综合开发研究[J].农业经济,2019(12):33-34.

[71]仇荣山.低碳经济背景下农业经济发展方式转变研究[J].现代营销(经营版),2018(12):66-67.

[72]陈云进.云南保山龙陵推广农用沼气发展低碳农业的研究与实践[C].中国环境科学学会:中国环境科学学会,2015:1272-1276.

[73]蒋菊香.简述新型城镇化下新农村建设的低碳路径[J].居舍,2019(11):174.

[74]赵和楠.财税政策扶持与低碳农村建设:问题与路径[C]."两区"同建与科学发展——武汉市第四届学术年会,中国,湖北,武汉,2010.

[75] Silva E C D, Zhu X. Global trading of carbon dioxide permits with noncompliant polluters[J]. International Tax and Public Finance, 2008, 15 (4):430-459.

[76]孙志强.低碳经济背景下农业经济发展方式转变思考[J].新农业,2019(21):67-68.

[77]崔龙燕,崔楠,白佳明.生活方式的生态影响与绿色重构[J].林业经济,2019,41(6):25-30.

[78] Yu Y, Qiu C. Study on low-carbon logistics in China[J]. Journal of Guangxi University of Finance and Economics, 2010(5):14.

[79] Hubacek K, Huang K S, Chen B. Changing lifestyles towards a low carbon economy China[J]. Energies, 2012, 5(1), 22-31.

[80]焦叶霞,赵兴太.低碳农村在我国的实现路径选择[J].经营管理者,2011(7):224.

[81]陶晶.低碳经济下的低碳物流探讨[J].中国经贸导刊,2010,12:72-72.

［82］Li S, Lu X. China's financial support model for low-carbon logistics based on the climate change［J］. China Business and Market, 2010(2)：27 – 30.

［83］Xie S, Wang W. The route for green logistics：The strategic choice for green logistic upgrading［J］. China Business and Market, 2010(5)：15 – 18.

［84］王桂花. 我国低碳物流发展策略探析［J］. 中国商贸, 2010 (29)：128 – 129.

［85］辜胜阻, 方浪, 李睿. 我国物流产业升级的对策思考［J］. 经济纵横, 2014(3)：1 – 7.

［86］郭晓莉, 宗颖生. 低碳经济下我国农产品现代物流发展对策［J］. 中国流通经济, 2012, 26(6)：41 – 44.

［87］秦文展. 基于低碳经济的湖南农业物流发展对策研究［J］. 市场论坛, 2012(8)：22 – 23.

［88］Abbasi M, Nilsson F. Themes and challenges in making supply chains environmentally sustainable［J］. Supply Chain Management：An International Journal, 2012, 17(5)：517 – 530.

［89］孙曦, 杨为民. 低碳经济环境下农产品运输与配送问题研究［J］. 江苏农业科学, 2014, 42(4)：392 – 395.

［90］李杨, 韦恒. 我国农产品低碳物流的问题与对策［J］. 哈尔滨商业大学学报(社会科学版), 2011(6)：19 – 23, 28.

［91］赵光辉. 交通服务物流产业政策研究［J］. 物流技术, 2015, 34 (21)：47 – 50, 71.

［92］沈先陈, 朱奎泽. 新时代农村物流发展现状及策略探讨［J］. 物流工程与管理, 2020, 42(11)：141 – 142, 101.

［93］孙琪恒, 杜文龙. 辽宁果蔬类农产品低碳物流发展策略研究［J］. 物流技术, 2014, 33(9)：221 – 223, 244.

［94］秦文展. 基于低碳经济的湖南农业物流发展对策研究［J］. 市场论坛, 2012(8)：22 – 23.

［95］舒良友，郭琎. 河南农业低碳物流发展与对策研究［J］. 物流科技，2017，40(9)：11－14.

［96］谷励. 基于低碳视角农产品冷链物流发展战略［J］. 经济研究导刊，2015(21)：28－30.

［97］林翰雄. 低碳经济视野下的农产品逆向物流发展路径优化［J］. 商业时代，2014(19)：17－18.

［98］同晓文. 低碳经济视角下的农产品冷链物流优化策略探析［J］. 交通企业管理，2014，29(12)：52－54.

［99］原惠群，杨家其. 低碳时代我国农产品冷链物流发展的障碍与思考［J］. 开发研究，2012(5)：56－59.

［100］徐建国. 农村逆向物流发展模式初探［J］. 商业时代，2010(9)：31，138.

［101］李莉. 中国农村逆向物流发展对策研究［J］. 改革与战略，2015，31(11)：90－92，153.

［102］陈煜. 农产品流通中逆向物流与价值链最大化研究［J］. 物流技术，2013，32(9)：105－107.

［103］欧阳建军. 农业废弃物逆向物流现状分析与发展对策研究［J］. 商场现代化，2009(18)：66－67.

［104］刘嫒嫒. 资源型产业集聚低碳发展困境研究［D］. 乌鲁木齐：新疆大学，2015.

［105］李巍. 在低碳经济下农产品物流模式的探讨［J］. 物流工程与管理，2011，33(10)：14－15.

［106］王殿安. 我国农产品低碳物流对策研究［J］. 农业经济，2013(6)：109－110.

［107］钟杰. 基于低碳视域的城乡双向商贸流通农业物流模式探讨［J］. 商业经济研究，2016(22)：163－164.

［108］Wu J, Haasis H D. The freight village as a pathway to sustainable agricultural products logistics in China［J］. Journal of cleaner production, 2018, 196：1227－1238.

［109］孙统超. 江苏省农产品物流模式探析［J］. 当代经济, 2015 (23)：94 –97.

［110］罗长翼, 徐菱. 低碳经济下的四川省农产品物流模式发展探析［J］. 湖北农业科学, 2013, 52(4)：974 –977.

［111］康凯, 韩杰, 普玮, 等. 生鲜农产品冷链物流低碳配送路径优化研究［J］. 计算机工程与应用, 2019, 55(2)：259 –265.

［112］Wang S, Tao F, Shi Y, et al. Optimization of vehicle routing problem with time windows for cold chain logistics based on carbon tax［J］. Sustainability, 2017, 9(5)：694.

［113］Baydar A M, Süral H, Celik M. Potential effects of logistics clusters：The case of Turkish freight villages［J］. Journal of Cleaner Production, 2019, 233：399 –411.

［114］Sachin S, Kamble A G, Shradha A G. Achieving sustainable performance in a data-driven agriculture supply chain：A review for research and applications［J］. International Journal of Production Economics, 2020, 219：179 –194.

［115］United Nations Department of Economic, S Affairs. Indicators of sustainable development：Guidelines and methodologies［M］. 3rd ed, United Nations Publications, 2001.

［116］Götz S, Zimmermann N, Engelhardt D, et al. Simulation of agricultural logistic processes with k – nearest neighbors algorithm［J］. Agricultural Engineering International：CIGR Journal, 2015, 17(Special)：241 –245.

［117］Mehmann J, Teuteberg F. The fourth-party logistics service provider approach to support sustainable development goals in transportation—a case study of the German agricultural bulk logistics sector［J］. Journal of Cleaner Production, 2016, 126(10)：382 –393.

［118］Penazzi S, Accorsi R, Manzini R. Planning low carbon urban-rural ecosystems：An integrated transport land-use model［J］. Journal of Cleaner Production, 2019, 235：96 –111.

[119] 罗兴武. 低碳视角下城乡双向商贸流通农业物流模式构建 [J]. 商业时代, 2012(3): 21 – 23.

[120] 黄蕾. 低碳视角下的农业物流运作模式构建途径研究[J]. 农业经济, 2014(2): 121 – 122.

[121] 王静. 低碳经济的绿色物流模式下西部农产品发展措施[J]. 甘肃社会科学, 2011(3): 233 – 236.

[122] 姜樱梅, 王淑云, 马雪丽. 基于碳优化的农产品冷链物流体系研究[J]. 科技管理研究, 2017, 37(18): 221 – 227.

[123] Xu X. Research on the construction of rural waste logistics based on low-carbon economy[J]. Journal of Low Carbon Economy, 2013, 2(3): 111 – 114.

[124] Accorsi R, Cholette S, Manzini R, et al. The land-network problem: Ecosystem carbon balance in planning sustainable agro-food supply chains[J]. Journal of cleaner production, 2016, 112: 158 – 171.

[125] 宋丽雪. 考虑拥堵条件的农超直送低碳周期性库存 – 路径优化模型研究[D]. 沈阳:东北大学, 2013.

[126] Soysal M, Bloemhof-Ruwaard J M, Vander V J. Modelling food logistics networks with emission considerations: The case of an international beef supply chain[J]. International Journal of Production Economics, 2014, 152: 57 – 70.

[127] 郭红霞, 邵铭. 基于低碳经济的农产品冷链物流流程再造研究[J]. 安徽农业科学, 2012, 40(8): 4984 – 4985, 5018.

[128] Guo H, Shao M. Process reengineering of cold chain logistics of agricultural products based on low-carbon economy[J]. Asian Agricultural Research, 2012(4):59 – 62.

[129] 王维. 低碳产业技术链信息生态系统的构成及运行机制研究[D]. 长春:吉林大学, 2014.

[130] 汪方军, 朱莉欣, 黄侃. 低碳经济下国家碳排放信息披露系统研究[J]. 科学学研究, 2011, 29(4): 515 – 520.

［131］ ISO 14065. Greenhouse gases-requirements for greenhouse gas validation and verification bodies for use in accreditation or other forms of recognition［R］. 2007.

［132］叶慧娟. 低碳经济下河源市农产品物流配送模式研究［J］. 现代营销（下旬刊），2020（5）：144－145.

［133］ Grishchenko R O, Emelina A L. Synthesis and thermochemical characteristics of $Na_2O \cdot Al_2O_3 \cdot 2.5H_2O$［J］. Russian Journal of Physical Chemistry Series a Focus on Chemistry, 2013, 87（1）:1－5.

［134］孙丹，谭芹兰. 低碳经济背景下我国国际物流发展的问题及策略研究［J］. 中国商论，2015（7）：88－90.

［135］ Arlbjorn J S, Halldorsson A. Logistics knowledge creation: Reflections on content, context and processes［J］. International Journal of Physical Distribution & Logistics Management, 2002, 32（1）:22－40.

［136］朱晨俊. 基于成本目标的轴辐式城乡一体化物流网络构建研究［D］. 镇江：江苏大学，2019.

［137］应诗婷，何卫花. 基于低碳物流的公路货运物流信息平台研究［J］. 中外企业家，2016（2）：36，40.

［138］孙琪霞，鲁强. 供应链视角下江西省水果低碳物流发展路径研究——以抚州市为例［J］. 现代商业，2016（31）：26－27.

［139］王新利. 发展邮政物流促进农村物流发展［J］. 中国流通经济，2009，23（9）：20－23.

［140］谢水清. 论农村物流的内涵与特点［J］. 重庆交通学院学报（社会科学版），2006（3）：51－53，57.

［141］"农村现代物流研究中心"课题组，贺登才，查迎新，李锦莹，等. 中国农村物流发展报告（2013）［J］. 中国合作经济，2013（9）：8－30.

［142］贾林娟. 全球低碳经济发展与中国的路径选择［D］. 大连：东北财经大学，2014.

［143］ Nordhaus W D. The ecology ofmarkets［J］. Proceedings of the

National Academy of Sciences, 1992, 89(3):843 – 850.

[144] Boldrin M, Rustichini A. Growth and indeterminacy in dynamic-models with externalities[J]. Econometrica, 1994, 62(2): 323 – 342.

[145] 庇古. 福利经济学[M]. 北京:商务印书馆, 2006.

[146] 李鹏飞, 毋建宏. 物流信息系统[M]. 北京:中国物资出版社, 2009.

[147] 李创, 眷东亮. 我国物流运输业碳排放测量及分解模型实证研究[J]. 资源开发与市场, 2015, 31(10): 1197 – 1199, 1213.

[148] Wu Y, Shen J, Zhang X, et al. The impact of urbanization on carbon emissions in developing countries:A Chinese study based on the U – Kaya method[J]. Journal of Cleaner Production, 2016, 135(1): 589 – 603.

[149] Dogan E, Aslan A. Exploring the relationship among CO_2, emissions, real GDP, energy consumption and tourism in the EU and candidate countries:Evidence from panel models robust to heterogeneity and cross – sectional dependence[J]. Renewable & Sustainable Energy Reviews, 2017, 77(3): 239 – 245.

[150] 邵帅, 杨莉莉, 曹建华. 工业能源消费碳排放影响因素研究——基于 STIRPAT 模型的上海分行业动态面板数据实证分析[J]. 财经研究, 2010, 36(11):16 – 27.

[151] Salahuddin M, Alam K, Ozturk I. The effects of Internet usage and economic growth on CO_2, emissions in OECD countries:A panel investigation[J]. Renewable & Sustainable Energy Reviews, 2016, 62(4): 1226 – 1235.

[152] Tapio P. Towards a theory of decoupling:Degrees of decoupling in the EU and the case of road traffic in Finland between 1970 and 2001[J]. Transport Policy, 2005, 12(2): 137 – 151.

[153] 程琳琳. 中国农业碳生产率时空分异:机理与实证[D]. 武汉:华中农业大学, 2018.

[154] RazaviToosi S L, Samani J M V. A fuzzy group decision making

framework based on ISM – FANP – FTOPSIS for evaluating watershed manage-ment strategies[J]. Water Resources Management, 2019, 33(15): 5169 – 5190.

[155]薛伟, 耿志伟, 王海滨, 等. 集成 DEMATEL/ISM 的木材产业园消防风险影响因素研究[J]. 南开大学学报(自然科学版), 2019, 52(6): 99 – 104.

[156]颜艳梅, 王铮, 吴乐英, 等. 中国碳排放强度影响因素对区域差异的作用分析[J]. 环境科学学报, 2016, 36(9): 3436 – 3444.

[157]牛三勇. 构建城乡统筹下的农村物流发展保障体系[J]. 农业经济, 2014(11): 127 – 128.

[158]张冬梅. 基于 DPSIR 模型的农产品物流低碳发展评价研究[D]. 镇江: 江苏大学, 2016.

[159]钟新周. 发展低碳物流的影响因素及对策[J]. 改革与战略, 2012, 28(1): 51 – 52, 59.

[160]徐美, 朱翔, 李静芝. 基于 DPSIR – TOPSIS 模型的湖南省土地生态安全评价[J]. 冰川冻土, 2012(5): 1265 – 1272.

[161]刘灵凤. 物流产业安全评价指标体系研究[D]. 北京: 北京交通大学, 2011.

[162]葛广起. 我国城市交通低碳发展指数测度体系研究[D]. 淮南: 安徽理工大学, 2015.

[163]惠玉蓉. 物流业可持续发展系统分析与状态评价研究[D]. 西安: 长安大学, 2014.

[164]李玉民, 刘旻哲, 郭利利. 基于投影寻踪法的区域物流低碳竞争力评价及实证研究[J]. 地域开发与研究, 2015(2): 28 – 33.

[165]王蕾. 基于供应链的新疆北疆农产品物流体系优化研究[D]. 石河子: 石河子大学, 2014.

[166]路征, 和琴. 生鲜农产品物流发展的影响因素及综合评价——基于五个地区行业专业人士调查数据的分析[J]. 西部论坛, 2015(2): 25 – 32.

[167] 袁晓丽,王长琼. 考虑碳足迹的闭环供应链网络优化研究[J]. 武汉理工大学学报(交通科学与工程版),2014(2):437-441.

[168] 陈乐群. 海峡西安经机区农产品物流发展现状评估[J]. 沈阳农业大学学报(社会科学版),2012(3):264-267.

[169] 周梦华. 农产品物流能力区域差异性及模式选择研究[D]. 武汉:武汉理工大学,2012.

[170] 王晓姝,费威. 物流发展水平对区域经济发展的影响分析[J]. 大连大学学报,2010(2):104-108.

[171] 罗长翼,徐菱. 低碳经济下的四川省农产品物流模式发展探析[J]. 湖北农业科学,2013(4):974-977.

[172] 任玉焕. 河南省发展农产品绿色物流的策略[D]. 新乡:河南师范大学,2013.

[173] 张红波. 现代物流与区域经济的协同发展研究——以长株潭经济圈为例[J]. 当代经济管理,2013,35(12):61-67.

[174] 刘俊华,李瑶琴,长青. 物流基础设施投资与经济增长关系研究——基于系统动力学与误差修正模型[J]. 华东经济管理,2013,27(12):65-70.

[175] 何博. 制造业与物流业联动机理系统动力学分析[J]. 重庆工商大学学报(社会科学版),2016,33(2):15-23.

[176] 李文超,田立新,贺丹. 基于系统动力学模型的物流节点城市油运联动研究[J]. 统计与决策,2014(21):39-42.

[177] 肖鸿. 基于系统动力学的北京市物流系统分析及优化建议[D]. 北京:北京交通大学,2013.

[178] 李琰,哈奔. 基于系统动力学的西安物流产业发展策略分析[J]. 科技管理研究,2012,32(5):95-99.

[179] 汪小京,刘志学,徐娟. 基于系统动力学的第三方物流管理库存模型[J]. 系统管理学报,2016,25(2):317-325.

[180] 汪洋,郝红雨. 基于系统动力学的供应链物流资金供求平衡[J]. 工业工程,2009,12(1):46-50.

［181］Hamilton J，Mayne R，Parag Y，et al. Scaling up local carbon action：The role of partnerships，networks and policy［J］. Carbon Management，2014，5(4)：463 –476.

［182］姚冠新，钱以临. 城乡一体化背景下农村物流系统的动力学政策优化［J］. 江苏农业科学，2016，44(6)：526 –532.

［183］周银香. 交通碳排放与行业经济增长脱钩及耦合关系研究——基于 Tapio 脱钩模型和协整理论［J］. 经济问题探索，2016(6)：41 –48.